综合卷

上海教育丛书

典藏版

黄炎培与浦东中学

倪瑞明

著

上海教育出版社
SHANGHAI EDUCATIONAL
PUBLISHING HOUSE

《上海教育丛书》编委会

总　序

建设一流城市，需要一流教育。办好教育，最根本的是要建设好教师队伍和学校管理干部队伍。

在长期的教育实践中，上海市涌现了一大批长期耕耘在教育第一线呕心沥血、努力探索，积累了丰富经验的优秀教师；涌现了一批领导学校卓有成效，有思想、有作为的优秀教育管理工作者。广大优秀教育工作者教育教学和管理工作的经验，凝聚着他们辛勤劳动的心血乃至毕生精力。为了帮助他们在立业、立德的基础上立言，确立他们的学术地位，使他们的经验能成为社会的共同财富，1994年上海市领导决定，委托教育部门负责整理这些经验。为此，上海市教育局、上海市中小学幼儿教师奖励基金会组织成立《上海教育丛书》编辑委员会，并由吕型伟同志任主编，自当年起出版《上海教育丛书》（以下称《丛书》）。1995年上海市教育委员会成立后，要求继续做好《丛书》的编辑出版工作。2008年初，经上海市教育委员会领导同意，调整和充实了《丛书》编委会，并确定夏秀蓉同志任执行主编，协助主编工作。2014年底，经上海市教育委员会领导同意，调整和充实了《丛书》编委会，确定尹后庆同志担任主编。《丛书》的内容涵盖了基础教育和中等职业教育的各个方面，包含有较高理论水平和学术价值的著作，涉及中小学教育、学前教育、师范教育、职业教育、校外教育和特殊教育，以及学校的领导管理与团队工作，还有弘扬祖国优秀文化、促进国际教育交流等方面的著作，体现了上海市中小学教育改革与发展的轨迹，体现了上海市中小学教育办学的水平与质量，体现了优秀教师和教育工作者的先进教育思想与丰富的实践经验。《丛书》出版后，受到广大教师、教育工作者及社会的欢迎。

为进一步搞好《丛书》的出版、宣传和推广工作，对今后继续出版的《丛书》，我们将结合上海教育进入优质均衡、转型发展新时期的特点，更加注重反映教育改革前沿的生动实践，更加注重典型性、实用性和可读性。希望《丛书》反映的教育思想、理念和观点能起到抛砖引玉的作用，引发大家的思考、议论和争鸣；更希望在超前理念、先进思想的统领下创造出的扎实行动和鲜活经验，能引领当前的教育教学改革工作，使《丛书》成为记录上海教育改革历程和成果的历史篇章，成为广大教师和教育工作者的良师益友。限于我们的认识和水平，《丛书》会有疏漏和不尽如人意之处，诚恳地希望广大读者提出宝贵意见，帮助我们共同把《丛书》编好。

《上海教育丛书》编委会

序　言

去年,当接到浦东中学倪瑞明校长的邀请,为他所著的《勤朴育英——百年浦东中学校友谱》作序,欣然应允,因为深知,在高速发展的今天,倪瑞明校长能枯坐冷板凳,孤守青灯,查找史料,编撰、结集而成书,实非易事。

作为曾经的浦东新区社会发展局局长、上海市教委分管基础教育的副主任,对于浦东中学还是相当熟悉的,但是,仔细研读了该书,有意犹未尽之感受。这是一所历史名校,涌现了大批杰出校友,如张闻天、钱昌照、蒋经国、蒋纬国,"两弹一星"功勋王淦昌、陈芳允等一批院士,革命人士李一氓、曾涌泉、冯文彬,作家马识途等,"助推思想解放、拨乱反正的电影艺术家"谢晋,杰出的人民教育家董纯才、奥斯卡电影技术成就奖获得者晏仲芳,翻译家叶君健,音乐家黄自,会计学家潘序伦等。浦东中学承载着上海滩营造业一代宗师杨斯盛毁家兴学、为国育才的梦想,寄托着首任校长黄炎培教育救国、实业报国之志向。

没想到,一年后,倪瑞明校长居然把《黄炎培与浦东中学》一书写了出来,该书依据史实,非常详尽地记述了黄炎培早期教育改革的实践历程,尤其是在浦东中学的教育探索。通过该书,方才获悉,原来集团化办学、校本研修、家校合作、自主学习、体育教育、研学旅行等,坚持德智体美劳五育并举,早在1907年浦东中学开学之初,黄炎培担任校长时期就已经开展了相应的探索。或许这就是浦东中学大师辈出的缘故之一吧,这些都可以给我们当下的基础教育以很强的启迪。

2007年3月5日,温家宝总理在第十届全国人大第五次会议的《政府工作报告》中郑重宣布:要提倡教育家办学。

2018年9月10日,习近平总书记在全国教育大会上强调,"教师是人类灵魂的工程师,是人类文明的传承者,承载着传播知识、传播思想、传播真理,塑造灵魂、塑造生命、塑造新人的时代重任。"

在实现中华民族伟大复兴中国梦的征程之中,基础教育的重要性进一步凸显,教育家的作用和价值将进一步显现。

每一位教育工作者都需要学点教育史,学会站在历史的肩膀上理性分析,站在先贤智慧的基础上更好地探索与实践,这样,我们在办学过程中就可以更加清醒、理性而有效。

民国时期涌现出一批著名教育家,如蔡元培、王国维、陶行知、张伯苓、胡适、梅贻琦、黄炎培、徐特立、陈鹤琴、晏阳初等,而黄炎培无疑是一位杰出的人民教育家。黄炎培先生不仅是职业教育的开创者和推动者,同时,他在浦东中学担任校长期间的"实"教育思想的改革和探索,对于当下的教育家培养无疑也是非常有借鉴意义和价值的。

黄炎培先生办学,首先教导学生要能担负起国家建设和民族发展的使命与责任。他为浦东中学师生注入了革命的基因、使命与担当。其次,学校始终把育人放在首位。黄炎培先生极其注重学生的人格教育、生活教育、国民教育。第三,学校教育坚持以课程为核心。黄炎培先生在浦东中学工作期间,针对学生基础,对于课程改革、学制探索、研学旅行、单级授课法、复级授课法等进行了积极探索。第四,注重培养学生的自立能力,实施学生自治管理。第五,注重教师专业成长,成立教授研究会,研究教材和教法,注重教学实际和教师经验的分享,一批著名教育家也曾在这里任教,如从学生考试零分到成为著名教育家的俞旨一,国立交通大学校长吴保丰,国立东南大学校长秦汾,国立重庆大学校长叶元龙,山西师范学院院长梁园东,暨南学校(现暨南大学)校长柯成懋,同济大学首位华人校长阮尚介,暨南学校(现暨南大学)校长姜琦,大同大学校长平海澜,曾任西南师范学院党委书记兼副院长、成都电讯工程学院党委书记、中国人民大学党委副书记兼副校长的孙泱,一级教授许杰等;学部委员邓拓、著名记者邹韬奋等曾相继在此任教;一批海外留学归国人员也相继在浦东中学任教,并成长为非常知名的专家学者。第六,注重教育与生活紧密结合。黄炎培先生在办学过程中,尤其注重将生活中的相关内容转化为教育内容,包括注重实验动手能力的培养,注重学生劳动习惯的培养等。第七,坚持高起点办学。延聘一批教育家担任校董,为学校发展献计献策,如曾任同济大学校长的沈恩孚,西北联大代理校长陈石珍,先后任中国公学代校长、齐鲁大学校长、光华大学校长的朱经农,广州大学校长金曾澄,光华大学校长张寿镛,立信会计学校校长潘序伦,教育家杨保恒、姚文楠、秦锡田等。时至今日,黄炎培先生的办学思想依然具有非常大的教育价值。

倪瑞明校长在撰写此书时,注重以历史为依据,坚持实事求是,客观评价,还原历史,避免主观,以图文并茂的方式呈现了历史画卷,从而使得该书具有了较高的学术价值、收藏价值以及观赏性和可读性。

倪瑞明校长对于黄炎培在浦东中学工作时期的"实"教育思想实践的梳理,填补了黄炎培教育思想研究的空白,弥补了海派教育思想的缺憾,从中,也可以找寻教育家的成长轨迹,进一步彰显"中国历史名校"的文化底蕴,为推动史学素养特色高中的创建工作,奠定重要的基础。

是为序。

尹后庆

2019 年 5 月 28 日

(作者系国家督学,中国教育学会副会长,上海市教育学会会长,上海市教育委员会原副主任、巡视员)

自　序

　　以前,对于黄炎培先生,基本就是遥望,他是一位高山仰止的人物,是一位新中国的国家领导人、杰出的民主战士、忠诚的爱国主义者、著名的政治活动家、中国职业教育的先驱,是中国民主同盟和中国民主建国会的主要创始人和领导人之一。他更是一位著名的教育家,在 20 世纪对中国教育产生了巨大的影响。他曾相继创办了诸多学校,有小学、中学、大学、职业学校。这是一位在国际上有着影响力的教育家,尤其在东南亚,影响更大。

　　2013 年 8 月,我调到浦东中学工作,开始走近黄炎培先生,深知他作为浦东中学的首任校长兼校董,为学校的创办和发展奠定了扎实的基础,其影响直至今日依然深远。但是,黄炎培先生担任浦东中学校长的时间不长,从1905 年 10 月起负责筹建,1907 年 3 月 8 日正式开学,直至 1910 年 1 月辞职,也就只有短短几年,但为什么这么多校友都记得黄炎培先生的教育? 面对一手创建的浦东中学,黄炎培先生为什么要辞任? 黄炎培先生在浦东中学究竟是如何开展教育探索的,为什么校友中有很多人就此走上了革命征程? 黄炎培先生在浦东中学校园内外一共办了哪几所学校? 黄炎培先生的职业教育思想究竟是为何形成,从何时起步,从何处开始的? 中华职教社与浦东中学之间究竟有什么渊源?

　　社会所熟知的黄炎培教育思想,基本就是职业教育思想。在中华职业教育社第一届年会上,黄炎培与他人商议,订定了职业教育的目的:"为个人谋生之准备,为个人服务社会之准备,为世界及国家增进生产力之准备。"

　　初创时期的浦东中学办学理念是重理不轻文,成绩和办学质量非常优秀,那他为什么转变,转而研究、探索职业教育?

带着一系列的问题，我利用工作之余，查找相关史料，试图通过蛛丝马迹、只言片语，找寻出黄炎培先生在浦东中学的足迹。在诸多关于黄炎培先生的著作、传记和日记中，只强调了他在浦东中学创办中的贡献，究竟是哪些贡献，也就寥寥数语，一笔带过。我试图通过追寻黄炎培先生的成长过程、心路历程和革命征程，寻找他与浦东中学之间的渊源和教育改革实践，走进黄炎培先生的教育思想。

终于，在茫茫史海之中，我找到了一些黄炎培先生在浦东中学担任校长期间的办学实践史料，从中发现，其实浦东中学不是一所一般的中学，而是一所跨学段的"集团化"办学的学府，有高中部、初中部，有浦东中学附属高等小学，有附属第一初等小学、附属第二初等小学，后来又有了附属第三初等小学，包括创办了幼儿园。后来，由于学校办学成绩优异，发展迅速，空间不足，校董会决定，将附属高等小学搬迁至浦西，改为斯盛小学，后在此基础上，创办了斯盛中学（即今天的上海市市八初级中学）；更重要的是，发现了黄炎培在广明小学和广明师范讲习所的办学史料，填补了其早期办学的空白，而这些学校都是由杨斯盛"毁家兴学"创办的。

就黄炎培担任校长期间，浦东中学从学段而言，有高中、初中、高等小学、初等小学；从地域而言，有浦西、浦东的六里桥、浦东的蔡路青墩、浦东的合庆；从学校类型而言，有普通教育、师范教育、实业教育、平民教育；从新旧学制而言，这是 1905 年废除科举制度之后，上海滩第一所由中国人自己创办的现代意义上的基础教育全学段学校。可以说，黄炎培先生在浦东中学期间的办学，几乎涵盖了大学教育之外的各种类型的学校教育。

随着时间的推移，我还发现黄炎培先生不仅是中国职业教育的奠基人，对于中学教育、师范教育和小学教育，他同样是一位卓越的教育家。他非常注重这些方面：学生综合能力的培养、自治能力的锻炼、公民意识的唤醒、革命精神的播种、卓越学业的追求、民族精神的担当、国家意识的忧虑、体育体质的坚持、动脑动手的兼顾、科学实验的重视、校友培养的持续、校本研修的实践、校本课程的开发、学分制的标准、研学旅行的践行、学生奖惩的规则、家校合作的探索，等等。对于今天的教育而言，其"实"教育思想依然具有很强的生命力，体现出超前性。

从校长角色而言，黄炎培先生的学校管理经历基本在浦东。他从 1903 年上半年起在川沙小学堂担任校长；1904 年 10 月起在杨斯盛创办的广明小学担任校长；1905 年下半年兼任广明师范讲习所校长；1907 年 3 月起，担任浦东中学的校长。离开浦东中学之后，黄炎培就不再担任校长一职。而在浦东中学担任不同学段和性质的校职期间，他对于教育的理解和探索，则为后面的职业教育、高校教育以及其他学校的改革和实践，都具有相当的借鉴作用和启迪价值。

黄炎培为维系浦东中学的稳定与发展，被迫离开校长岗位，担任校董期间，依然继续发挥着重要作用，经常回到学校参加各种活动、进行演讲、参加校董会的会议，推荐名师和专家，为学校发展建言献策，共谋思路。由此，历届学生都记住了这位勇担国家使命、富有民族担当、博学多才的首任校长。

浦东中学始终坚持着创校之初的学校文化，"勤朴"校训、"克己互助"校箴、八大训育标准，秉持严谨的学业要求、严格的行为规范、严密的教学研究、严备的管理制度、严爱的师生关系、严明的学校纪律、严缜的课程设置，使得学生的各项能力得到充分发展；特别重要的是，他不仅传授知识，更注重育人，注重传承杨公毁家兴学、为国育才的责任，在学生心中播种下爱国、革命、敬业、诚信的种子。大批杰出校友从这里走出，其中有许多勇担国运、为国献身的校友，革命烈士就有 40 多位，尤其是在中国共产党发展壮大、抗日战争、解放战争、新中国建设和改革开放等历史时期中，更是有大批校友做出了卓越贡献，使浦东中学成为一所影响中国近代发展史的学校。

希望能通过此书，更好地再现黄炎培先生在浦东中学期间的教育思想和改革实践，进一步展现这位著名教育家的"实"教育思想，展现其在 20 世纪早期，对于浦东地区基础教育所做出的杰出贡献，以及后来形成并发展职业教育思想的基础缘由。

作为校长，我始终在思考：历史名校是荣誉、责任，或是负担、包袱，还是资源、教材？如何将一所历史名校与当下的学生培养有效结合？历史名校的根源是什么，如何传承这份文化精髓？作为教育工作者，我们不仅需要宣传、学习那些杰出校友的家国情怀，更应该研究大批杰出校友背后的共性特质，研究这些特质与学校的文化传统之间的内在关系，因为这就是历史名校的文化精髓，应该予以传承和发扬。

"求木之长者，必固其根本；欲流之远者，必浚其泉源。"作为正在创建上海市史学素养特色高中的学校,根据课程标准、核心素养与校史的有机整合,我们正依托厚实的校史文化,创建博物馆式校园,营造重史的学校文化,形成探史的校本课程,探索史学素养特色的教学,编制基于核心素养的史学素养特色课程纲要,遵循"以史为鉴、面向未来"的通则理念,以"做好当下,成就未来"的态度,突出"勤朴"和"克己互助",学文化、养身心、修品行,提出"爱国勤朴、克己互助、求真致用"的育人目标。

以史为鉴,辩证取舍,推陈出新,开创未来。

倪瑞明

2019 年 5 月 27 日

目录

第一章

兴学振邦,铁肩担当

——"匹夫有责"的教育情怀

晚清举人黄任之先生,生逢山河破碎、民不聊生、华夏危亡之近代乱世,承家传之大义大志,以兴学救国为己任,展现了一个旧知识分子的情怀。

第一节 时代背景

1840 年,鸦片战争爆发,清政府于 1842 年与英国签订了丧权辱国的《南京条约》。随着帝国主义列强对中国的全面侵略和蚕食,中国逐步沦为半殖民地半封建国家,由此激发了中国人民反抗侵略者的卫国斗争,也唤醒了那些有着强烈爱国心的仁人志士,推动国家政治运动与改革。

这是一个苦难深重、山河破碎、激烈动荡的时代。

黄炎培,于 1878 年 10 月 1 日(光绪四年农历九月初六)出生于江苏省川沙"内史第"(现上海市浦东新区川沙镇),内史第丰厚的文化底蕴对于他的成长、成才起到了奠基的作用。

其父亲黄爗林家境贫穷,既无土地,亦没房产,一生租住在别人家的房屋之中,但为人非常豪爽,有钱便花,挥金如土,且很有才华,非常注重学业。父亲之嫉恶如仇、大义凛然的性格,尤其是对于问题据经引典、演绎推理的能力,在少年黄炎培心中烙下了深深的印记。

黄炎培 7 岁时由其母亲孟樾清教文识字,学习写信,8 岁时由两位叔叔教读四书——《大学》《中庸》《论语》《孟子》。母亲对他严格管教,由此养成了黄炎培非常自律的习惯。9 岁起,他就经常住在川沙县城东郊的外祖父孟荫余家,在外祖父家设的私塾——东野草堂读书。他博览群书长达十年,不仅打下了扎实的古文功底,同时也传承了外祖父孟荫余淡泊功名利禄,追寻内心平和的精神。

黄炎培的母亲、父亲和外祖父去世后,他失去依靠,生活陷入困境。后来,经人介绍,到距离川沙城三四十里的南汇三灶乡周肇溪所设立的周氏馆当塾师,教授学生。

教书之余,他始终坚持自学苦读,思考和寻找国家的未来。1899 年春,他去松江参加府试,考取秀才,且为府考第一名;1901 年考取南洋公学特班,就此开始新文化的学习。

黄炎培深受恩师蔡元培先生的熏陶和教导。蔡元培始终坚持爱国、责任与学习要有机统一,坚持学习内容要与国家命运相一致的教育理念,注重培养学生的自主学习能力,坚持笔记教学法,引导学生关注世界格局的变化。他的亲切、谦和、博学、严谨,使每一位同学心悦诚服,如每月安排一次命题作文,要求学生发表自己的意见和主张;要求学生经常练习演说,培养他们在公众场合演讲的能力和方法,以唤醒民众,传播知识;重视对学生学习方法的指导和良好生活习惯的培养。

1902 年秋,黄炎培去南京参加晚清最后一次江南乡试。清政府非常重视这次科举考试,在考试内容上做了一定的改良,废除了八股文,改为以写"策论"的方式选拔人才。扎实的传统文化功底,加上南洋公学特班的开放思维训练方式,尤其是蔡元培注意将时事知识与分析讨论相结合的教育方法,对黄炎培的应试发挥了重要作用。最终黄炎培考中举人。

可惜,回南洋公学不久,发生了"墨水瓶事件"①,导致学生集体抗议,公学总办汪凤藻下手谕,要将中院一千多位学生全部开除。临别之际,蔡元培先生特意召集特班生谈话:"汪总办不让我们完成学业,我们应该自动地组织起来,扩大容量,添招有志求学的学生来更好地进修,同学中对某一门能当老师的就当老师,愿回乡办教育的也好。"

为此,蔡元培先生率先垂范,在上海先后创办了爱国学社、爱国女学等,部分特班学生就留下任教,有的则回家乡兴办教育。

第二节 川沙小学堂改革

黄炎培谨记蔡师嘱托,根据清政府的章程,回家乡川沙改观澜书院为川沙小学堂,创办开群女学,探索自己的教育救国梦,并由此结识杨斯盛先生。

一、立实志,办新学

临别之际蔡元培先生发自内心的寄语,始终萦绕在黄炎培的心头:"中国国民遭到极度痛苦而不知痛苦的由来,没有能站立起来,结合起来,用自立来解除痛苦。你们出校,必须办学校来唤醒民众。"虽然,黄炎培在南洋公学特班选习

---

① 1902 年 11 月,南洋公学发生 200 余名学生为反抗校方的专制行为而集体退学事件,这是中国近代教育史上发生最早、规模最大的一次学生风潮,在当时产生了很大的社会影响。因事件导火线是一只普通的墨水瓶引发了激烈的师生矛盾冲突,故被称为"墨水瓶事件"。

的是"外交",但是,由于蔡元培先生的期许,加之看到处于危难之中的国家民不聊生,黄炎培决定追随蔡元培先生的教育思想,回家乡川沙办教育,唤醒民众,培养自立能力。

同年,清朝政府迫于压力,颁布了高等中小学堂章程,命令各省把原来的书院改为学堂,兴办新学。

二、改办观澜书院

道光十四年(1834年),进士、元和县令何士祁擢任川沙抚民厅厅事,捐赠俸银一千两,创建观澜书院。书院建在川沙城东南隅古城墙下,文昌宫南右,由此开创了川沙教育的先河。

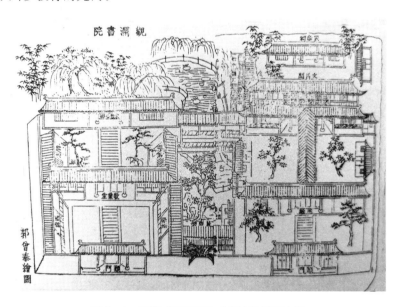

图 1-1 观澜书院图(见:《川沙抚民厅志》)

黄炎培和川沙的几位好友,如张志鹤①、陆逸如②等商议,"看看国事,已经

---

① 张志鹤,号伯初,又名访梅,川沙龚路人,秀才,参与创办浦东中学,任校董,在辛亥革命光复川沙中功不可没,曾任川沙厅视学兼劝学所总董、教育局长等,长期担任浦东同乡会会务主任,是浦东开发的先驱者之一。

② 陆逸如,字家骥,川沙龚路人,贡生,参与创办浦东中学,任校董,后任川沙厅自治筹备公所所长,子女皆学而有成。女儿陆修澄,于1927年与王剑三等在川沙成立革命政权,1944年创办返真商业职业学校,即上海第二工业大学附属龚路中学。

糟糕到不可收拾；看看百姓，大家还是睡在鼓里"，一致认为，只有教育能救国。而当时他们亲自看到日本尾崎行雄所写的《吞并中国策》一书，知道作者对于中国充满了傲慢，妄图吞并整个中国的野心，内心更是充满了焦虑。

根据清朝规定，黄炎培等人联名公呈川沙厅知县陈家熊，请求将观澜书院改为川沙小学堂。为此，1902 年冬天，黄炎培和张志鹤冒着大风雪，从川沙出发，坐着轮船到南京向两江总督张之洞衙门投送呈文。当张之洞听完黄炎培的教育梦想之后，深受感动，当即予以批准。

面对两江总督张之洞的批文，川沙厅的官吏无可奈何，立刻转而表示支持，不仅批准将观澜书院改为川沙小学堂，还将书院原有的田产，全部用来作为小学堂的基金，以确保小学堂有稳定的经费保障。

三、初露锋芒

大家非常欣喜地抓紧时间整饬校舍，添置相关教学用具，招聘优秀教师。1903 年春节结束，正月末，经更名之后的川沙小学堂正式开办了。根据清末朝廷的规定，黄炎培和张志鹤分别被聘为总理（校长）和副办（副校长），潘敏斋和陆逸如被聘为经董。为了防止那些被触动既得利益者反对，黄炎培在制订办学章程时特意写明，学生免学费，寄宿生或寄膳生仅收膳费，总理、副办是不领薪水的，完全是尽义务，而且餐费自理。相关费用，主要用于支付另外聘用教师的工资和购置教材教具。这样的办学章程，使得川沙厅的相关官吏抓不到任何找茬的理由，更是赢得了周边家长的信任和支持。

实际上，黄炎培家中也非常缺钱，他结婚之后就一直租住在外，长子黄方刚于 1901 年出生，次子黄竞武于 1903 年 6 月出生，夫人王纠思正身怀六甲，但黄炎培为了实现自己的教育救国梦想，坚持不领薪水，义务办学。

由于办学规范，延聘名师，讲求实效，注重培养学生主动学习的习惯、演说能力、动手能力和自我管理能力，与现实生活能紧密结合，并经常邀请名家来校演讲，学校办学声誉鹊起。整个小学堂很快就招到超过 70 个学生，黄炎培将学生分成两个班级，由五六位老师分别授课。

首期学员中，有林椿南（林钧）、沈敬之、陆叔昂、汪圣修、郑炳谓、顾树勋、顾梅琴、鲁树藻等。这些学生中，就出了好几位非常有影响的校友。如林钧，革命烈士，1924 年入党，参加五卅运动、上海工人第三次武装起义，出席中共第五次全国代表大会，参加南昌起义，曾任中共浦东工作委员会书记、中共淞浦特委书记等。沈敬之，川沙地区知名的爱国民主人士，后追随恩师黄炎培加入中华职教社，先后担任莲溪小学校长和观澜小学、敬业中学教师，川沙县立初级中学①校长，在川沙镇东太平村创办了荫余小学（原黄炎培先生青少年时期就读过的东野草堂遗址），又创办了兴慈小学②。后来，沈敬之动员港胞陶伯育捐资，创办了王桥小学；1953年受恩师黄炎培委托，创办五三中学。

四、编译教材

黄炎培在川沙小学堂任教期间，发现办新学所需的教材奇缺，价格昂贵，而且有些教材的内容与实际需求不相符合，为此，他一方面通过商务印书馆等购买教材，另一方面就想办法自己编译教材。比如，他与张志鹤、邵力子③三人共同编译了历史教材，成为当时学校非常重要的历史教材。这本历史教材前列历代大事年表，次为地理、人种，分我国历史为太古、三代、秦汉、三国、两晋、南北朝、隋唐五代、宋元、明清等阶段，每个阶段将当时的制度、学术、宗教、技艺、产业、风俗等分节叙述，简明扼要，对后来历史教材的编写，提供了很好的参考。

五、经费危机

由于川沙小学堂的收费很低，学生免收学费，寄宿生或寄膳生仅收膳费，经费来源主要依靠原有田产的租金，但原有收入只有五百千文，入不敷出。尽管黄炎培与张志鹤是尽义务，不领薪水的，但筹备开办时，聘请名师、购买教材和教具、修缮校舍等，也投入了不少钱。赊欠他人的费用很快成为黄炎培的一块心病，因为黄炎培深知从事小本经营的苦衷，如果拖欠时间过长，可能这家商店就会倒闭，甚至整个家庭可能重新陷入贫困之中。

六、结识杨公

面对心事重重的黄炎培，处事老练、结交甚广，在川沙教育界有着很高声望

---

① 川沙县立初级中学，今上海市川沙中学。
② 兴慈小学，今上海市浦东新区新城小学。
③ 邵力子，中国近代著名政治家、教育家、社会活动家、著名民主人士，系黄炎培在南洋公学特班同学，早年加入同盟会，与柳亚子等一起发起组织"南社"，1920年加入上海共产主义小组，同年加入中国共产党。

的陆逸如看了出来，突然，一个名字在他脑海中跳了出来——同为川沙老乡的上海滩营造业一代宗师杨斯盛先生，这是一位急公好义、口碑甚佳的实业家。两人一合计，认为可以试试寻求他的帮助。

图1-2　杨斯盛

1903年4月，陆逸如陪同黄炎培来到浦西山家园杨斯盛家中拜访。中等个子、面目清瘦，身着长袍的杨斯盛，面对来自家乡的两位书生，邀请入室，延座沏茶，非常仔细地聆听。黄炎培和陆逸如谈及八国联军的暴行，《辛丑条约》强加于中国的屈辱赔款，日本政府对于中国疆土和资源的狼子野心，认为百姓沉溺于眼前蝇头小利，缺乏对国家和民族未来的责任与担当，惟有办教育，才能唤醒处于昏睡和麻痹中的国民。杨斯盛听完两人的观点和想法之后为之一振，尤其是获悉黄炎培曾经在南洋公学特班就学，而且还是头名秀才、清末举人，但不贪恋功名利禄，反而回家乡创办小学堂，志在教育救国，虽然家中非常贫困，但依然坚持免费办学，对他们俩更是充满了信任和敬佩。

杨斯盛非常高兴，就留两位边吃饭边谈话。作为著名的营造业主，长期在上海滩十里洋场打拼，主要为洋人建造高屋大楼，很多时候洋人趾高气扬、不可一世的样子，让他深恶痛绝。当年杨斯盛不顾亲朋好友的反对，不惜倾家荡产，与洋人竞标，建成工艺复杂、象征国家主权的江海关北关，扬威上海滩的事迹，也深深震撼了黄炎培与陆逸如。

三人谈得非常投机，相见恨晚。陆逸如先生则提出："黄举人为创建川沙小学堂，已赊欠近三百两银子的开办费，不知杨先生能否予以捐助？"杨斯盛当即非常慷慨地捐银三百元，并小心翼翼地提出，能不能把他在老家川沙蔡路的侄儿杨尧也送到川沙小学堂求学，两人一口答应，兴高采烈地带着三百银元赶回川沙，心中的石头落地，更坚定了办学的信心和决心。

过了一段时间，一直惦记着黄炎培办学是否如他所言那样有效，杨斯盛亲自查看侄子杨尧的学习表现，看后非常满意，他说："这样的办学，别的我还不知道，青年种种恶习不会有的了。"

或许，川沙小学堂的成功办学，为日后杨斯盛毁家兴学播下了种子。

七、新学实践

在川沙小学堂，黄炎培提出了"并重德育、智育，而归于忠爱"的办学口号，并着力改革课堂，针对时弊提出了"学用结合"的策略，大力削减经课，增加实用学科，如文学、历史、地理、美术、格致（理科）、图画、唱歌、手工、英文、体育、课外活动等。除了正课之外，他们还在城墙边举行分组速算竞赛，学生们纷纷举起小手抢答；每周组织公开演讲，黄炎培讲述了心系天下的顾炎武、日本明治维新的领导人西乡隆盛等人的故事，学生们听得津津有味。很多周边居民也趴在古城墙边认真聆听，这成为当地百姓的盛会。

南汇好友顾次英从日本留学归来，各地教育界同仁竞相邀请他前去讲述教育大旨，从新场到周浦，每次大会时听众都有数百人之多。黄炎培获悉，立即邀请顾次英、杨月如（字保恒）、穆恕再（字湘瑶）、瞿绍依（字钺）、南汇马亦昂（字戴仁）等人到川沙来演讲。这些有志青年，不顾天气炎热，欣然应邀而来，情绪激昂，纷纷讲述了国家前途的危险，如外国侵略者的暴行、清朝政府的软弱、百姓的自我麻醉等，指出很多习以为常的行径，如吸食鸦片、赌博、女子缠小脚，实际上都是亡国弱种的勾当。这些讲话犹如清新的空气吹来，在群情激昂中，不少听众被唤醒了。

第三节　新场冤狱案

一、死里逃生

黄炎培到处演讲以唤醒民众。1903 年 6 月受邀至南汇新场演讲，他和顾次英、张志鹤等四人被诬告为革命党而被捕。为了营救他们，杨斯盛出资，佑尼干大律师献计，步惠廉总牧师亲自出马担保，终于使四人死里逃生。

杨斯盛派人将这四位年轻人邀请到家里，给他们洗尘压惊，并安顿在家中，严格规定家人和佣人等必须保密。考虑到清廷可能会猜出黄炎培等人居住在自己家中，为了安全起见，杨斯盛将他们转移到自己的得意门生，赵新泰营造厂厂主赵增涛家里。黄、赵两人由此结识，成为一生挚友。

佑尼干大律师担心清朝政府可能会向步惠廉总牧师提出外交干涉,四位青年有可能再次锒铛入狱。为此,步惠廉总牧师建议,让他们先出国避避风头。

黄炎培、张志鹤、顾次英三人经过考虑,决定到日本去,一方面是因为去日本的交通比较便捷,乘坐轮船即可;另一方面,三人想通过留学,学习和观察日本强盛的原因,更希望研究一下日本的教育,日后归国,可"师夷之长技以制夷";还希望了解和观察日本企图吞并中国的野心到底到了何种程度,以及相关的准备进展等。

杨斯盛慷慨赠给他们三人出国的费用,为他们购置出国所需要的衣物,协助他们安置家里的基本开销,并购买"西伯利亚"号的四等舱船票;安排赵增涛在家中设宴饯行,并告诉他们,如果钱不够,还可以继续给他们汇款。黄炎培等人深为感动,再三表达谢意。

第二天,杨斯盛安排得力助手将黄炎培等三人送到了吴淞口码头。

当"西伯利亚"号出了吴淞口码头,驶入茫茫大海,回望祖国,大陆已经逐渐远去,随着夕阳西下而逐渐消失。想想一腔热血,却被地痞流氓诬陷为革命党,不得不到日本去流亡,三人内心充满了愤懑。当时他们的心情可谓:我生最难堪,要算此时此境。但是,他们又不甘心像其他义士一般选择自杀,而是决心好好学习,为国家生存、民族存亡而奋斗。

为此,他们决定更改自己的名号。顾次英,原号冰一、冰畦,改号为仲修;张志鹤原号访梅,改号为伯初;黄炎培(原号楚南)改字为韧之。韧字的意义,刃是刀,韦是牛皮。要杀敌,就必须要坚忍,而对于教育救国之志,则有了更多的韧性。

二、研究日本教育

东渡日本期间,他们考察、研究日本的办学情况,思考日本对于人才培养的方式和途径,看到日本人受教育程度远超中国时,更加忧虑国家的安危。他们还看到,日本国民尤其是年轻人都以入伍为骄傲,以效忠天皇为荣耀,几乎每个日本男青年都积极参加各项军事训练;各项工业发展非常迅猛,大量生产军工产品,如枪支、弹药、战舰和坦克等。当时的日本,无论男女,都誓死效忠天皇,整个国家弥漫着战争硝烟的气息,利用军事和财力上的优势,大肆低价购买中国的各种原材料,刺探中国的军情,勘察中国的矿产资源等。

在日本，他们认识了不少朋友。当时很多年轻留学生是抱着救国之心去日本留学的，中间不少人追随孙中山开展各项革命工作。黄炎培与他们中交往最深的是刘三（即刘钟龢，字季平）。他年轻气盛，满腔才华，兴致豪放，面对清政府的无能，空有一腔报国之志，却无处可用，惟有遗憾。

到了年底，三人收到家乡来信，说负责南汇新场冤狱案的知县戴运寅早已经被撤职，清政府已经将新场冤狱案撤销，希望他们早点回来。三个人囊中羞涩，仅剩余回国资费，没有办法，相伴一起回国。

三、矢志教育改革

1904 年春，三人从日本流亡归来。

杨斯盛嘱托川沙同乡、好友孟子铨慰问黄炎培、张志鹤和顾次英，嘘寒问暖，关心备至；邀请他们到家中小聚，为他们接风，听他们讲述在日本所见所闻，尤其是当谈及日本为了侵占中国所做的各项准备工作，以及高度重视教育的情况，为清政府依然沉溺于绥靖政策而倍感痛心。

黄炎培详细地介绍了日本教育对于民众的作用和价值，尤其强调，日本教育非常注重实用性，所学知识与社会需求结合度很高；非常注重东西方的融合，每年派出很多人员到西方发达国家学习，并注重转化为日本自己的知识；非常注重工匠精神和产品质量，将其作为课堂学习的重要内容之一；非常注重体育教育，强调团队精神和体育运动等。

黄炎培对于中国科举制度的弊端予以批评，强调中国的教育必须进行改革，不能惟科举是教，而应注重教育的实用性，应注重知识传授与动手实践相结合，应注重科学实验与知识记忆相结合，培养的人才要与社会需求相结合，教授的课程要与时代相匹配，培养的学生要有家国情怀、责任担当。

没有进过学堂的杨斯盛，通过自学，学会了英语和看图纸，学会了如何与人有效沟通与协作。他非常赞同黄炎培的观点，强调自己招聘的人员中，有的人学识很高，会英文，但最基本的看图、绘图能力非常缺乏；有的人会看图、绘图，但不会说英语；有的人则只知道书本知识，与人交际和表达能力很弱；自己的好几个学徒，尽管没有进过学堂，但凭借着勤奋、专注、用心和智慧，不仅会说洋泾浜英语，还会看图和绘图，很快就独当一面，有好几位已经成为非常成功的营造业主。他强调,办学校必须注重教育的实用性,减少学生的功利性,否则培养的学生,将来踏入社会,还是很难找到工作的。

黄炎培东渡日本观察和研究日本中小学的课程设置与学校管理,结合川沙小学堂和开群女学的办学实践,回味着杨斯盛对于人才培养与实际需求之间存在能力上差距的看法,思考着教育的出路在何处。

第二章

聚力办学，浦东滥觞

——"勤朴"为魂的智慧实践

　　幸遇同有兴学救国情怀的乡人——上海营
造界巨匠杨公斯盛，实业人与教育人结缘，成就
了黄炎培先生的智慧"办学梦"和"教育振邦"办
校实践。

第一节 惺惺相惜，共图"教育梦"

杨斯盛，川沙蔡路人，1851年出生，父母早亡，家境贫寒，没有机会进学堂学习，从13岁时一个人到浦西做泥水匠的小工开始，凭借着诚信、勤劳、智慧，于1880年在上海开设了第一家由中国人创办的营造厂——杨瑞泰营造厂，成为近代建筑史上的一个创举。1881年，杨斯盛参与投标外滩江海关北关的建设。该工程最初由意大利商人中标，但由于要紧挨黄浦江施工，工程无法推进，意大利商人肆意涨价，最终由杨斯盛接标。工程于1883年完工，杨斯盛一举成名，时称工界伟人、营造泰斗，并成为上海水木业公所董事、浦东帮建筑业的领袖。他被人称为"近代建筑营造业的一代宗师"。

杨斯盛有钱之后广做善事。他出资为家乡蔡路青墩修建祠堂；购买400多亩土地，用租金和利息作为家乡老人们的养老金；为暗哑的弟弟造房、娶妻；当直隶、山东、川沙钦公塘等地发生水灾时，出资赈灾；千方百计筹建沪宁绍水木公所，解决同行之间的恶性竞争和工人子女求学之困；以及后来在浦东铺路架桥等。

杨斯盛不仅是一位对于工艺精益求精的近代鲁班，更是一位乐善好施的慈善家。

只因一面之缘，感佩于黄炎培的满腹经纶和教育梦想，1903年4月杨斯盛资助黄炎培创办川沙小学堂的开办费；1903年6月，出资请大律师佑尼干献计，步惠廉总牧师亲自赴南汇，把因新场冤狱案即将被处死的黄炎培拯救出屠刀之下；为防止清政府的追责，又出资赞助黄炎培等三人奔赴日本流亡，安排相关人员对其家属予以照顾，尤其是对黄炎培刚出生没有几天的次子黄竞武，安排人送钱和物品等。后来，黄炎培在创办浦东中学的过程中，有人看到学校办学声誉鹊起，就向官府举报黄炎培，杨斯盛又竭力担保黄炎培不是革命党，实则，黄炎培已经是同盟会会员、上海同盟会的干事。

因为共同的梦想，几次救命之恩，同为川沙人的杨斯盛与黄炎培结为忘年交，两人无话不谈，言无不尽，并由此共同走上了"教育救国"之路。尤其是在成功创办了广明小学之后，更让杨斯盛意识到"教育救国"的意义和价值，经与黄炎培多次商议,他决定"毁家兴学",捐全部身家的十分之九,银三十余万两,诚邀黄炎培担任校长,创办了在诸多领域都有大师级校友、影响中国近代发展史的浦东中学校,终于实现了"教育救国、实业报国"的梦想。

黄炎培有幸与上海滩营造业一代宗师杨斯盛结识,共同的国家使命和民族担当使他们成为忘年之交、生死之友,用实际行动来践行教育救国之志,成就共同的教育梦想。

第二节　创办广明小学

面对私塾教育和科举制度存在的种种问题,立志改变教育现状,1904 年上半年,杨斯盛决定创办一所新式小学堂,他决定个人出资,聘请黄炎培、顾次英等人负责筹办,经商议,一致认为应该减少经学授课内容,注重实用,增加动手学习的机会。

一、筹备办学

杨斯盛向来一言九鼎,雷厉风行,注重诚信,办事严谨。当年下半年他邀请黄炎培、顾次英、张伯初和孟子铨共商办学事宜,决定由杨斯盛负责出资,保障经费,创办广明小学。

基于对黄炎培才高八斗的景仰和管理能力的信任,杨斯盛邀请黄炎培担任校长,张伯初和顾次英等协助,三人感于杨斯盛的救命之恩和知遇之情,慨然应允。

创办之初,非常艰辛。当时社会上的新式学堂很少,且受认可度不高,有钱的家庭或者将孩子送到洋人所办的学堂,或者聘请私人教师进行家庭教育;没有钱的家庭,孩子就没有地方读书。广明小学于光绪三十年甲辰八月二十三日(1904 年 10 月 2 日,被确定为学校开学纪念日,每年放假并组织纪念活动)正式开学,尽管多方动员,最初一共才招到 9 名学生,其中还包括杨斯盛的家人在内。

二、制订章程

虽然举步维艰，但是黄炎培、张伯初等迎难而上，全力以赴。他们根据在川沙小学堂的办学经历，加上在日本流亡期间对当地教育的观察、学习，结合清政府的相关规定，立章办学，决定首先从制订广明小学章程入手。

光绪甲辰年（1904 年）八月，黄炎培和张伯初等经过认真商议和修订，制订了《广明小学简章》：

一 办法：略仿日本小学制度参以本国现今状况编定学科。

一 学科：修身、国文、历史、地理、算术、理科、图画、唱歌、体操、英文。

一 时间：每来复教授三十六时，每日午前八时起，午后四时止。

一 休假：日曜日停课外，暑假六来复，年假四来复。

一 学龄：九岁至十二岁。

一 资格：资质聪颖、身体坚实、国文略解、字义考验得实者为合格。

一 学额：暂定住读生十人，走读生三十人。

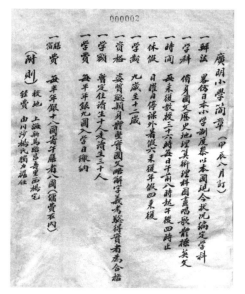

图 2-1 广明小学简章

一 学费：每半年银九元，入学日缴纳。

一 膳宿费：每半年银十八元，寄午膳者八元（佣费在内）。

附则：校地：上海新马路昌寿里西杨宅

经费：由川沙杨氏独立担任

三、新式课程

根据黄炎培所设置的章程，将 9 名同学分成 3 个年级，实施单级教学法，以提高教学的针对性和有效性。与传统的私塾不一样的是，大幅压缩经学授课内容，大胆改革，增加了如历史、地理、算术、理科、图画、唱歌、体操等课程，全面培养学生的素质和能力。作为初级小学，开设了英文课程，具有非常超前的国际视野。

对此,杨斯盛没有抱怨成本太高,作为长期与洋人打交道的一代营造业宗师,反而觉得非常好奇和实用,他鼓励黄炎培、张伯初等大胆尝试和革新,注重知识的实用性,并在经费上予以充分的保障,除了正常的学费之外,仅仅第一学期就补助经费1404银元。

四、成绩初现

黄炎培和张伯初等家住川沙,交通不便,为了更好地回报杨公斯盛的信任和救命之恩,也为了更好地践行自己的教育梦想,他们干脆住在广明小学内,从早到晚,兢兢业业。

由于黄炎培等非常注重学生的能力培养,如加强体操训练和唱歌的练习,在注重国学的同时,加强英语的学习,广明小学的学生很快就展示出与其他私塾之间的差异。他们能静能动,能歌能舞,国学流畅,英语流利,注重劳动,坚持团队合作。

天道酬勤,学校的办学成绩和社会声誉显著提升,一学期后,学生数量增加至26人。

图2-2 广明小学全体师生合影(1904年)

因名师云集,成绩卓著,各方人士纷纷将孩子送来学习,至光绪三十一年

(1905 年)六月第二学期末,学生数量增加至 28 名;至光绪三十三年(1907 年),第一届毕业生增至 38 人,与 1904 年开学时相比,学生增加了 10 倍多。

1905 年全年,根据高质量办学的需要,除了学费之外,杨斯盛补助经费 2634 银元,从而保证聘请名师、添置各类教学用具和教材等的支出,全力支持黄炎培按照自己的教育思想来办学。

五、杨公欣喜

杨斯盛在忙于自己的杨瑞泰营造厂工作之余,就喜欢在旁边观察学生的学习和生活。学校内井井有条,学生穿着统一的服装,自己打扫卫生。当听到学生琅琅的读书声,看到他们专心致志地学习,体操课上矫健的身姿,他不由感叹,原来东亚病夫也是可以改变的;尤其是看到这些学生彬彬有礼,每次经过时,他们都会主动起立,向杨斯盛问候,让他深为感动,更加清晰地意识到私塾与现代小学堂之间的区别了。他为创办广明小学的英明决策而感到欣喜,为这些优秀教师而感到骄傲,进一步理解和接受了黄炎培等一直追求的教育救国之理想。

因广明小学内开设了英语课,闲暇之余,杨斯盛就会用英语和这些学生进行交流,看到他们能大声地和他进行交流,杨斯盛内心充满了喜悦,因为,正是由于自己家境贫寒,小时候没有机会读书,吃亏甚多,后来在与洋人做生意、打交道的过程中,逼着自己学了英语和不少文化知识。与自己相比,他觉得孩子们确实幸福多了。

六、群策共议

面对这样一批才高八斗、忧国忧民的青年才俊,杨斯盛对他们非常尊重,经常邀请他们一起喝茶、吃饭和聊天。

黄炎培谈及自己在蔡元培先生教诲之下,认识到清政府已经病入膏肓,外交软弱的根源,在于老百姓的无知和只满足于个人私利,解决的唯一办法就是教育,用教育唤醒民众,用教育培养民众,用教育团结民众,只有这样,才能让中国人真正地觉醒。

刘钟龢说,因为清政府腐败软弱,已经无法改变局面,惟有推翻清政府,才能让中国脱离苦海,才有可能摆脱列强对中国的掠夺。为此,他放弃了科举,远赴日本著名的成城军官学校学习骑兵专业,当孙中山先生在横滨创立同盟会时,他就加入了同盟会,一心一意想推翻清朝政府。归国后,他于1904年上半年,与刘东海、朱少屏①、黄炎培、杨杏南等创办了丽泽书院,宣传革命思想;希望从广明小学开始,在学生心中就播种下革命的火种,同时,传授他们文化知识,督促加强身体锻炼,长大之后,可以更好地发挥才能,报效国家。

杨杏南则谈及自己在日本成城军官学校求学期间,看到日本政府和民间对于中国虎视眈眈,时刻准备攻占和掠夺中国的野心。而日本为了让自己国家更加强盛,极其注重教育,他们受教育的人口比例是中国的数十倍,这是日本在经济上腾飞、外交上强硬的重要倚仗。中国只有真正注重教育,注重培养学生的能力,而不是迷恋于科举制度和学而优则仕,方有可能改变国家的现状。

张志鹤则谈及因痛陈国家危亡、政府昏愦,与黄炎培、顾次英、张尚思四人被南汇县令戴运寅以无中生有的"毁谤皇上、毁谤皇太后,是革命党"罪名关押牢中,险被杀害,经杨斯盛先生和美国牧师步惠廉营救,后来又在杨斯盛先生资助之下逃亡日本,与众多留学生交往之后,更加清晰地意识到,只有教育才能唤醒民众,只有教育才有可能挽救中国。

尽管自己是一位相当成功的营造商,在上海滩享有很高的地位,想到自己在创业过程中,经常受到洋人的肆意欺辱和不公平竞争,杨斯盛不得不感叹,清政府实在是太软弱了,有的时候,老百姓确实非常愚昧,关键在于,清政府的科举制度在很大程度上迷惑了读书人的目的,已经无法满足人才培养和挽救国家于危难之中的需要。面对国家贫穷、洋人飞扬跋扈、老百姓无知和无奈,看到广明小学的优异办学成绩,杨斯盛的心中更加坚定了"教育救国"的信念。

七、黄炎培全力办学

光绪三十一年(1905年),为了更加专注地办学,同时照顾好家人,加之在川沙没有自己的房产,黄炎培决定,举家迁往杨斯盛推荐的上海南市黄家阙路36号居住。这样,他就可以全身心地扑在广明小学的办学上,也有更多时间关心和照顾家人。

---

① 朱少屏,烈士,南洋公学毕业,曾留日,1905年加入同盟会,为南社发起人之一,曾任寰球中国学生会总干事、国民政府驻马尼拉领事馆领事等职。

同时,作为同盟会上海干事,他就可以更加便捷地开展各项革命工作了。

图 2‑3　1905 年黄炎培一家合影。左起:二妹黄兼德(抱黄炎培次子黄
竞武)、大妹黄冰佩、祖母(牵黄炎培长子黄方刚)、黄炎培、王纠思

为了让别人更相信学校的办学水平,黄炎培将亲朋好友的孩子相继推荐到
广明小学和后来创办的浦东中学以及附属小学,其中就有自己的儿子和侄子。
他们中大部分在浦东中学附属高等小学毕业之后,相继考取了清华学校①、北洋
大学②、复旦大学等,再出国留学,最终回国报效祖国。

如黄炎培的长子黄方刚,是哈佛大学哲学博士、著名哲学家,中国第一位将
《道德经》翻译成英文版的译者,先后在多所高校任教;次子黄竞武,革命烈士,
哈佛大学经济学硕士,民建上海的负责人,为保护国家财产不被偷运到台湾地
区,在上海解放前夕被暗杀;三子黄万里,是第一位获得美国伊利诺伊大学香槟
分校工程学博士的中国人,著名水利工程专家,被誉为"中国知识分子的脊梁";
四子黄大能,著名水泥混凝土技术专家,领导制订了中国第一部水泥国家标准,
曾任全国政协常委、民建中央副主席、中华职教社副理事长等职。黄炎培的几
个侄儿也相继前来就读,如中国著名的现代作曲家、音乐理论家、音乐教育家黄
自,曾到美国俄亥俄州欧柏林学院和耶鲁大学留学,最早创作了多首抗日爱国

---

① 清华学校,即清华大学的前身。
② 北洋大学,即天津大学的前身。

歌曲,培养了贺绿汀、陈天鹤、江定仙、刘雪庵等近代音乐先驱,被誉为"爱国歌曲之王"和"一代宗师";著名会计学家黄组方,早期立信会计出版事业的主要贡献者,2000 年,作为 20 世纪中国会计学界名人被收入《中国会计界百年星河图》(郭道扬,《会计通讯》2000 年第 1 期),列为 32 位二星人物之第 22 位。由于黄炎培在办学过程中,将每位学生视为自己的孩子,又把自己的孩子放在浦东中学附属小学就读,这样,对于其他家长就更有说服力。

1905 年 6 月,放暑假前夕,黄炎培等组织召开了学艺会,邀请学生家长和各界名流来校参观,学生们汇报演出,展示各项学习成果,来访者啧啧称赞,让杨公深以为傲。

八、杨斯盛计划"毁家兴学"

由于办学成绩显著,学生数量剧增,尤其是与这些有着远大抱负的青年教师有了深入接触和合作,这更坚定了杨斯盛"毁家兴学"的决心。经过深思熟虑之后,他提出:因为学生增加太快,原有的别墅作为校舍过于局促,办学已经受到了影响,不利于学校的发展;而且所建学校地处租界,不利于学生收心,认真读书,决定捐巨资十万两银子来建造校舍,计划于 1907 年创办一所中学,邀请黄炎培、张伯初等制订办学章程等,并决定于 1906 年将广明小学改为广明高等小学。经与黄炎培商议,考虑到川沙、南汇、奉贤、崇明等地区的师资短缺,他决定在广明高等小学旁边,创办一年制的广明师范讲习所,以培养学校发展所需要的教师,也可以为浦东各地培养师资,以更好地开启明智,造福桑梓。

诚如在浦东中学校第一期杂志中黄炎培先生所著的"学校大事记"中所写:

"先生志毁家兴学久,广明始创,相约一学期终,必计较校务之阙失而补之。至是议以学校逼近家庭,至不便,且立学于纷华靡曼之租界,不易收学子心。先生立愿舍金十万,迁建校舍。有以静安寺旁隙地请者,先生慨然曰,'故土不可忘,余与君等,浦东人也,东耳。'遂命炎培等草办法,谓初等教育之未足也,议设中学,并先改本校为高等小学,以立之基。谓教育之宜广也,议分设初等小学,谓初等小学教员之难也,议明年先设一年毕业之师范简科。"

在创办广明小学的过程中,黄炎培就非常注重所教知识的实用性,尤其是注重体育和音乐,注意陶冶学生的艺术情操,在初等小学就开设了英语,坚持中西方文化的包容和并举。

第三节　改广明小学为广明高等小学

考虑到广明小学的学生和家长对于学校的高度认同，忧虑在初等小学毕业之后，找不到合适的高等小学和中学，也为了更好地保障浦东中学的发展，确保生源的有序培养，杨斯盛与黄炎培等商议，决定将广明小学改为广明高等小学，由初级小学改为高等小学，并根据学段的变化，重新制订相应的章程和规约。

经反复研究讨论，黄炎培等制订章程如下，于清光绪三十一年（1905年）11月刊布：

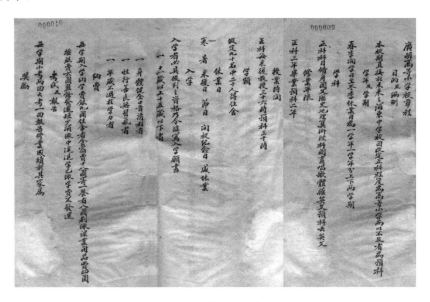

图2-4　广明高等小学校章程（节选）

一、广明高等小学校章程

目的及编制：本校期直接于未来之浦东中学校，因改定正科程度为高等小学，而以不及者为预科。

学年及学期：春季开学日至冬季休业日为一学年，一学年分上、下两学期。

学科：正科科目修身、国文、历史、地理、算术、理科、图画、唱歌、体操、英文，预科去英文。

修业年限：正科三年毕业，预科二年。

授业时间：正科每来复教授三十六时，预科三十时。

学额：假定九十名，中二十人得住舍。

休业日：寒、暑、来复日、节日、开校纪念日咸休业。

入学：入学者必具后列之资格，乃令填写入学愿书：

一、十一岁以上，十五岁以下者；

二、身体健全，口音清利者；

三、性行善良，无习气者；

四、年岁不过于学力者。

纳费：每学期入学纳费银九元，住舍者食宿费十八元，寄一餐者八元，别缴课业用品费四元，操服费六元，盈余发还，短少补缴；中途退学已缴学费不发还。

考试及报告：每学期小考两回、大考一回，报告修业成绩于其家属。

奖励：凡有后列各项之一者，于一学期终奖之，或以物，或以名誉证书：

一、有特别善良之行为者；

二、学行皆优者；

三、一学期未尝辍课者。

惩戒：悖校规者，以后列诸法分别治之：

一、训诫；

二、留置；

三、辞退。

二、规约

（甲）总约

一、同学相处必和爱；

二、起居容服必朴雅整洁；

三、公物宜保护，勿易定处毁失，必认赔；

四、勿污墙壁、损花木；

五、勿为危险及无益之举动；

六、课业外，勿看无益闲书；

七、会亲友,必于应接室;

八、有事见职员,必行敬礼;

九、课业外,遇职员必立正;

(乙) 教室规则

一、上课、退课均听号钟,列队出入;

二、教员就座、离座,均行敬礼;

三、勿越位乱次;

四、教员宣讲时,概勿扰问;

五、质问必先举手,得教员许可后,起立质问;

六、教员普通之设问,欲对者,必先举手,得教员许可,而后立对。教员命之对者,不必举手;

七、同坐生勿问答;

八、唾涕勿至地,承以巾;

九、非习业用品切勿带入;

十、非退课勿出;

十一、勿营课业以外事;

十二、来宾参观,教员行敬礼者,亦敬礼之。

(附)级长及值日生之职

各级置级长一人,一月一任,其职列后:

一 注意教室内之整洁与否;

一 传达学监及教员之言于同级生;

一 传达同级生之言于学监及教员;

一 司本级之休假、上课时,报告同级生辍课者于教员。

各教室轮置值日生一人,其职列后:

一 上课前、退课后,拂拭、整理本教室内之器物;

一 收发同级生之文件;

一 用笔墨时,为本级生注水。

(丙) 寄宿舍规则

一、起卧均听号钟;

二、榻位必依编定次序;

三、所携物品，必受学监之检查；

四、行李除卧具外，勿过三件，以榻下能容为度；

五、衣服、卧具、器物随时整洁，置有定处；

六、帐褥被单以白色为宜；

七、溲便器勿携；

八、非切用器物勿携；

九、卧后一律熄灯；

十、卧后勿谈话；

十一、唾涕必于痰盂；

十二、晨起盥洗必依次序；

十三、外人概勿留宿；

十四、暑假、年假所携物品，概勿留校。

（附）室长之职

各寝室置室长一人，一月任其职，列后：

一 注意同室生规则之实行；

一 注意本室内之整洁与否；

一 传达学监之言于同室生；

一 传达同室生之言于学监；

一 同室生有患病者，达于学监。

（丁）膳室规则

一、鸣钟后齐集勿迟；

二、坐位必依编定次序；

三、齐坐举箸食毕，同起；

四、当食勿谈笑；

五、骨骰勿弃于地；

六、进食宜细嚼，每餐需费十分钟以外；

七、食毕盥洗必依次序。

（戊）休假规则

一 因事或因病告假，由本级长代向学监陈明理由，俟得许可，填写辍业愿书，假满注销。

（附）来宾参观规则

一、来宾参观,必由职员导引;

二、参观教室时,勿徘徊,勿谈笑,勿吸烟唾涕;

三、于学务无关系者谢绝参观;

四、参观时,勿携带童仆;

右定章程有未完善者,随时修改之。

乙巳年十一月重订

黄炎培校长认为,不同学段的衔接要实,面对广明初等小学毕业生,广明高等小学就应该做好有效衔接,也为浦东中学校培养生源,在同一文化的引领和传承之下,有利于学生更加有序而健康地成长,有利于课程的有效衔接,有利于教师对于学生的更好关爱与帮助。同时,课程设置要有针对性和有效性,需坚持"因材施教",如在高等小学的正科需学习三年,开设英语;对于学力相对弱一点的学生,则为预科,学习时间为两年,同时不开设英语,以满足不同程度学生的学习需求。

第四节　创办广明师范

为解决浦东当地师资短缺之困,杨斯盛决定捐资创办广明师范讲习所。黄炎培精心筹划,注重实践,通过校友会定期交流,总结经验,加强反思,注重师德,秉持教育使命,并积极推动区域教育发展,如改办震修学堂,参与创建江苏省教育会,创办川沙学务公会和劝学所,为川沙地区的教育普及和经济发展做出了不可磨灭的贡献。

一、制订章程

作为江苏省教育会调查干事和川沙学务所负责人的黄炎培,深知教师队伍的重要性和需求的紧迫性,非常清晰地知道浦东地区师资短缺的状况,希望杨斯盛捐资创办浦东中学校的同时,创办一所师范讲习所,这样,既可以满足浦东中学校发展所需的师资,同时又可以为地方培养师资。

杨斯盛深以为然,采纳黄炎培等的建议,决定于 1905 年在广明高等小学旁创建广明师范讲习所,并由黄炎培全权负责筹办。他们一行等专程到龙门书院、两江师范学校等处参观,拜访教育名家,讨论广明师范的办学模式,然后,黄炎培与张伯初、顾次英等制订了办学章程。

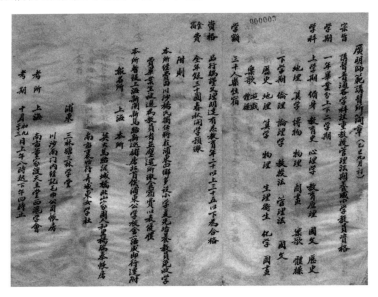

图 2-5 广明师范讲习所简章(1905 年)

广明师范讲习所简章(乙巳九月订)

宗旨:讲习普通各学科,注重教授、管理法,期养成小学教员资格。

学期:一年毕业,分上、下二学期。

学科:上学期:修身、教育史、心理学、教育原理、国文、历史、地理、算学、博物、物理、图画、乐歌、体操。

下学期:伦理、论理学、教授法、管理法、国文、历史、地理、算学、物理、生理卫生、化学、图画、乐歌、游戏体操。

学额:三十人概住宿。

资格:品行端谨,文理明达,有志教育,年二十以上、三十五以下为合格。

食宿费:全年银三十元,春秋开学预缴。

附则:

本所经费由川沙杨氏独任,于浦东四乡多设小学,爰先培养教员,免收学费,毕业生被选为教员者,并璧还所缴食宿费,以表优礼。

本所暂设上海新闸新马路新巡捕房北首，俟浦东公学校舍落成，即行迁附。

附报名所　上海　本所

英大马路泥城桥北山家园人和里杨瑞泰账房

南市里竹行弄城东女学社

浦东　三林塘三林学堂

川沙南门内经记毛巾公司账房

考所　上海　南市董家渡天主堂西沪学会

考期　十月初九（公历：十月二十三）日上午八时起，下午四时止。

二、赞誉嘉奖

经过精心筹划与准备，广明高等小学和广明师范讲习所于光绪三十二年正月二十四正式开学。

由于学生数量激增，加之广明师范教学所需，别墅内的房屋不够，杨斯盛决定在他的别墅旁购置土地，新建楼七栋，作为教室和广明师范的宿舍、食堂、事务室、接待室等。

同年四月，江苏学政使唐公景崇①来校，由杨斯盛陪同，黄炎培详细介绍了课程设置、环境布置、学生作品、教学方法等。看到名师荟萃，静心教学，学习专注，学业优秀，精神饱满，办学精良，声誉鹊起，唐景崇非常满意，根据清政府的相关规定，奖给广明高等小学"精卢粹俊"匾额，奖给广明师范讲习所"树人以德"匾额，以资嘉奖。

淡泊名利的杨斯盛，看到江苏学政使奖励的匾额都是对学生的鼓励和期许，他非常兴奋，比自己建成一栋大楼还要高兴，因为他深知，他正在建造一栋国家和民族需要的人才大厦！

三、参观浦东中学新校舍

按照既定的教学计划，光绪三十二年农历五月二十六日，学校放暑假，师生依依惜别；同年农历七月十二日开学，家长把孩子送回学校，小别月余，相见甚欢，有着说不完的知心话。

---

① 唐景崇，进士，历官兵部传郎、礼部侍郎、左都御使、浙江学政。1903 年任工部侍郎，江苏学政。

光绪三十二年农历八月二十三日(公历 1906 年 10 月 2 日),黄炎培主持召开立校纪念会(1904 年 10 月 2 日为广明小学的开学纪念日),讲述杨公在自家别墅创办广明小学的意义,讲述为什么要创办浦东中学校,希望广明高等小学和广明师范讲习所的学生们能牢记自己身负的责任,为中国早日摆脱外国列强的欺辱认真学习,注重锻炼身体。

就在当天,黄炎培等带领着广明师范讲习所以及广明高等小学的同学们,乘坐轮船,从董家渡摆渡过江,来到南码头,再步行至正在施工建设中的浦东中学校,大家排着整齐的队伍,内心充满了期许,唱着嘹亮的校歌,观察六里地区的旖旎风光。远远望去,恢弘的校舍在开阔的六里桥畔格外醒目,而大片的操场,更是浦西别墅内无法比拟的。大家欢呼雀跃,都渴望能早日搬迁到浦东中学校内就读,心中对于杨公"毁家兴学"的义举更是充满了崇敬之情。

四、毕业典礼

光绪三十二年农历十二月初十,广明高等小学和广明师范讲习所举行休业式。并且在当天,广明师范讲习所举行了非常隆重的首届毕业典礼。

毕业典礼由黄炎培校长主持,校主杨公居中而坐,全体教员一起参加,同时,邀请了部分家属观摩、见证了这个隆重的时刻。

图 2 - 6 光绪三十二年广明师范讲习所毕业合影(1906 年)

广明师范讲习所丙午年(1906 年)首届毕业生姓名、年岁、籍贯开呈如下:

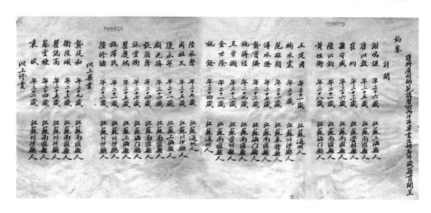

图 2-7　广明师范讲习所首届毕业生名录

五、校主寄语

在广明师范讲习所首届毕业生的毕业典礼上,校主杨公特意致辞,以作寄语:①

校主杨先生斯盛训辞

今日为本校年终休业,又为师范诸君毕业,授证书之日,从此,诸君发其所得,效用学界,前程宏远。敬贺! 敬贺!

斯盛少贫失学,胸无点墨,何足裨益诸君? 愿区区之苦心,藉与诸君有岁时之雅故,敢布腹心,幸垂鉴察。斯盛闻,谋教育者,必谋普及。故自去年综核薄产,除提养赡费外,悉充学堂经费。意谓殚此半生心血,或使清贫子弟易于就学。凡我乡里同志,诚能笙馨同音,其产业之媲于吾,或丰于吾,啬于吾者,各量财力之所及,同时分设学校,庶几普及之旨,不为虚谈。乃明年中学校、高等、初等两小学之设,贴费银五千两。而预算常年经费,不敷远甚,于是学费势不能减。计一学生全年非出百金,不能就学。夫中人之家有田百亩,自纳税外,获二百金耳。使有学龄之学生二,已足罄其所有,日用经费从何取给? 中人之家如是,其下抑又可知。

然则志愿就学,格于财力,或竟埋没人才,亦未可知?

---

① "校主杨先生斯盛训辞"见《浦东中学校杂志》第一期(1908 年)。

此斯盛对于学生所引为大疚者,即使天假吾年,经营获利,加增贴费,誓达目的!然此时则魂梦不安矣。

诸君乎,就学之艰如是。斯盛今春为本校设师范科,意欲为各乡遍得新法教授者,犹是普及初旨也。

今诸君学成回里,分布各校,担任教授。斯盛敢捧一掬之诚,奉告诸位。谓诸君苟抱穷乡子弟使易就学之心,千万千万断断不可计较束脩。何以故?学校经费之大,不全系束脩,而束脩亦其一部分。束脩加一分,校费亦加一分,经理者计无所出,不得不筹之学费。学费一增,吾顷者志欲就学,格于学费之说验也。

各校教员使务为加增束脩之举,作始也简,将毕也钜,不自意,其终点至于埋没人才。而吾中国学界之前途,永无普及之望。

此斯盛所为寒心,亦诸君所义不容出此者也,行矣。诸君勉之,无忽。

杨公的一番肺腑之言,让每一位广明师范毕业生铭心动容,纷纷表示,誓将效行校主的精神,不计较学生的贫与富,不以束脩来衡量学生,以培养人才为自己的使命和责任。

六、毕业生造福桑梓

广明师范讲习所培养的学生,对地方上的教育事业起到了不少作用。如陆以钧,回南汇办教育,后来成为江苏省议员,1917 年成为中华职教社创办时的特别社员;周祖文曾于 1913—1917 年期间任川沙县立高等小学校长,由于声望较高,办学经验丰富,随后担任川沙厅视学;杨承震回到川沙任教,于 1913 年担任川沙县国货进行会干事,参加江苏省组织的参观团,赴日本参观大正博览会,随后成为川沙厅视学,继续推行教育救国的思想;瞿庆鸿曾任上海县高行乡立第三学校校长等职。

与此同时,还有部分广明师范的校友,为推翻清朝政府而竭力奔波。

王养吾,又名王曾灏,江苏崇明(现上海市崇明区)城桥人,崇明光复的领导人之一。青年时在当铺当学徒,后经人介绍就读广明师范讲习所。毕业后秘密参加同盟会,为"驱除鞑虏、恢复中华"大业南北奔走。

1911 年辛亥革命爆发,王养吾偕热血青年数人回崇明县城,鼓吹共和,推动崇明光复。

他曾任竞存师范学监、浦东中学中学部书记员、全国农会书记员、《赣民日报》社长、上海女子工艺学校教务长、江苏自治调查员等职。1915 年，他在北京主编《民权日报》，任总经理。

图 2 - 8　王养吾

1915 年末，袁世凯称帝，王养吾坚决反对，不久逃亡上海，以后又辗转南洋群岛，热心于教育和侨务事业。北伐战争时期，他一度谋职军中。1932 年，上海"一·二八"事变爆发，王养吾组织华侨义勇军，鼎力支持十九路军抗敌御侮。随后他又在新四军苏北游击指挥部工作，积极开展抗日斗争。

后来他离开苏北去上海敬业中学任教。抗战胜利后，王养吾赴台湾，就职于嘉义市女子中学，不久返沪，1949 年联络辛亥革命同志会会员，创办义和小学。

王养吾始终牢记杨公毁家兴学的义举和黄炎培等先生的教诲，一生清贫节俭，除参加革命工作外，全力办学，办学期间，始终坚持以校为家。

图 2 - 9　陆灵素

陆灵素，青浦朱家角人，一代名医、小说家陆士谔之胞妹，被柳亚子先生誉为"颇娴文采，嗜南北曲"的佼佼者。鲜为人知的是，陆灵素还是我国传播马克思主义的巾帼先驱。

她先入上海城东女学就读，后追随黄炎培，转入广明师范讲习所学习。毕业后，去安徽芜湖皖江女校任教，光绪三十二年（1906 年），苏曼殊、陈独秀也在该校教书，因而三人相识、交往，并成为挚友，陈独秀的革命思想也深深地影响了她。

1907 年 6 月陆灵素与南社同仁一起创办革命进步团体"女子复权会"，旨在推翻清廷统治、争取女权。"女子复权会"的机关报是《天义报》，陆灵素是《天义报》的主要发起人。当年的《天义报》有这样一段启示："《天义报》启：发起人分别为陆恢权（即陆灵素）、何殷震、徐亚尊、周怒涛、张旭。《天义报》以破坏固有之社会，实行人类之平等为宗旨并提倡女界革命。"不难看出，这些办报宗旨颇具马克思主义的观点。

1908 年初，《天义报》就出版发行了旅日华侨民鸣翻译的《共产党宣言》，成为《共产党宣言》最早的中译读物之一。据上海南社学研究中心主任姚昆田（南社第二任社长姚光之子）说："被公认为才女的陆灵素就办过一份主要刊登各种新知识的《天义报》，该报在 1908 年发表了民鸣翻译的《共产党宣言》。这比陈望道 1920 年翻译的《共产党宣言》还早 12 年。"南社与柳亚子研究会的常务理事金建陵、理事张末梅夫妇合写的《南社在传播马克思主义中的作用》一文透露："陆恢权是《天义报》的主要发起人之一。《天义报》的捐助及赞成者名单中还有何香凝、刘三、高旭①等。"

1910 年（宣统二年），陆灵素与曾任浦东中学教职、人称"义士刘三"的上海华泾人刘钟龢（字季平）结婚。陆灵素和刘钟龢夫妻双双都是南社社员，陆灵素不仅能诗善文，而且擅唱昆曲，为南社中有名的才女。家中每逢宴客，常由陆灵素唱曲，刘钟龢吹箫，人皆比之为"李清照与赵明诚"。

1938 年（民国二十七年）秋，刘钟龢病逝。陆灵素搜集整理丈夫的遗著，辑为《黄叶楼诗稿尺牍》，寄柳亚子校正，不幸遗失于战火中。抗战胜利后，陆灵素以副本油印，分发亲友。中华人民共和国成立前夕，柳亚子在北京写诗怀旧并寄赠陆灵素："交谊生平难尽说，人才眼底敢轻量？刘三不作繁霜老，影事当年忆皖江。"

黄炎培认为，这些广明师范毕业生，不仅满足了浦东中学校发展的基本师资需要，更对浦东当地，乃至周边地区的基础教育发挥了重要作用，做出了开化民智、教育救国的贡献，有的校友则踏上了推翻清政府、抗日救国的革命征程。

第五节　创办浦东中学校

杨斯盛立志毁家兴学，坚持为家乡浦东办教育，黄炎培等受托，选址六里桥，购买土地；杨公登报"捐产兴学"，黄炎培等建章立制，高起点规划，低起点实践；黄炎培亲自设计校舍，杨公亲自监督工程，确保质量。

---

① 高旭，曾留学日本，结识孙中山并加入同盟会。光绪三十一年九月，他在东京创办《醒狮》月刊，鼓动反清，宣扬民主。翌年归国，任同盟会江苏省分会会长，是南社发起人之一。

一、杨斯盛立志毁家兴学

在坚定了毁家兴学之志后，清光绪三十一年(1905年)杨斯盛提出，广明小学办在自家别墅内，因办学成绩优异，发展迅猛，学校逼近家庭，不便扩充，就与黄炎培、顾次英等人商议，决定在广明小学的基础上，个人捐资再创建一所中学，请黄炎培等先生草拟办学的相关要求。黄炎培建议，如果要办学校，应该与广明小学不一样，最好办一所从小学到高中的学校，这样就可以根据学生的能力和兴趣，确定将来是为考大学做准备，还是为中学毕业之后直接工作做准备，这样的学校，会更容易受到高校和社会的欢迎。如果要创办学校，首先应该确定校址，购买土地；第二，确定兴办什么样的学校，草拟相关办学章程，确定筹办人员名单；第三，明确采用何种管理方式，如采用校董会领导下的校长负责制，就要提供校董会的名单，如采用家族管理方式，则要写明职责分工；第四，如果作为个人出资办学，还需要有经济实力保障的证明；第五，当上述相关资料准备齐全，方可正式向清政府提出书面申请，涵盖举办者的申请、土地证明、财力证明、办学者的基本情况、相关学校管理制度等。

杨斯盛听后，连连点头，明确提出，希望创办一所中学校，这样就可以为广明小学的学生提供继续培养深造的机会，委托黄炎培等人抓紧时间，全力筹备相关工作。

二、选址六里桥

当杨斯盛决意"毁家兴学"，捐巨资创办中学时，家属和很多好友纷纷表示反对，认为他省吃俭用，辛劳了一辈子，好不容易从一个不名一文的穷小子，到今天腰缠万贯的富翁，应该光宗耀祖，将这些家产传给自己的子孙，即便要捐资兴学，也没有必要个人独资兴办学校，完全可以像社会上的其他名流一般，捐出个人的部分家产，和其他人合资创办学校，这样的话既有社会声誉，也可培养人才，又不影响自己的产业，不影响自己家属的生活，根本就不必要"毁家兴学"，几乎捐出个人的全部家产。

面对家人的反对，杨斯盛明确地告诉他们：这是我个人的决定，这个想法由来已久，绝对不是心血来潮。作为普通百姓，我有能力，就应该为国家出一分力！与周边一干人等都毫无干系，我只是看到黄举人有学识、有思想、有能力、想办学、很务实,所以聘请他担任校长。更何况,黄举人在短短的时间内,把广明小学办得如此之好,这样的人才到哪里去找?

面对已然下定决心的杨斯盛,诸多好友,尤其是多位同乡营造业主向他推荐道,静安寺旁边有空地,完全可以创办学校。他们认为,一方面,此地距离老城厢居住地不远,交通便捷;另一方面,此地距离跑马场较近,周边的大学、中学较多,将来招聘教员比较方便;第三方面,由于杨斯盛的产业主要集中在沪西,在此办学也便于在管好自己产业的同时,兼顾学校的发展。而且,这样的黄金地段升值快,如果将来需要派用场,也容易套现,不仅可以实现"教育救国、实业报国"之志,还可以为子孙后代留下一笔丰厚的财富,两全其美,何乐而不为?

杨斯盛慨然回答道,"故乡是不可以忘记的,我们都是浦东人。浦西,这么多的优秀学校,还有教会办的学校,不差我要办的一所学校;静安寺所在地方,虽然是黄金地段,但距离租界太近,花花世界对于学生诱惑太大,学生很难静下心来学习,不利于办教育;更何况,一江之隔的家乡浦东,却没有一所中学,只有寥寥无几的小学堂。我们应该为家乡办教育,为家乡培养人才,所以,我所捐建的学校必须在家乡浦东",遂授权黄炎培等人重新选址。

1903年,杨斯盛在浦东六里桥附近购地,建造了自己的江南水乡别墅,由杨瑞泰营造厂的工人建造,整栋别墅建筑面积近千平方米,中西合璧,为三合院式样,中间主楼为二层,其他都是一层楼。

黄炎培、张伯初、顾次英等一起讨论,到底选址哪里比较合适,认为如果选择杨斯盛家乡川沙,偏于一隅,到浦西比较远,不利于邀请到名师或者大学教授兼课;其他地方来求学的学子,交通也非常不便。几多思忖,他们突然想到,如果选址在六里桥,虽是一个农村地区,但毕竟是一个小集镇,有不少的商店,在浦东地区还是一个比较繁华的地方。杨斯盛别墅的附近,北枕白莲泾,直达黄浦江,一方面江南水乡,河道密集,到黄浦江、苏州河等非常方便,溯流而上,依靠水路,即可抵达江浙一带;另一方面,六里地区到黄浦江码头边,走路距离不过六里罢了,摆渡过江就是董家渡码头,进入老城厢非常便利。

当他们向杨斯盛推荐这个方案,并分析了各项利弊之后,杨斯盛欣然点头,非常赞同这个建议。因为他知道,"六里桥是个好地方,民风淳朴,但是没有一所学校,当地的孩子无学可上",于是就委托黄炎培等在六里桥地区具体挑选合适的校址。

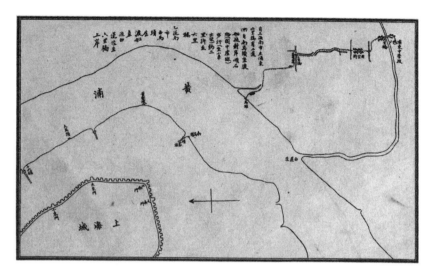

图 2 - 10　自上海南市至浦东中学校路线图

三、购买土地

六里地区形成集镇已有 300 多年历史，它濒临黄浦江，地势平坦。六里民间流传这样一句民谣："六里一座桥，十丈（泽）一只庙。"据明嘉靖《上海县志·卷三》记载，此地其时已有六里桥，白莲泾南有十泽庙。六里桥横跨白莲泾，因距白莲泾口 6 华里，故称六里桥。

光绪三十一年（1905 年）十月的一天，黄炎培、孟子铨等托人将当地乡绅黄丽生、王兰生、钱毛毛、丁锡荣、王敬贤、王阿妙、王阿生、王林发、张春桥等人邀请到当地的茶楼小坐。黄炎培道明原委：杨瑞泰营造厂的杨斯盛，想在六里桥附近购买土地，创办一所中学。杨斯盛作为川沙蔡路人，小时候因为家境贫寒，没有机会读书，后通过自己拼搏，终于成为上海滩营造业的一代宗师。八国联军侵占中国之后，国家更加羸弱，原因是中国落后，在经济上落后，在军事上落后，在体质上落后，最关键的根源，还是在教育上落后。现在杨公想毁家兴学，为国家培养人才，为挽救国家于危难之中出一分力，决定捐巨款创办浦东中学校，不仅有高中、初中，还有高等小学和初等小学。为了创办浦东中学校，杨公于去年（光绪三十年）在浦西自家别墅内创办了广明小学，并聘请我等担任教员，一年下来，由于办学效果显著，杨公非常满意，这更坚定了他毁家兴学的想法。这所学校一旦建成，就可以解决当地没有学校的问题，可以让我们的孩子就在这里读书,而不必走那么远,到其他地方去读书。同时,由于学校的影响力,可以为当地百姓安置一些工作,在一定程度上带动当地的经济发展,希望大家能理解、支持杨公的这项义举。

尽管六里的诸位乡绅名士已经知晓杨斯盛的大名,也知道他做了不少的慈善事业,听了黄炎培的演讲之后,大家议论纷纷,理解学校一旦创办成功,对于六里桥当地经济发展定会产生积极的影响,但是获悉杨公要购买他们祖上传下来的土地创办学校时,内心还是无法接受,感觉不能将祖上传下来的土地变卖,于是,连连摇头者居多。

黄炎培知道,在这样的情况下,很难解决购买土地的关键问题,而如果土地问题没有解决,那办学之事只能是一厢情愿。经过调查商议,他决定先去拜访开明士绅,当地最大的地主黄丽生。面对登门拜访的黄举人,黄丽生既十分惊讶,又感到受宠若惊,立刻邀请入座,泡茶相待。

黄炎培就直截了当地说:"作为子女,将祖上的土地变卖,确实有大不敬、败家子之嫌。但是,杨公斯盛毁家兴学,不是为了他个人的私利,而是为了浦东家乡的人才培养,是为了开化民智,是为了挽救中国于危难之际,不受洋人之欺辱,这不是大不敬,实则是为祖上积功德,为子女提供学习的机会,更是为六里桥一带百姓造福。"

黄丽生问:"如果杨斯盛在这里创办了学校,学费肯定是相当贵的。但六里桥附近的百姓基本为纯朴的农民,他们还是读不起这样的学校。创办这样的学校,对于六里桥老百姓而言,何来造福?"

黄炎培答道:"由于杨公毁家兴学,要创办一所非常好的学校,培养的学生,将来是要承担国家和民族发展的重任,要与浦西洋人创办的学校进行竞争,必然是需要收费的。收费的目的不是为了赚钱,而是为了学校能良性发展。浦东中学校将不仅有高中、初中,还有高等小学和初等小学,对于初等小学而言,我们六里当地的孩子就是直接的受益者。在培养栋梁之材的过程中,考虑到浦东老百姓的实际情况,到时候,如果我们浦东当地的孩子成绩优秀,将会免除一部分学费,以便更好地为家乡培养人才。"

黄丽生问:"杨斯盛作为上海滩营造业的一代宗师,如果他打着办学校的旗号购买这些土地,最终变成开发房产,那怎么办?我们老百姓不是要吃亏了吗?我们将要失去赖以生存的土地,将来如何面对列祖列宗?何况,他的家人,尤其是子女和夫人等如不同意，那还是办不起来的。"

黄炎培答道："杨公是真正要办教育，不是投资，他与我们已经反复商议，他的决定是个人独资，毁家兴学。一旦土地购买成功，他将会把自己的房产、地产、企业股本捐出来，并登报公示，以表明心志。同时，他已经和家人、好友多次商议，表明自己的态度，一定要捐产办学的，由于这是杨公独自创办企业投资所得，家人对杨公的心志也表示能接受。"

黄丽生说："即便是杨瑞泰营造厂厂主，我们还是不相信杨公有那么多钱来办这所学校，如果他真有这个决心和实力，就请杨公在这些土地上铺满银元。只要他在这些农田上铺满银元，我就率先把杨公别墅南侧的自家的 40 亩农田卖给他。"

黄炎培一听，追问道："此话当真？"

黄丽生答："一言既出，驷马难追。"

黄炎培当即连夜赶回浦西与杨斯盛商议对策。杨斯盛笑了，因为他深知，这是黄丽生的一句笑语，实则已经认同他的毁家兴学之举，关键在于自己是否具有这样的经济实力。他马上安排账房先生连夜调拨相关银两。

第二天下午，账房先生陪同黄炎培等人再次来到六里桥，找到黄丽生，让黄丽生带着大家来到他的农田处。在黄炎培和周围百姓的见证下，账房先生和随从等蹲下来，把带的银元开始在田地上一枚一枚铺了出来。

看到这个情形，黄丽生明白，杨斯盛确实有实力，而且是真心想创办浦东中学校。铺了没多久，他就让账房先生和随从停了下来，并明确表态，愿意将白莲泾畔南侧，杨公别墅之南的三十九亩五分九厘九毫的农田卖给杨公。双方经过反复商议，最终以玖仟玖佰千文的价格成交。应该说，这是一个非常公道的价格，实则，是因为黄丽生已经被黄炎培的一席话打动，被杨斯盛毁家兴学之志所感动，觉得自己也应该为此做点什么。土地购买成功的最关键因素，就是当地百姓被杨斯盛毁家兴学、教育救国、实业报国之志所感动。

为了防止将来杨斯盛家属对于学校土地的质疑，确保学校的未来可持续发展，杨斯盛提出要求，在签订相关购买土地的协议时，土地所有者写明是浦东中学校，而不是杨斯盛本人。

深受杨斯盛毁家兴学和黄炎培教育救国思想影响，黄丽生与杨斯盛和黄炎培成了好友，不仅如此，他还现身说法，围绕二十四保，他原来土地的周围，根据浦东中学发展的需要,帮着校董会出主意,劝导周边农户将部分土地卖给浦东中学校,以便学校的发展。

如光绪三十二年(1906年)十二月,钱张氏以260银元的价格,将一亩五分土地卖给浦东中学;光绪三十二年(1906年)十二月,钱毛毛以158银元的价格,将八分五厘土地卖给浦东中学;光绪三十三年(1907年)五月,王阿妙以800银元的价格,将二亩一分六厘九毫的土地卖给学校;光绪三十三年(1907年)十一月,丁锡荣以四百三十一千四百文的价格,将二亩一分五厘七毫的土地卖给学校;光绪三十四年(1908年)三月,张春桥以550银元的价格,将一亩四分一厘四毫的土地卖给学校。

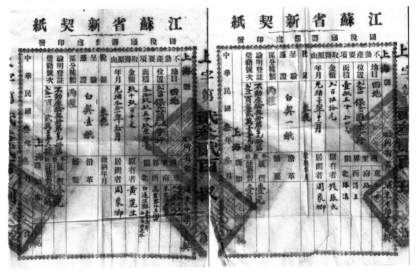

图 2-11　黄丽生将土地卖给浦东中学校的契约

光绪三十四年四月三十日(1908年5月29日)杨公因操劳过度而中年早逝,临终前,他在六里桥别墅内立下遗嘱,规定"家人不得干预校务"。这样的精神不仅感动了所有师生,更让六里桥畔的居民大为震惊,他们为杨公的精神所感召,为黄炎培卓越的办学成绩所感动,纷纷表示,如果浦东中学校董会根据学校发展的需要,提出购买土地,一定予以配合。

如光绪三十四年(1908年)九月,王兰生将九分九厘二毫土地以192元的价格卖给浦东中学校;光绪三十四年(1908年)九月,王阿生以617元的价格,将三亩一厘的土地卖给学校;光绪三十四年(1908年)九月,王林发以224元的价格,将一亩四厘二毫的土地卖给学校；宣统二年（1910）五月，王敬贤以 600 元的价格，将一亩九分六厘九毫的土地卖给学校……

正是得到这样一大批淳朴的当地百姓的理解、信任和支持，学校面积逐渐扩大，到 20 世纪 20 年代，浦东中学占地面积已经达到 200 多亩[1]，成为一所影响中国近代发展史的名校，享有"北南开，南浦东"的声誉。由于杨斯盛的小名为"阿毛"，彼时的浦东中学校在六里当地被老百姓称为"杨阿毛大学"。

四、捐产兴学启[2]

正是在当地开明乡绅黄丽生的带头支持下，光绪三十一年（1905 年）农历十月，杨斯盛购买了第一块接近四十亩的土地，使其毁家兴学的义举有了良好的根基，方可向清政府提出办学的申请。

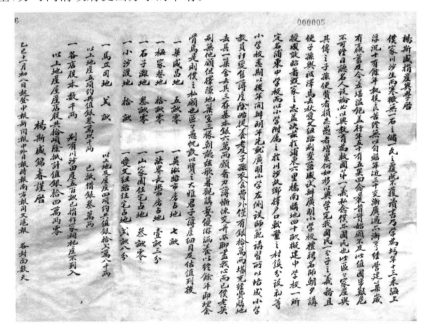

图 2 - 12　杨斯盛捐产兴学启

根据清朝政府颁布的相关规定，由杨斯盛口述相应拟捐之资产，黄炎培、顾次英等人执笔，起草了"杨斯盛捐产兴学启"：

杨斯盛捐产兴学启

仆家川沙,生而寒微,无一石之储,一瓦之覆。既不获读书,乃学为圬。年十三,来海上浮沉十有余年,执役良苦,终无以自赡。年近三十,交渐广,遇事渐亨,经营建筑,岁有赢蓄,及今差堪温饱。盖行年五十有五矣,回念曩昔,始愿不及。

此值国步艰危,不可终日,听名人谈论,必以兴教育为救国第一义。私念仆亦国民也,此区区家产,与其传之子孙,使贤者损志,愚者增累,何如移以兴学,完我国民一分子之义务,且使子孙与被泽焉。去秋爱文纽路别墅落成,试办广明小学校,礼聘名师,朝夕讲授,成效昭著,毁家之志益决兹。

于浦东六里桥南购地四十亩,拟建中学校一所,定名浦东中学校,而以小学附属之;于川沙故乡择户口较繁之村镇,分设初等小学校,悉期以后年开办。明年就广明小学左侧,设师范讲习所,以培成小学教员。

计变售薄产,除略提养老及子孙衣食费用外,仅有银十万两,堪充经费,购地去其一,筑舍去其三,存基本银六万两,愿奢力薄,惭悚交并。亦聊尽我心而已。

仆老矣,别无他愿,但择隙地筑室三椽,朝听弦歌,暮观讲艺,优游涵养,以终余年,即埋余骨焉。是则仆之私愿也。区区愚忱,敢以质之大雅君子。薄产细目及估值列后:

一 华盛昌地　五亩零

一 梅家巷地　十亩零

一 石子滩地　三亩零

一 小沙渡地　十亩

一 马立司地　二亩

以上地产五项,约共值银三万九千两。

一 吴淞路市房占地　七亩

一 法界长浜市房占地　一亩三分

一 山家园住宅占地　三亩零

一 爱文纽路住宅占地　二亩八分

以上地及屋产四项,约共值银十二万八千两,已经抵借银三万两。

一 各店股本数千两

别有川沙田产五百亩,已捐作家祠产,不列入。

以上地产、屋产、店股共十项,除抵计值银两十四万两零。

杨斯盛锦春谨启

乙巳(1905年)十一月初八日起,登《申报》《新闻报》《中外日报》《时报》《南方报》《同文沪报》各封面数天。

这份"捐产兴学启"在上海滩引起很大的轰动,因为上海滩诸多富豪尽享荣华,却很少有人会像他这样如此慷慨,为国家和民族培养人才而甘愿毁家兴学。很多人都盼望着浦东中学校能顺利开办,但也有人对此嗤之以鼻,以为吹牛,大家都翘首以盼,看杨斯盛如何兑现自己的诺言。

五、私立浦东中学堂总章程

作为举人的黄炎培深知科举制度于人才选拔上的局限性,根据西学的传播和洋务运动的发展,加之东渡日本流亡时期看到的日本教育情况,他深知科举制度严重束缚了知识分子的思想,制约了科技文化的发展。

黄炎培、顾次英、陆逸如等人,根据清政府颁布的《奏定学堂章程提要》的基本要求,研究日本办学的相关经验,总结广明小学办学章程、广明高等小学办学章程、广明师范办学章程,结合蔡元培先生在南洋公学特班的教育方法,认真研究、反复推敲,确定了办学章程。

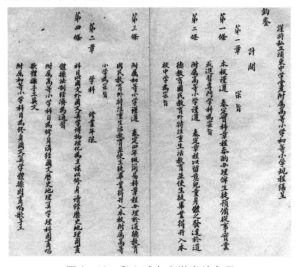

图 2-13　私立浦东中学堂总章程

私立浦东中学堂总章程

第一章　总纲

第一条　本校系川沙杨斯盛氏独立捐创,永不领受官款公款。

第二条　本校在上海县境浦东六里桥南二十四保十二十四两面交界地,定名私立浦东中学校。

第三条　于本校旁设附属高等小学一所、第一附属初等小学一所,于川沙青墩设第二附属初等小学一所,本校旁杨氏别墅一所,川沙八团杨氏宗祠一所,均附隶本校。

第四条　本校宗旨及编制教授管理,另订专章。

第五条　本校基本银十二万两,以子金充常年经费,永不支用母金。杨氏别墅经费银三万两,以子金充本校捐创人子孙学费,永不支用母金。

杨氏宗祠田产四百五十亩,以租金充本校捐创人宗族子孙学费,永不变卖。

第六条　本校额定校董十员,学务经理员一员,财政经理员一员。

第二章　校董

第七条　校董由捐创人订请,有退职者,由捐创人及在职校董于后开三项人内公举补充。

甲　本校职员久任至三年以上者

乙　本校毕业生

丙　与本校有密切联系者

第八条　校董对于本校有聘辞学务经理员、财政经理员及规划稽查之责。

第九条　校董为名誉职,惟开校董会时,得酌支车马费。

第十条　每年三月、六月、九月、十二月各开校董会一次,展览成绩,稽查财政,规划校务,如有特别要事,得开临时会。

第十一条　校董有不称职者,得由校董会公议辞退。

第三章　学务经理员

第十二条　学务经理员任本校监督及附属各小学校长,主持校内一切事务。

第十三条　学务经理员以品端学粹、热心教育,于学务富有经验者为合格,由校董会于校董中推举或另聘,均由校董会订送合同。

第十四条　学务经理员不得兼任财政经理员。

第十五条 学务经理员一年一任，称职者得由校董会续聘。

第十六条 每年五月、十一月学务经理员开出后年预算表，分送各校董，经六月和十二月校董会通过乃得实行，每年二月、八月学务经理员造成决算表，分送各校董，以备三月和九月校董会公核。

第十七条 学务经理员俸给，校董会定之。

第十八条 学务经理员所经理一切事务，必受校董之一切稽查。

第十九条 学务经理员违背定章，败坏名誉，得由校董会随时辞退。

第四章 财政经理员

第二十条 财政经理员经营本校基本银、杨氏别墅经费、杨氏宗祠田产及别墅内、宗祠内一切事务。

第二十一条 财政经理员以身家殷实、操守廉洁、长于理财为合格，由校董会于校董中推举或另聘，均由校董会订送合同，其另聘者，应有校董中二人以上之保证。

第二十二条 财政经理员不得兼任学务经理员。

第二十三条 财政经理员一年一聘，称职得由校董会续订。

第二十四条 本校基本银及子金、赢款之存储或置产，必由校董会公决。

第二十五条 杨氏别墅经费、杨氏宗祠田产之经理及开支，均遵照专章办理。

第二十六条 财政经理员一人不足，由财政经理员延人协理之，惟其员数及俸银必由校董会公决。

第二十七条 每年十一月财政经理员开出下一年及杨氏别墅、杨氏宗祠三项预算表，分送各校董，经十二月校董会通过，乃得执行。

每年二月，财政经理员造册，本校、杨氏别墅、杨氏宗祠三项决算表，以备三月校董会公决。

第二十八条 财政经理员俸给，校董会定之。

第二十九条 财政经理员所经理一切事务，必受校董会之稽查。

第三十条 财政经理员违背定章或丧失其资格，得由校董会随时辞退，或加以相当之处置。

第五章 附则

第三十一条 本校各项规章，另订专章。

第三十二条　本章程如需改订,必由校董会公决。

黄炎培校长认为,办学章程是学校自主管理、主动发展和依法治校的灵魂,反映了学校的办学宗旨和文化特色。在总纲中确定了学校的性质、学校地址、办学规模、办学经费及来源,学校实行的校董会管理模式、校董资格、校董职责和开会安排,校长资格、职责、年薪及辞退条件,财政经理员的条件、职责及辞退条件等,从而规范了学校内部管理体制和运行机制。

六、浦东中学堂及附属高等小学初等小学堂规程

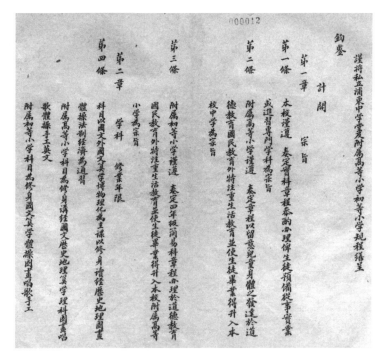

图2-14　浦东中学堂及附属高等小学初等小学堂规程

浦东中学堂及附属高等小学初等小学堂规程

第一章　宗旨

第一条　本校谨遵奏定实科章程参酌办理,俾生徒预备从事实业或进习专门学科为宗旨。

第二条　附属高等小学谨遵奏定章程,以留意儿童身体之发达,于道德教

育、国民教育外,特注重生活教育,并使生徒毕业,得升入本校中学为宗旨。

第三条　附属初等小学谨遵奏定四年级简易科章程,于道德教育、国民教育外,特注重生活教育,并使生徒毕业,得升入本校附属高等小学为宗旨。

第二章　学科　修业年限

第四条　科目以国文、外国文、算学、博物、理化为主课,以修身、读经、历史、地理、图画、体操、法制、经济为通习。

附属高等小学科目为修身、读经、国文、历史、地理、算学、理科、图画、唱歌、体操、手工、英文。

附属初等小学科目为修身、国文、算学、体操、图画、唱歌、手工。

第五条　修业年限为五年,附属高等小学四年、初等小学四年。

第三章　学期　休业日

第六条　一年分两学期。

第七条　暑假、年假外,日曜日、国庆日、圣诞日、立校纪念日咸休业。

第四章　定额　入学

第八条　额定二百名,附属高等小学额一百六十名,第一附属初等小学八十名,第二附属初等小学八十名。

第九条　入学者必备具后列之资格。

甲　性行善良,无习气者;

乙　年岁不过于学力者;

丙　身体健康者。

第十条　入学时具切实保证人保证书,本生自填警约书。

第五章　纳费

第十一条　每学期学费银十二元,膳宿费二十五元,附属高等小学学费银六元,膳宿费银二十四元,初等小学学费银一元,各于入学时预纳,中途退学者概不给还。

第十二条　每级设特待生额十名,以川沙厅、南汇县人及上海、宝山两县之浦东人充之,学费半免,额满照普通例。

附属高等小学,每级设特纳生额二十名,以川沙厅、南汇县人及上海、宝山两县之浦东人充之,每学期学费银两元,膳宿费银十八元,额满照普通例。

第十三条　凡属本校附属高等小学毕业,升入第四、第五学年,免纳学费,惟在免费期中途退学者,追缴所免费。

第十四条　附属初等小学为推广起见,无力者免学费。

第六章　考试　报告

第十五条　考试分学期考试、临时考试、升学考试、毕业考试。

第十六条　于一学期终,报告修业成绩于其家长。

第七章　奖励　惩戒

第十七条　凡有后列各项之一者,于一学期终,奖之或以银章或以名誉证书。

甲　有特别善良之行为者;

乙　学行俱列最优等者;

丙　一学期末未尝辍学者。

第十八条　修业期满,考试合格者给予证书并遵奏定章程一体申送考入高等学堂给予出身。

第十九条　违本校规则或命令者,轻者训诫,重则留置,甚则退学。

第八章　附则

第二十条　此为暂定章程,随时修改,以期完密。

黄炎培校长认为,一所学校的规程是保障学校正常运行和规范管理的基本条件,需要包含学校的办学宗旨,不同学段对于学生的培养目标、所习学科、修业年限、每学期的校历、招生名额、入学资格、缴费要求、考试安排、成绩报告、奖励标准、惩戒规则等。这样,对于学生和家长而言,一目了然。规范而又实效的规程,是一所学校有序运行的制度保障。

七、经费预算

（一）私立浦东中学堂校董兼理浦东别墅经费

谨将私立浦东中学堂校董兼理浦东别墅经费缮呈

一　存瑞和机器砖瓦公司股本,规银一万六千两

一　在永裕典当股本钱三千五百千,合规银一千九百两

一　在上海内地电灯公司股本,规银二千两

一 存汉镇既济水电公司股本龙银八百元,合规银五百八十四两

一 存恒泰和记砖灰行股本,规银二百两

一 存瑞昌木行,现规银九千两

以上共计合规银二万九千六百八十四两

图2－15 私立浦东中学堂校董兼理浦东别墅经费

（二）私立浦东中学堂及附属高等小学堂、初等小学堂各项经费

谨将私立浦东中学堂及附属高等小学堂、初等小学堂各项经费缮呈

计开

一 筹定基本金项下

一 在上海信成银行规银一十万两,合库平银九万两,每年生息规银七千两

一 存地产拾一亩一分四厘四毫,坐落上海县二十三保一、二图平字圩内,道契第二千九百六十三号,二亩四分三毫,又第二千二百十四号,八亩七分四厘一毫,计值库平银一万八千两

前项共计库平足银一十万零八千两

一 建置房屋器具及各学堂开办经费项下

一 购校地三十亩库平银六千九百两

一 筑礼堂库平银七千三百两

一 筑中学校舍库平银一万七千两

一 筑附属高等小学校舍库平银一万一千两

一 筑中学雨中操场库平银二千两

一 筑附属高等小学雨中体操场库平银一千二百两

一 筑食堂库平银二千五百两

一 筑杂屋库平银一千五百两

一 筑门房库平银六百两

一 筑东西厕所库平银六百两

一 筑第一附属初等小学校舍库平银九百两

一 筑走廊库平银六百两

一 装置茶灶、饭灶、浴室库平银五百两

一 置运动器械砖凳库平银七百两

一 置礼堂凳库平银三百两

一 置课桌榻架灯盏库平银二千两

一 置自修室桌凳库平银二百两

一 置职员用桌凳库平银一千两

一 置图画彝器橱库平银二百两

一 置理科教室桌凳库平银一百五十两

一 置唱歌课桌库平银二百两

一 置玻璃黑板、衣钩、鞋架库平银二百五十两

一 置食堂桌凳、桶、盆、器皿架库平银四百两

一 置第一附属初等小学校具库平银四百两

一 置图书库平银七百两

一 置彝器库平银一千三百两

前项共计库平银六万零四百两

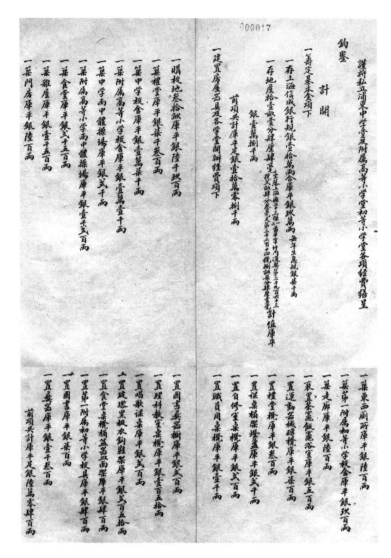

图 2－16　私立浦东中学堂及附属高等小学堂、初等小学堂各项经费

（三）各学堂历年常年经费项下

一　各学堂历年常年经费项下

一　广明小学甲辰下学期实捐库平银九百四十七两

一　广明小学乙巳上学期实捐库平银六百零五两

一　广明小学乙巳下学期实捐库平银一千一百七十三两

一　广明高等小学、师范讲习所丙午上学期实捐库平银三千二百六十三两

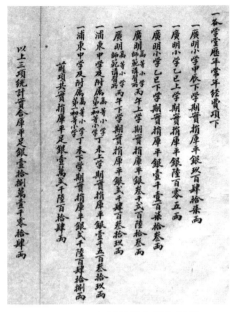

一 广明高等小学、师范讲习所丙午下学期实捐库平银二千四百三十九两

一 浦东中学及附属高等小学、第一初等小学丁未上学期实捐库平银一千五百三十九两

一 浦东中学及附属高等小学、第一初等小学丁未小学期实捐库平银二千六百四十八两

前项共实捐库平银一万二千六百十四两。

以上三项统计,实合库平足银一十八万一千零十四两

图 2 - 17　各学堂历年常年经费

黄炎培校长认为,校长要根据办学的需要,与分管费用的相关负责人仔细研究,提高预算的编制和管理能力,结合办学章程和校董会的要求,按照学校发展目标与自身财力情况,保证收入与支出二者之间的平衡。知晓经费的可用数量,编制硬件建设费用,测算添置教具清单和费用,保障教学的基本需要,注重经费的充分利用,提高学校管理能力。

八、校舍设计

随着各项工作的推进,杨斯盛与黄炎培商议如何进行校舍的设计。他们请了几家打样公司(即建筑设计公司)提供设计稿,杨斯盛看后感觉不太满意,最后商定,由黄炎培根据教学所需,提出相应的设计要求,杨斯盛在此基础上进一步完善,确定校舍设计之图和施工方案。

根据杨斯盛的要求,黄炎培在参考流亡日本时的所见所闻和参访江苏等地名校布局的基础上,亲自设计浦东中学校的校舍结构。考虑到办学安全的需要和江南水乡水网纵横、比较潮湿的现状,经他设计的教学楼完工后非常坚固,地基高而且干燥。作为一所寄宿制的现代学校,不仅要满足教学中华优秀传统文化的需要,又要满足传授科学知识和培养动手能力的需要,以实现"赶上西方发达国家的科学技术，实现教育救国的目标"，坚持"夯实理工，注重实验；兼重文史，艺体并包"，尤其培养学生的动手能力和职业教育意识的需要，故而，除了常规的教室之外，还设置了各学科的实验室，购置了大量西学时兴的实验器材和药品。

黄炎培非常重视强化学生的体质，故他设计了 200 米的跑道、风雨操场和单杠、双杠、平衡木等各项体育设施，设置了足球、篮球、网球等各项球类游戏的课程。

考虑到住宿生的生活习惯和丰富他们的业余生活，他将千人大礼堂设计为多功能的，不仅可供集会，还可供演出、演讲之用，并在校内专门设置了自修教室等；将校内的河道中汾泾以及学校北侧的白莲泾设置为校园的景致之一，曾在白莲泾河道上的六里桥组织学生进行跳水和游泳训练等。

黄炎培以大礼堂为核心，将教学楼设计成回字形，将高中部、初中部、高等小学部和初等小学部合理分配与设置，充分利用学校的各项教育设施；不同的楼宇之间，用连廊予以联通，便于雨雪天安全行走。

教室紧挨学生宿舍，教员办公室与教室很近，便于教员与学生进行沟通和交流。学生宿舍与教员宿舍很近，便于教员能时刻关心和照顾学生。

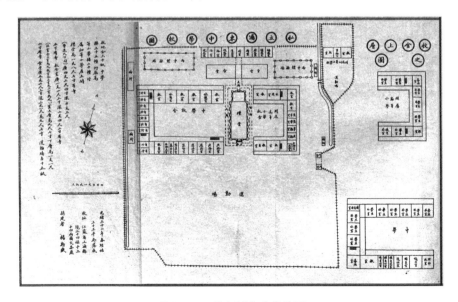

图 2 - 18　私立浦东中学校图

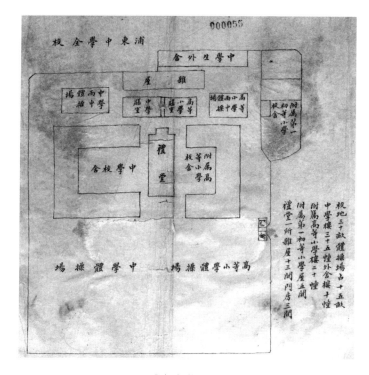

图 2-19 浦东中学全校平面示意图

　　光绪三十三年正月二十四（1907 年 3 月 8 日）私立浦东中学校正式开学时，校舍占地面积为三十亩，操场占地面积为十五亩。中学楼三十五幢，外舍十五幢；附属高等小学楼二十幢；附属第一初等小学房屋共五间；礼堂一所，杂屋十三间，门房共三间。

　　大礼堂于光绪三十三年（1907 年）十一月落成，高五丈（约 16.65 米），长十丈（约 33.3 米），顶用红瓦，前面有钟楼一座，堂内宽四丈（约 13.3 米），可容一千余人。礼堂恢宏大气，中西合璧，成为远东地区非常有名的礼堂之一，不仅平时学校的各项教育活动、集会等在此进行，很多著名人物也相继受邀在此演讲，如蔡元培、陈独秀、恽代英、郭沫若、茅盾、唐文治①、李登辉②、邵力子、萨镇冰③、黄

---

　　① 唐文治，著名教育家、工学先驱、国学大师。曾任"上海高等实业学堂"（上海交通大学前身）及"邮传部高等商船学堂"（大连海事大学、上海海事大学前身）监督（校长），创办私立无锡中学（无锡市第三高级中学前身）及无锡国专（苏州大学前身）等。

　　② 李登辉，美国耶鲁大学毕业，我国近代著名教育家，复旦大学校长，被誉为"人伦师表"。

　　③ 萨镇冰，中国近代著名的海军将领。先后担任过清朝的海军统制（总司令）、民国海军总长等重要军职，还曾代理过国务总理。

炎培、杜威①、袁观澜、齐耀琳②、蒋梦麟③等。

　　至20世纪20年代,随着学校声誉鹊起,全国各地学子纷至沓来。为了丰富学生的业余生活,缓解紧张的学习气氛,经过校董会同意,学校出资购买了电影放映机。每逢周末,学校就租借电影胶片,在大礼堂内播放电影,六里当地的百姓则趴在窗台上,隔着玻璃观看电影,这成为当时的一道风景。

图2–20　浦东中学校大礼堂

---

　　①　杜威,美国著名哲学家、教育家、实用主义的集大成者。

　　②　齐耀琳,曾任直隶按察使、江苏布政使、河南布政使、河南巡抚、盐务大臣、河南都督、吉林民政长。1914年7月起,先后任江苏巡按使、江苏省长、江苏督军等职。

　　③　蒋梦麟,美国哥伦比亚大学教育学博士,曾任国民政府第一任教育部长、行政院秘书长,长期担任北京大学校长等职。

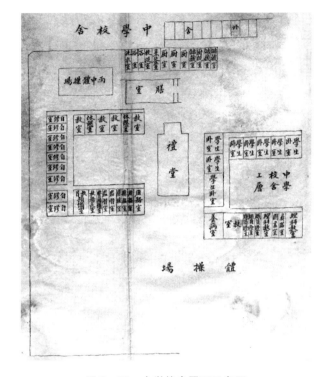

图 2-21　中学校舍平面示意图

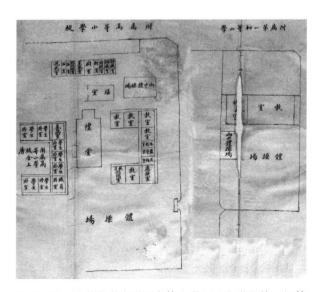

图 2-22　浦东中学堂附属高等小学(左)和附属第一初等
小学(右)平面图(附属高等小学和附属第一初等小学都在
浦东中学校内)

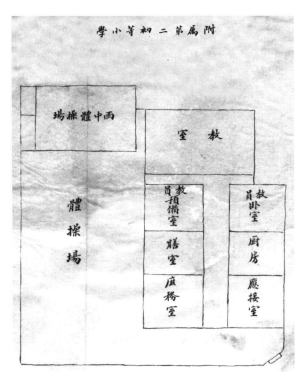

图 2‑23　浦东中学堂附属第二初等小学（今浦东新区
蔡路青墩）平面示意图

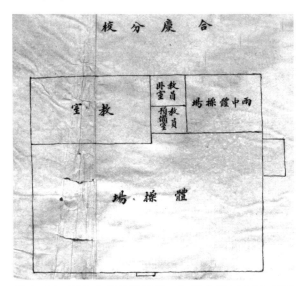

图 2‑24　浦东中学堂附属第三初等小学（今浦东新区
合庆分校）平面示意图

九、校舍建设

杨斯盛非常智慧,他坚持教育家办学的原则,通过黄炎培等人的努力,顺利购得第一块土地,刊登"捐产兴学启",起草办学章程,向政府请示,终于得到清政府的批准。据此,他和黄炎培等商议,根据办学需要兴建校舍,由黄炎培亲自设计,杨公亲自监工,严把质量关。根据黄炎培的要求,杨斯盛安排经验丰富、技术一流的杨瑞泰营造厂的师傅进行施工,并亲自担任监理。工程所采用的砖头主要为进口的英制九五砖,还有就是江浙一带的著名砖窑厂烧制的砖,每一块砖上都有编号。

图 2-25 英制九五砖拓片

这些英制九五红砖长 26.5 厘米,宽 12.7 厘米,厚 6.5 厘米,净重 3.8 千克。而一般标准实心砖的尺寸为 24 厘米×11.5 厘米×5.3 厘米。

红砖上有三行英文字,第一行为"S.W.C",应该是某砖窑公司的英文缩写;第二行为"TRADE"(贸易)和"MARK"(记号),中间一个圆圈,圈内可依稀辨别出"S""W"两个字母的重叠,应当为公司的商标;第三行为"BRICK AND TILES",则是砖瓦的意思。

杨斯盛经常对工人说,我们这是在为自己的子孙办教育,我们建造的校舍必须质量一流,安全第一,必须经得起时间的检验,否则,将来我们无颜面对父老乡亲。他对于原料的要求非常苛刻,只要是稍有瑕疵,就剔除不要;在工艺上,更是精益求精。

但是,在施工过程中,由于六里当地有所谓风水之说,加之小偷横行,导致施工物料经常丢失,工程进度缓慢。虽与地方乡绅沟通协调也无果,杨斯盛非常焦急,不得已,请黄炎培等人专门起草发函,恳请地方官能协调落实,保障工程按期完工。

清政府对于杨斯盛"捐产兴学"的义举非常支持,也深知其"毁家兴学"对于人才培养的作用和价值,遂于同年 11 月 25 日,由江苏上海县正堂发文,要求地方上加强管理,如果有无赖之徒找借口阻挠工程,或者有偷窃物料之类的情形,一经发现或被指证，定当立案严惩，绝不宽贷，并要求该面地保务当随时照料，各就其职，不得玩忽职守。

拿到这份函件，杨斯盛与黄炎培心中大喜，对于工程的进展心中有底了。杨公亲自安排抓紧时间采购各项所需物料，协调落实泥水匠、木匠等人员安排，确定于光绪三十二年(1906 年)正月，学校工程正式开工。

十、校舍概况

光绪三十一年年底，杨斯盛安排开挖沟渠、基础准备、原料采购、落实木匠和泥水匠。杨瑞泰营造厂的工人从光绪三十二年正月开工，至同年十二月完工，历时一年，浦东中学校全部建成。

图 2－26　浦东中学校远景

浦東中學校全景

中屋高出而鋭其頂者爲禮堂西爲中學東爲高等小學高等小學之北爲第一初等小學東爲表門校地全三十畝

图 2－27　浦东中学校全景图

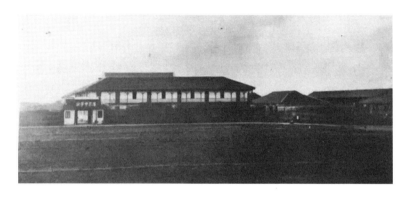

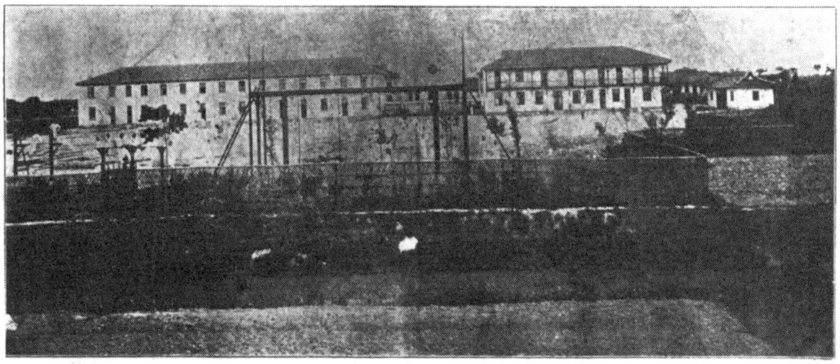

浦东中学校址在浦东六里桥南,校舍建筑大致可分为东南西北中五部分,兹将各部建筑和设备简单介绍如下:

（一）东部

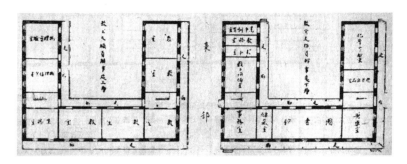

图 2-28　东部校舍

东部校舍为二层楼之洋屋,建于清光绪三十三年七月,建筑坚固,地基高燥,全部分十九间,楼上为普通教室及物理、生物、仪器、实习等室,楼下为各办公室及图书馆、化学仪器、实习室、校医室等。

浦东中学非常注重动手实验,杨公不计成本,要求黄炎培等根据教学的需要采购教学仪器和药品。物理实习室与物理仪器室相毗连,共两大间,至二十年代,仪器室藏历年向国内外购置仪器三百九十二件。化学实习室与化学仪器室亦相毗连,地位、大小与物理室等。药品、仪器室内藏有药品三百五十余种,仪器二千四百二十九件,生物学的标本、仪器有三百一十六件。

（二）南部

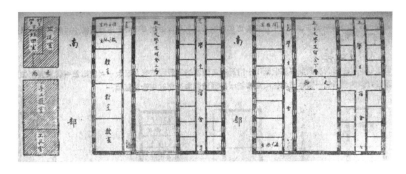

图 2-29　南部校舍

南部校舍可分为二类:

（甲）前进平房建于清宣统元年九月，计分五间；

（乙）中后进二层洋屋，建于民国八年六月，计分四十九间，前进平房为木工场、全校娱乐室、体育室、盥洗室；中进楼房为学生宿舍；后进为学生及职员宿舍，普通教室、阅报室、储藏室等。

至 20 世纪 20 年代，木工场内备有车床十部、手工器具十五种约五百余件。全校娱乐室内有摇椅、藤椅及各种娱乐物品。体育室内有运动器械四百五十余件；中进学生宿舍三十三间，每间容四人，室内装二十五支烛光①电灯一盏、书架一座，每室有自修桌一张、机四台、榻四张；后进学生宿舍七间，每间容五人，室内除装二十五支烛光电灯二盏外，余同中进教室，三间大小相仿，每间可容学生四十至五十人。

（三）西部

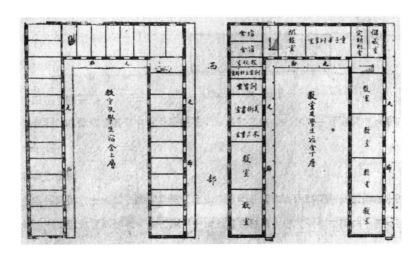

图 2 - 30　西部校舍

西部校舍形式与东部相同，亦为二层楼之洋屋，建于清光绪三十二年，系杨校主在世时亲自督工建造，楼上为学生宿舍，楼下为教室及办公室、储藏室等。

至 20 世纪 20 年代，西部学生宿舍共三十三间，每间可容八人，室内装二十五支烛光电灯二盏，六人座自修桌一张、两人自修桌二张、机八台、榻八张。普通教室六间，每间可容六十人以上。图书教室备有模型八十余件。童子军办事室内有童子军用具三百余件，露宿、游泳、炊事等件咸齐备焉。

---

①　当时把灯泡的功率有几瓦叫做"几支烛光"。

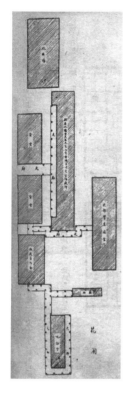

图2-31 北部校舍

（四）北部

北部校舍分为食堂职员宿舍、跑冰场、学生宿舍、厨浴、电机室等，后增设杨斯盛纪念堂。其中除职教员及学生宿舍为二层楼洋屋外，其余都是平房。

食堂二间，可容五百人，职教员宿舍十九间，每间住一人或二人。跑冰场一所，广袤三十丈，除用作跑冰场外，并作雨中操场。至20世纪20年代，纪念堂分三间，左为平民学校办公室，右为国乐室，中间为应接室，内供校主遗像及各种匾额、纪念照片等。学生宿舍十九间，楼上每间容四人，楼下每间容六人，室内设备与南部宿舍同。电机室内有煤油引擎一座，可燃十八支烛光电灯三百盏，后因电力入不敷出，乃向浦东电气公司接通电，但引擎仍存，籍不备之需。

（五）中部

中部为大礼堂，建于清光绪三十三年十一月，高五丈，顶用红瓦，前有钟楼一座，堂内高四丈，长十丈，可容一千余人。

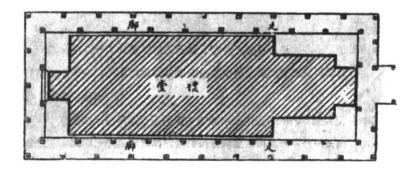

图2-32 中部礼堂

礼堂内部有演讲楼一，楼上悬校主言行录及校主遗像。柜前设四座椅一百五十张。校中集会、演剧均在这里举行。

图 2 - 33　1907 年时的礼堂内部

图 2 - 34　1907 年在大礼堂组织的联合学艺会

（六）其他设备

校舍之前及偏西有运动场各一片,单杠、双杠、篮球场等都在西部;网球场、足球场在东部。

景园在校之东部,至 20 世纪 20 年代,园中立校主铜像,地上均种浅草,四周园以冬青,茅亭在园之东,紫藤棚在校主遗像后,所植花木,除原有百数十种外,逐年布置栽植,使之完满。

苗圃在纪念堂后,所有花草均有学生栽植、装置盆景,可供全校各办公室及教室内之布置。

（七）消防安全

浦东中学地方比较偏僻,所幸周边河道密布,为了预防万一,各部天井有消防水缸二十只,水斗六十只,竹梯六部,以备万一发生火警时之用。同时,也制订了相应的火警训练规程。

第一条　本校为预防火警,养成镇静敏捷之习惯起见,特举行火警训练。

第二条　火警训练全体学生均须加入。

第三条　火警警钟连续急打半分钟。

第四条　闻警钟后,立须依队集合操场指定地点,静候点名。

第五条　编队方法以寝室为标准,南部前面四室为一队,后面三室为一队,北部楼上以五室为一队,楼下三室为一队。西部两室为一队,各设正队长、副队长一人,两队为一团,一团设团长一人,均由学生分区选之。

第六条　团长职务:团长闻警后,应即至该团集合地点,指挥所属各队,依次排列,并询各队长点名结果,询毕后,以所知情形报告在场训育职员;正、副队长职务:正队长于闻警时,须至该队所隶各室检查,如尚未有闻警钟之人,立促出舍,查毕,即到集合地点,将该队点名一次,报告团长;副队长有襄助团长之责,如遇团长缺席时,须代行其职责。

第七条　闻警避火,离舍时,须镇静敏捷,但不得携带对象,推撞争先,故意喧闹。

第八条　闻警钟后,点名时迟到者,予以警告;不到者,予以重警告。

第九条　夜闻警钟,集合须穿衣履。

第十条　夜间闻警钟,须唤醒本室同学。

第十一条　真遇火警,最先发现者得报告住校教职员,鸣钟警告;如遇紧急时,亦得自行鸣钟。

第十二条　凡非火警或火警训练,而无故鸣钟者,查出后,立即除名。

第十三条　本规程如有未尽事宜,得随时增减之。

图 2 - 35　教室一角

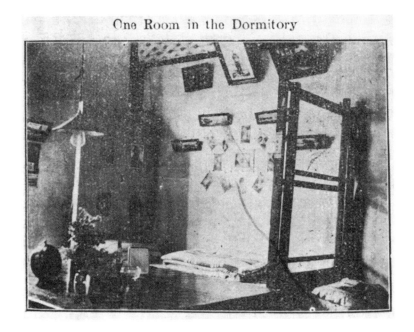

图 2 - 36　学生宿舍之一

图 2-37　初中宿舍、教室一角

　　黄炎培校长认为,校舍设计与建设过程中,校长应该主动参与,最好能前期介入。第一,可以将办学理念和学校文化在建筑之中有效体现;第二,作为一所从小学至高中的学校,不同学段之间的建筑要求和教学有差异,又有相近,需要在校舍设计时予以兼顾;第三,根据培养科学知识和动手能力的需要,秉持"重理不轻文"的目标,除了常规教室之外,还需要大量设置各学科的实验室,购置实验操作所需的实验器材;第四,为满足走班教学和充分利用各项教学设施,宜将教学区域相对集中,采用连廊形式,便于雨雪天安全行走;第五,作为寄宿制学校,学生宿舍与教员宿舍紧挨,便于教员能时刻关心和照顾学生;第六,充分考虑和购置各项体育设施,满足不同年龄段学生的运动需求,设置各类体育课程和球类游戏;第七,注重各类设施功能的多元性,如千人大礼堂可以集会、演出、演讲,聆听名家报告,乃至放电影等娱乐活动;第八,考虑到承重性和便捷性,将图书馆、化学仪器、校医室等设置在底楼,一旦操场上学生发生意外,可以第一时间予以相应的救治;第九,遵循安全第一原则,在教学楼的天井处,设置有各种消防水缸、水斗、竹梯等,制订了火警训练规程,并定期开展消防逃生演练等。

十一、校董会管理下的校长负责制

为了更好地保障浦东中学校的高起点办学,杨斯盛与黄炎培、顾次英等人再三商议,邀请以浦东地区籍贯为主的饱学之士、地方名流为校董,尤其是利用浦东同人会在广明小学办公的优势,诚意邀请浦东同人会中知名人士担任校董;同时,充分发挥黄炎培为江苏教育会常任调查干事、南洋公学特班校友的优势,邀请沪上教育界著名专家一并参与校董会管理工作。

杨斯盛决议采用校董会领导下的校长负责制,坚持校董为名誉职务,不支薪水,负有聘辞学务经理员、财政经理员及规划稽查之责。每年三月、六月、九月、十二月各开一次校董会,展览成绩,稽查财政,规划校务,如有特别要事,则召开临时会议。如果校董中有不称职者,由校董会公议辞退。

考虑到校董会的独立性和专业性,杨斯盛明确提出"家人不得干预校务",实施校董会领导下的校长负责制。

校董介绍

经过一段时间的沟通和准备,光绪三十二年(1906年)丙午正月,杨斯盛聘请李钟钰、姚文楠、秦锡田、黄炎培、顾次英、陆逸如、张志鹤、孟子铨为浦东中学校的校董,并报苏松太道川沙厅上海县立案。

现将浦东中学校的创校校董介绍如下:

图2-38 1907年黄炎培(后排右一)与杨斯盛(前排左三)及浦东中学校董、教师合影

图 2 - 39　黄炎培

黄炎培(1878 年—1965 年),字任之、韧之,川沙人,清末松江府头名秀才,光绪年间末代举人,南洋公学特班学生,师承蔡元培、张元济等大家,同盟会会员,曾相继在爱国公学、爱国女学、城东女学、丽泽学院等任教,将观澜书院改为川沙小学,因南汇新场冤狱案被捕入狱,后在杨斯盛、步惠廉等帮助下得救,并东渡扶桑,考察日本的教育,回国后,协助杨斯盛,相继创办了广明小学、广明高等小学和广明师范讲习所,任江苏教育会常任调查干事等。后相继创办了民盟和民进两个民主党派,创建了中华职业教育社,中华人民共和国成立后,成为国家领导人之一。

李钟珏(1853 年—1927 年),原名安曾,字平书[①],30 岁后改名钟珏,晚号且顽。祖籍江苏苏州,曾祖时迁居宝山高桥镇(今浦东新区),为清朝政府外交官员,曾任中国驻新加坡领事,辛亥上海光复领导人,中医学家、书法家、社会活动家、慈善家,浦东同乡会创始人之一,浦东中学校创始校董之一。

图 2 - 40　李钟珏

1873 年(同治十二年)考入当时沪上最高学府——龙门书院(今上海中学的前身)。后以优贡入仕。1893—1899 年间,先后在广东、陆丰、新宁、遂溪等县担任知县。任内因支持民众反对法国在广州湾内建筑兵营,被清政府革职。1900 年入张之洞幕。翌年,担任陆军武备学堂提调。回沪后,从事商业活动。1903 年后历任江南机器制造局提调,并兼中国通商银行总董、轮船招商局、江苏铁路局董事职。后来他创立医学会,在杨斯盛的资助下,创设中西女子医学堂、南市上海医院(今上海市第二人民医院),开办华成保险公司等。

1905 年,李平书担任上海城厢内外总工程局总董,并发起和领导了上海地方自治运动,被誉为"上海地方自治第一人"。辛亥上海光复以后,出任上海军政分府民政长,名重一时。

---

　①　为铭记李平书在上海地方自治、浦东同人会创建和浦东早期开发中所做出的突出贡献,尤其是为浦东中学校创校之初所做出的贡献,浦东中学将文澜楼的一个会议室命名为"平书阁",特以纪念。

为褒扬李平书的人品和业绩,缅怀其在辛亥革命和上海市政建设中的历史功绩,曾在城隍庙湖心亭竖立一座高达三米的李平书全身铜像。铜像下基石上镌刻着黄炎培撰写的铭文,记载了李平书的生平事迹。

姚文楠(也写成姚文枏,1857 年—1934 年),字子让,上海嘉定人。清末优贡、举人,上海地区著名的社会活动家、史志学家、教育家和公益慈善事业家。龙门书院(今上海中学)名士,精于算学。1908 年(清光绪三十四年),受邀担任浦东中学校董一职。

历任上海城厢内外总工程局议事经董、议事会会长,市政厅议事会会长、总董,江苏省咨议员、财政审查长,国会总议员等职,为上海地方自治做出了重要贡献。

图 2-41　姚文楠

姚文楠对上海教育事业的贡献是巨大的。

1898 年(光绪二十四年),姚文楠主持敬业书院①,并将之改设为敬业学堂。同时兼任南洋公学中院教务,与张謇、沈恩孚一起组织过江苏学务总会,任常务董事,后任劝学所总董,主持创建东区学堂。

1903 年,他与李曾珂、杨保恒等在南市捐资创办二十二铺小学,并出任校董,该校后改为龙门师范附小、上海实验小学,享誉江浙一带。1905 年,他与李平书一起担任龙门师范学堂校董,增建楼房 31 栋,改善了办学条件。后龙门师范学堂改为苏松太道官立师范学校、江苏第二师范学校,1927 年改为上海中学,其中不乏姚文楠先生殚精竭虑的筹划和运作。

他还与沈恩孚、袁希涛、黄炎培等一起发起创办了中华职业教育社。

1881 年,他以 1.2 万两白银购置横沙岛上的 4 万亩沙地,无偿捐献给南菁书院②,开发垦殖后获得耕地 2 万亩,成为南菁书院的恒产,每年收取田租,维持学校的开支。

秦锡田(1861 年—1940 年),字君谷,号砚畦,晚号适庵,别署信天翁。原上海县(今闵行区)陈行乡人。清末举人,内阁中书。教育家、慈善家。

曾任湖北候补同知,后继管湖北省丰备仓。1906 年起,受杨斯盛之邀,担任

---

① "敬业书院",即上海市敬业中学的前身。
② "南菁书院",即江苏省南菁高级中学的前身。

图 2-42　秦锡田

浦东中学校董,长达二十余年,宣统元年(1909 年)十一月,担任浦东中学学务经理员,1910 年 1 月—1912 年 1 月,在黄炎培等诸多校董的推荐之下,担任浦东中学第二任校长。

他平生致力于教育公益事业。1879 年后,辗转三林、周浦、召楼等地开设学馆。他主张教育救国,认为:"盖二十世纪之世界,以工战,以商战,实则无不以学战。""由小学以至大中学,由一校以至数十百校,扩而大之,进而上之。学校如林,人才蔚起,于以保主权,抗外力,崇实业,裕生计。"

为陈行、杨思、三林三乡教育事业出力尤多。1902 年承父命与赵履福等改三林书院①为学堂,其父殁后继任学堂总教习,后又历任三乡学董、三乡学校联合会长、高小校长,任三林学校校董会主席直至逝世。先后在陈行兴办正本女子学堂、本立小学,在三乡分设 7 所初等小学,筹建 50 余间高小校舍,募建三林学校 20 周年纪念堂,建职业中学校舍。他坚持办教育以切实致用为宗旨,成就众多三乡子弟。1906 年担任上海劝学所学董、学务审查长。

到了晚年,他对地方公益事业更为专注。1921 年起,历任上海县公款公产管理处总董、处长、主任,上海慈善团常务董事,同仁辅元堂、普益习艺所主任、上海游民习勤所、上海残疾院、公立上海医院、邑庙董事会等董事长。早在 1906 年,秦锡田于陈行乡创办课勤院,前后 5 年,收容 500 余人,"教以一艺,俾谋生计"。1927 年,又创办上海游民习勤所,实为课勤院的继续,至 1936 年,习勤所先后收容 800 余人。

顾植(1872 年—不详),原名次英,字冰一、冰畦,清同治十一年(1872 年)生于南汇黑桥。清末副贡,光绪末年,因新场冤狱案,在杨斯盛的资助下,与黄炎培、张伯初被迫东渡日本。回来后,受杨斯盛之邀,筹建广明小学、浦东中学等,并担任浦东中学校董。

在东京避难期间,恰与孙中山先生同住丸山福町二丁目东樱馆,有幸当面聆听孙中山先生的革命思想,并结识

图 2-43　顾植

_____

① 三林书院,即上海市三林中学的前身。

了不少在日本留学的中国学生，思想发生了很大的变化，进而更加坚定了推翻满清政府的信念。

1906 年，顾植为调查东北战后情形而远赴黑龙江，并在《远东报》担任主笔。《远东报》创刊于 1906 年 3 月 14 日，由中东铁路公司出版，这是哈尔滨历史上出版的第一张中文报纸，也是东北最早的中文报纸。报刊宣扬民主思想，极力鼓吹反清排满。随后他又担任《吉林日报》主编。1909 年 11 月，在长春创办并主编《吉长日报》。1915 年，顾植编著《吉林地理纪要》。在东北工作期间，他以咨议员、参议等社会身份广泛参与东北地方建设及政治、经济、社会事务。

图 2-44　张志鹤

张志鹤（1879 年—1963 年），号伯初，又名访梅，晚年自号寒叟，川沙（今浦东新区）龚路启明村人。1903 年，与黄炎培携手，为改革旧教育制度，推行新式教育，向川沙厅同知呈文改观澜书院为小学堂。

1903 年 6 月，张志鹤因新场冤狱案被迫与黄炎培等一起流亡日本。归国后，1904 年起，先后参与创办广明小学、浦东中学，并担任校董兼教务长。

1909 年，川沙开始筹备城乡地方自治，先设筹备自治公所，黄炎培任所长、张志鹤任副所长。张志鹤在辛亥年光复川沙中功不可没。辛亥革命胜利后，张志鹤和黄炎培进入江苏都督府，黄炎培主管教育，张志鹤则为助理。

1909 年起，张志鹤先后被委为川沙厅视学兼劝学所总董、教育局长等职。当时，川沙境内只有十余所小学，且经费奇缺，难以维持。张志鹤上任后，到处奔波，劝说地方绅商捐款，又设法报领高墩沙田 4000 亩，作为教育公产，并认真整理学款、改革田租章程，使教育经费收入有保障。至 1915 年，学校数增加 5 倍，教育经费由年支不足千元，扩大到年支 6 万元。1914 年，张志鹤捐银 1000 多元，于九团三甲创办三甲初等小学校，被教育部授以兴资办学金质三等奖章。

黄炎培担任《川沙县志》主纂，张志鹤为协纂（副主编）。后来，张志鹤被选为浦东同乡会理事、会务主任。张志鹤任职 20 年，一直是同乡会的管家。1937 年抗日战争全面爆发，同乡会黄炎培、杜月笙、穆藕初、吕岳泉、沈梦莲等 5 名常务理事中，黄炎培和穆藕初随国民政府西撤重庆。上海沦陷后，杜月笙于同年

11月避居香港。张志鹤在留沪的理事、监事之间东奔西走,苦苦支撑会务活动。在经费甚为困难的情况下,资助清寒子弟104人。1943年,在浦东龙华嘴创办第一儿童教养院,同年接办川南儿童教养院,后改称浦东第二儿童教养院。

1950年,年逾古稀的张志鹤被聘为川沙县生产救灾委员会委员,1953年被聘为上海文史馆馆员,著有《我生七十年的自白》与《续编》,与黄炎培所著《八十年来》一样,以自己的所见所闻所历,秉笔直书。

图2-45　1908年,黄炎培与张伯初
在浦东中学合影(右黄炎培,左张伯初)

张志鹤的幼子张在森为革命烈士,浦东中学附小校友。他矢志抗日救国。1942年9月25日,张在森部遭日军包围,他英勇不屈,自杀殉国。黄炎培为张在森君作文《中秋月亮底下一位新军神张在森》,并为张在森立传。在张在森殉国5周年纪念日前夕,黄炎培将一支刻有敌酋名字的钢笔转赠张志鹤,并附上一诗:"赠君一枝笔,我未致词先下泣……"

张志鹤的一生,自他任塾师与黄炎培相识后,始终追随黄炎培左右,而黄炎培也将张志鹤视为生死之交。黄炎培评价张志鹤的一生:川沙新事业之始,大半出其手。1963年,张志鹤逝世,享年84岁。黄炎培在唁电中说:"繄君与我,生死交情""我走西陲,君留桑梓,居者行者,共挥鲁戈""古稀之年,文史是考,清白家声,儿孙永保。"

陆逸如(1863年—1938年),字家骧,清末诸生。川沙(今浦东新区)龚路乡人。1903年正月末,黄炎培与友人张志鹤、陆逸如上书两江总督张之洞,获准开办川沙第一所小学,共创新学,将观澜书院改办成川沙小学堂。正是在他的协助下,引见黄炎培与杨斯盛结识,获赠300银元,方使川沙小学堂得以正常办学,并逐步发展。后受聘担任浦东中学创始校董一职。

光绪三十四年(1908年),被推举为川沙厅自治筹备

图2-46　陆逸如

公所所长,民国初在川沙钦公塘东设立农业试验场。治家尚俭,善为乡里排难解忧,乡人皆钦敬之。其几个儿子皆为浦东中学校友,其女陆修澄于1925年在中共党员王剑三的带领下,成立国民党川沙县县党部,由王剑三任主任委员,共产党员潘星五任工人部长,共产党员黄汉魁任农民部长,陆修澄任妇女部长,在杨园、横沙等地建立了国民党区分部,用国民党名义开展革命活动,在川沙各地开展对反动派的斗争。

1944年春,陆修澄追随黄炎培职业教育思想,负责筹建私立返真初级职业中学①,并主持校务。1946年秋,学校经费无源,陆修澄奔波于川沙、上海市区等地亲友中募捐,并建立校董会,改校名为思敬初级职业中学。1948年学校经费再次断源,无力续聘教师,陆修澄除自己不领薪水外,还邀请亲属义务教学。1949年5月,川沙解放,陆修澄发动师生生产自救。1956年,学校由私立改为公立。

孟乃钊,字子铨,川沙(今浦东新区)人,杨斯盛挚友,浦东中学开办时,受聘为庶务长兼校董,后来,孟子铨加入中华职教社。

王松云(1857年—1939年),浦东高桥人。清末和民国时期著名的建筑商,其代表作品之一为汇中饭店,即现在的和平饭店南楼,清光绪三十四年(1908年)四月起,被聘为浦东中学校董。

图2-47　王松云

他泥工手艺精巧,随厂主宁波人赵某营建筑工程,逐渐主管业务。在沪早期营造业中,享有声誉。因乳名"毛毛",又跟宁波人干活,人称"宁波毛毛"。光绪年间,赵某病逝,其子尚幼,赵妻以厂交托王松云掌管。及赵子成长,与王松云亲如手足,合作经营仁泰营造厂。

他与杨斯盛相交甚厚,1880年(光绪六年),杨斯盛创办"杨瑞泰营造厂"时,他投资入股。1898年(光绪二十四年),杨斯盛筹建水木业公所,王松云追随杨斯盛后,捐资500两。碑刻《水木工业公所记》中,记载公所创建者,王松云名列杨斯盛之后为第二人。之后,王松云创建"王发记营造厂",在租界造了房子,如爱俪园(哈同花园)是他与赵合作建成。1906年(光绪三十二年),他建成了外滩

---

① "私立返真初级职业中学",即"上海第二工业大学附属龚路中学"的前身。

汇中饭店(今和平饭店)南楼,高六层,为当年上海之最,并最早引进电梯设备。建造过程中,发生地基倾斜,杨斯盛给予技术帮助,化险为夷。淮海中路四明里等现代住宅,也为王松云所承建。

王松云发迹后,在清朝末年购得高桥镇南土地七亩,营建住宅。正屋厢房共 12 间,东西两侧裙房也有 12 间,进门天井有 115 平方米,房屋占地 1205 平方米,建筑面积达 1995 平方米,规模之大,堪称高桥之最。

王松云仿效杨斯盛,不忘地方公益事业。在家乡高桥地区,他出资建造大同路,将泥路铺成弹石路,通往天灯口,又在界浜(即高桥港)与黄浦江交汇处的轮渡码头(俗称老船码头),盖建一座凉棚,供游客歇息。1909 年,他因界浜上的一座石桥年久失修,原木制护栏腐朽,险象环生,乃出资 500 银元,将木栏杆改制为铁栏杆,以保通行安全。当时名之为"三祝桥",意为国泰、民安、丰收。石桥侧原有"三祝桥"字样,因桥北原有"公泰"典当,群众习惯呼为"典当桥",后更名为胜利桥。他还在东街建造土地堂,西街修建关帝庙等。

图 2-48 陈容

陈容(1881 年—1961 年),别号主素、处素,江苏松江(今上海松江人),中华职业教育发起人之一。清光绪三十三年(1907 年)正月至十月,任浦东中学学监。光绪三十四年(1908 年)四月至民国十一年(1922 年)十二月担任浦东中学校董。

光绪三十三年留学美国,先到哈佛大学研究文学和哲学,后入哥伦比亚大学研究教育。1913 年 10 月,江苏教育司派俞子夷赴美,会同郭秉文、陈容两人考察教育,以小学、师范教育为主。1914 年任南京高等师范学校学监主任兼教授。1917 年 5 月参与发起成立中华职教社,为特别社员。

1919 年任北京政府教育部编审,1921 年任交通大学(北京)学监,1922 年任中国大学校务主任,1924 年任中华教育改进社总务主任,1929 年任北京协和医科大学讲师、南京高等师范学堂学监主任。1931 年任上海盐务总局考绩股帮办,后升为股长。抗战时期,随盐务稽查所赴重庆,1942 年,因病居家修养,专心研究佛学。

中华人民共和国建立以后,将位于松江的祖传房屋和田地捐给地方办孤贫院,得到地方政府和百姓的欢迎。1954 年 5 月任上海市文史馆馆员。

杨保恒(1873 年—1916 年)，字月如，浦东金桥乡建庄村杨家宅人。日本弘文学院毕业，清末民初教育家，清宣统二年十一月至民国五年正月，担任浦东中学校董一职。

光绪二十八年(1902 年)夏，朝野竞相倡议变法，与邑人贾丰臻等东渡日本，毕业于弘文学院。在日学习期间，感慨说："甲午之后，输我国之脂膏，兴他邦之便利。"

图 2-49　杨保恒

归国后，于二十二铺创设小学校一所，旋以龙门书院(即今上海中学)改为师范学校，又筹设速成师范及单级授所等，一时学者云集，社会知名之士皆出其门，为南洋中学、浦东中学、震修小学等中小学输送师资。

1912 年，任江苏省立第一师范学校①校长，擘画周详，调聘教师，整顿班组，力主学生自治，被推为教育界先进。嗣就上海城市自治公所学务专员、上海县学务课长、教育部教科书审查等职，往来北京、江苏间，对于教育，励精竭虑，不惮烦劳，浦东洋泾地区的多所学校于此时成立。1915 年，应教育部聘，会商编审教科书，不幸在北京遭遇车祸去世，年仅四十四岁。黄炎培于 1916 年 2 月，撰写《杨君月如言行记》一文，以志纪念。

杨保恒编著校阅有《师范讲习科用修身教科书》《师范中学修身礼仪法》《欧美公德谈》等 20 余种教材和书籍。

黄炎培校长认为，校董会成员必须强调人品端庄，热心教育，各有专长，能确保一年四次校董会的参与和建言。校董会成员要注重各个领域，既有教育类的专家，又要有财政、理财类的行家，有社会贤达、知名人士，有实业家，还要有教师代表，加上出资人构成的校董会成员，包括校董成员调整的规则，这样多元化、多视角的成员结构，有助于学校的良性发展。而定期的校董会，通过展示成绩，稽查财务，规划校务，职责分明，博采众长，助推校长规范办学和学校科学且可持续的发展。

———————————————

① 即今天的苏州中学的前身。

十二、正式开学

图 2 - 50　浦东中学校门

浦东中学的建设工程历经一年余,于光绪三十二年农历十二月正式完工。黄炎培等组织教师、工友,充分利用寒假的空余时间,甚至放弃春节家庭团聚的休息时间,将新校舍整理打扫干净,于光绪三十三年丁未正月,将广明高等小学和广明师范的相应各项教学用品整理打包和装箱,然后运送至董家渡码头,专程雇了几艘船,从浦西别墅一并迁入浦东新校舍。根据校区的分布,分别就高中、初中、高小和初小等进行布置,安排好相应的住宿和吃饭事宜。

光绪三十三年正月二十四日(1907 年 3 月 8 日)浦东中学正式开学,改广明高等小学为附属高等小学,暂时并入中学校舍。同日,附属高等小学正式开学。杨斯盛广邀名流,来宾云集,江苏省的官员代表、川沙厅的官员、教育界的名流、实业界的好友一众齐聚校内,诸多学生家长也受邀参加了开学典礼,盛况空前,将校门口的斯盛路都堵塞了。

六里桥当地百姓更是兴奋,比过年还热闹,大家东奔西跑,当地小朋友则挤在人群中,露出羡慕的眼光。

旌旗招展,锣鼓喧天,鞭炮连绵,来宾和学生集聚在运动场,聆听着校主杨公斯盛毁家兴学的心声和对今后办学的期许,对学生明确提出了勤、朴、诚的要求;首任校长黄炎培先生讲述了浦东中学的发展蓝图,及如何传承杨公毁家兴学之志,勇担责任和使命,要求学生不仅要在学业上有所精进,也要注重锻炼身体,尤其是要注意与生活教育、精神教育相结合等;学生代表上台,感谢校主杨公毁家兴学创建一流的校园环境,明确表态,必将不负杨公之期许,竭力学习,勇担责任;最后由江苏省官员代表清朝政府讲话,明确表示,杨公毁家兴学的精神,实乃开了一代风气,为非常罕见之义举,要予以嘉奖,希望全体教员静心专注于教学,为国家培育人才,期待全体浦东中学的学生们,能牢记校主的寄语和期许,专心学习,加强锻炼身体,将来勇担社会之责等。

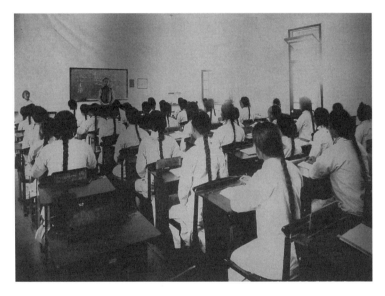

图 2-51 1907 年浦东中学上课情形

同月二十六日(1907 年 3 月 10 日),附属初等小学开校。最初开办时,由于当地百姓对于教育的重视程度不够,加之浦东中学气势恢宏,家长们误以为这是非常贵的学校,舍不得学费,故求学者甚少。

面对着寥寥无几的学生,黄炎培感慨良多,但他胸有成竹,尤其是开学典礼当天,孩子们渴求的眼神,让他心中更有底气。

于是,他就安排老师们沿着各个乡村,非常诚恳朴实地去动员、劝导各个家庭,讲述教育意义和办学目标,学校与家庭和社会之间的关系很快变得融洽。他请家长们带着孩子走进浦东中学,观摩其他学生的上课情形,并亲自讲述教育的意义和价值。面对如此优越的学习条件,孩子们就赖在学校里不肯走了,即便父母亲生拉硬拽,他们也是一步三回头,依依不舍。就这样,通过校园开放,走进乡村,赢得了家长支持,加之学费的减免,使得学生数量也就迅速得到增长。①

图 2-52　浦东中学校全体合影　光绪丁未年(1907 年)下学期

图 2-53　浦东中学校全体合影　光绪戊申(1908 年)上学期

---

① 摘自《龙门杂志》。

十三、颁布校训

清光绪三十三年丁未二月初八(1907 年 3 月 21 日),黄炎培校长召集全校师生,邀请校主杨公斯盛讲话,杨斯盛用有点嘶哑的声音,宣布了学校宗旨书暨"勤朴"校训[①]。

图 2-54 "勤朴"校训由时任学监、书法家钱葆珍(字剑秋)于 1907 年书写

"勤朴"校训

本年为中学校成立第一年,从此以往,本校之事业、之名誉,为有价值乎? 抑否乎? 此第一重要问题也。

语云,"种瓜得瓜",西人有言曰,"理想者事实之母"。故本校他日之地位,不在未来,在现在,以是故,现在宗旨不可不研究也。

斯盛于学问,惭愧一无所知,惟自少贫苦,半生役役于工业中,所经验者,知天下事,无论为个人谋自立,为一社会谋自立,下手时,非有坚忍刻苦工夫,必不能达其希望。

此时考察本校各种方面,一切外观粗幸完备,然私心拳拳,不得不以吾所希望于全体学生者,宣布一番。盖斯盛倾者所谓坚忍刻苦工夫,恐本校诸君,或未以为意,而急欲订明此宗旨也。

---

① 摘自《浦东中学校杂志》第一期(1908 年)。

坚忍刻苦工夫,吾谓其目有二:

一曰勤,今人恒言,"学生者中国之主人翁"。然则学生之责任,为担当未来中国之一切事业者也,而担当事业,第一,需副以精力,其说有二,有精神上之担当,有体魄上之担当。其确定之名目,为智育体育。而其练习之大要,使精神体魄强固而不摇,则全在勤不勤而已。凡人脑力愈用则愈发达,若不经常运用,则神经锢蔽,旋至窒塞,有必然者。至人之体魄灵动活泼,首在习劳耐苦。若驰然自放,筋骨疏懈,即非有用之材。故欲成就事业,必以精神体魄为原动力,而精神体魄尤必以勤之一义为发动机关,诸君在校功课较繁,且有考温课迫于后,吾意脑力有不得不勤之势,惟体魄,上则平日起居受校役之供应,恐不知不觉习惯成一勤字之反对性质,殆不可不慎也。

一曰朴,凡纷华靡丽、爱玩嗜好者,皆朴之反面文章也。人心不两用,无中立,不趋于实,必归于虚,不托于真,必引诸假。自古以来,讲求真实事业者,求学问,则舍学问外,无一足以扰其心。讲实业,则舍实业外,无一足以扰其心。出见纷华靡丽而悦,入则爱玩嗜好之纷来。其不克兴于真实事业。固有识者所同认也。斯盛惧诸君以此间校舍、校具布置尚无不周之处,耳目所习,以为凡事外观断不可少,衣服必求趋时,器具必求上等,牺牲其实用之时间,日营营于形式上,而无满志之一日。将现在之学业,未来之事功,无专注之一日,是则设一浦东中学诱青年人士入虚假之途,尤斯盛所疾心,而非诸君来此初意也。

吾闻之东西人之笑中国曰,"中国人无完全体格",是谓我不能勤也,谓中国为"阔少",是谓我不能朴也。不勤不朴,吾中国应此两语之徽号,衰弱之点,坐是矣。本校诸君,一雪此言,为社会倡。

凡斯盛所言,固知极浅陋,无价值,然积数年之经验,或有一得。且见社会中曾出入学校者,容有未能免此。吾浦东中学校乎?斯盛生平密切之关系,无过于此。敬提出勤朴二义,假为本校宗旨。愿诸君一研究斯言。

当杨公的肺腑之言讲完之后,全场掌声雷动,所有师生为杨公的精神所感动,牢记了"勤朴"校训,并以之为一生的座右铭。而"勤朴"校训,也传承至今,浦东中学的所有校友都能记住。

黄炎培等人在杨斯盛的支持下,全力以赴,尽心尽力创办浦东中学。受到杨公毁家兴学义举的感染,首任校长黄炎培决定,将杨公确定的每个月薪水一百大洋,主动降为四十大洋。黄炎培校长的这个举动,也让所有浦东中学的教职员工为之感动,更加激发起大家研究教材、专注教书、精心育人的激情。

黄炎培校长认为,一所学校必须要有自己的灵魂,而校训就是非常重要的抓手和体现,校主杨公用自己的一生感悟,告诉我们浦东中学校的学生们,学生是国家未来的主人,应该承担起民族和国家的责任,不能只贪图一时的享乐,而应该牢记杨公的精神,勤于学习,勤于锻炼,简洁朴素,做事专注。为将来刷洗东亚病夫的耻辱而注重锻炼身体,为展示中华民族的优秀文化而认真学习,为民族的存亡而勇担责任!

第三章

广聘名宿，大师学堂

——"精英云集"的讲坛气象

　　20世纪初的浦东中学，拥有影响中国近代教育走势的众多名人名师，更有杜威等世界级教育大师前来讲学。这无不体现出黄炎培先生的因缘。

黄炎培在筹办每一所学校之际,抓紧时间聘请名师,一方面千方百计留住广明高等小学和广明师范原有的名师;另一方面,他充分利用南洋公学特班的校友资源,与邵力子、李叔同、穆湘瑶等广泛联系,又请自己的恩师,如蔡元培、张元济等推荐优秀师资,延聘了诸多南洋公学的毕业生。第三,请蔡元培先生推荐部分有革命思想的留学生和北京大学的毕业生前来任教;第四,通过主持商务印书馆的张元济先生,诚邀印书馆中编撰教材的各学科专家来校任教或兼课;第五,邀请沪西高校中的部分教授来校上课;第六,利用川沙教育会和浦东同人会的资源延聘饱学之士。

　　受杨公毁家兴学精神之感召,为黄炎培教育救国之志所感动,不少名师或放弃自己担任的校长之职,或搁下大学之教职,或奔波于大学与中学之间,相继投奔浦东六里桥,待到浦东中学开学之时,名师云集,盛极一时,开沪上新学之风。

　　1905年成立的江苏学务总会(后改名为江苏省教育会),主要成员有张謇(字季直)、沈恩孚(字信卿)、姚文楠(字子让)、袁希涛(字观澜)、杨廷栋(字翼之)、雷兴(字继兴)、方还(字惟一)①、刘垣(字厚生)、孟昭常(字庸生)②和黄炎培,大家推举德高望重的清末状元,中国近代实业家、政治家、教育家,中国棉纺织领域早期开拓者,多所学校创始人张謇为会长。

　　黄炎培因其扎实的学识水平、广阔的教育视野、公正的评价方式、多维的视角、缜密的逻辑、敏捷的思维和优秀的文笔,加之年轻力壮,常常被推举为常任调查干事。在江苏省所辖的63个县之中,黄炎培的足迹遍及四分之三以上。

---

　　①　方还,字惟一。1906年昆新教育会和商会成立,即分别被推选为会长。光绪末和宣统年间又当选为江苏省谘议局议员和清政府资政院(相当于国会)民选议员,辛亥革命爆发后,与同盟会会员一起投身昆山光复活动,胜利后被公推为昆山民政分府民政长(相当于县长)。民国后历任北京女子师范学校校长、上海招商局公学校长、南通女子师范学校校长等职。

　　②　孟昭常,字庸生,清末民初法学学者、实业家,举人,后到上海南洋公学读书,1903年考取日本法政大学官费生,在东京主编《法政学交通社杂志》,在上海创办《预备立宪公会报》半月刊。1909年2月,江苏成立咨议局,他当选为议员。参与制订《资政院议员选举章程》,并任《宪报》主笔兼法政学堂校长等。其子为华东师范大学首任校长孟宪承。

　　江苏教育总会的工作经历,对于黄炎培创办浦东中学校起到了非常重要的作用。由此,他结识了诸多教育名家,了解和学习了各地办学的经验。同时,他积极引荐这些名师到浦东中学任教,邀请名家到浦东中学讲演,安排老师外出交流学习;到处宣传浦东中学的办学实践,吸引诸多优秀学子纷至沓来,更为校际之间的教育交流和开放办学奠定了重要的基础,为提升浦东中学的社会影响力做出了不可磨灭的贡献。

第一节　广明小学所聘名师

　　杨斯盛没有上过学,却深知教师是保证教学质量的前提,更清晰地知道,校长是一所学校的办学灵魂和成功的关键。他诚意聘请黄炎培先生担任广明小学堂监督(即校长),张志鹤担任教务主任;同时,根据黄炎培办学的需要,提供资金,添置了大量所需的教学用品。

　　杨斯盛对于黄炎培充分信任,完全放权,坚持不以盈利为目的,不计成本予以投入。面对仅有的9位学生,坚持教学质量第一的原则,要求黄炎培延聘名师。黄炎培通过多方协调和努力,聘请了志同道合、水平非常高的好友张志鹤(号伯初)、顾次英(字冰畦、冰一)、刘钟龢(字季平)、杨我江(字杏南)共同担任教员,聘请孟迺钊(字子铨)担任庶务。

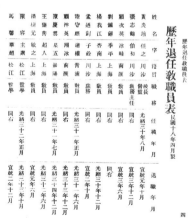

图3-1　历年退任教职员表(摘自《私立浦东中学附属小学校二十五周年纪念刊》,1929年6月)

这五位教员的学识非常高，思想激进，具有革命精神，都曾经到日本留学或考察，都胸怀教育救国之志，深知私塾教育功利性太强，缺乏实用性，为此，他们敢于对私塾教育进行大胆改革。

黄炎培先生为松江府头名秀才、清末举人、南洋公学特班学生；张志鹤，曾与黄炎培一起将观澜书院改为川沙小学堂，并担任副办（即副校长），1903 年因新场冤狱案与黄炎培一起到日本流亡；顾次英，清光绪副贡，1902 年赴日本考察学务，1903 年因新场冤狱案，与黄炎培、张志鹤一起到日本流亡；刘钟龢，近代民主革命家、南社社员、诗人，与黄炎培在日本流亡时结识，回国后创办丽泽学堂，因从事革命工作被捕，后黄炎培等想办法将其营救出狱；杨杏南，曾在日本著名的成城军事学校留学，归国后，曾与刘钟龢一起创办了具有革命性质的丽泽学堂。

第二学期，随着学生的增加，根据黄炎培校长的建议，决定在现有 5 名教师的基础上，再增聘教师，以便更好地开展教育教学工作。清光绪三十一年（1905年）正月，聘请了青浦的陆守经（字达权）和南汇的顾泮英（字翔冰）担任教员。陆守经，南洋公学中院毕业生，在广明小学任教期间，他就翻译出版了英国人祁尔的著作《（最新）中等欧洲地理教科书》一书，后来考取复旦公学，随即于 1911 年参加了第三批庚款生的考试并被录取，在美国威斯康星大学攻读政治学，并获得博士学位，学成归国后，投身于司法工作和教育事业。顾泮英，在广明小学任教时，积极参与浦东同乡会的相关筹备工作，后来受聘担任浦东同人会的第一批干事。

第二节　广明师范所聘名师

师资队伍是保证教学质量的关键，为了保证广明高等小学和广明师范讲习所的教学质量，黄炎培在保留原有名师的基础上，继续千方百计增聘名师。

如光绪三十一年（1905 年）七月，邀请了陈庆云、王臻善担任教职。陈庆云（字星五），上海人，南洋公学毕业，民国时期曾任九福制药公司经理，自行筹资开设正德制药厂等；王臻善（字超人），上海人，曾任美国国家地质局技师、国民政府农商部经济地质局技师等职。

光绪三十二年正月，黄炎培邀请如下名师：陈容，松江人，担任学监，后赴美国哈佛大学、哥伦比亚大学学习，归国后再次担任浦东中学教职，后相继任南京高等师范学校学监兼教授、教育部编审、交通大学（北京）学监、中国大学校务主任、北京协和医科大学教授等职，为中华职教社发起人之一；马馨（字群超），松江人，担任浦东中学学监，其于光绪三十一年，与何东等在松江祭江亭创设校名为"公立学堂"的中学，后加入南社；俞旨一（字子夷），吴县人，南洋公学毕业，同盟会会员，先后到美国和日本等地学习考察，先后在上海爱国女学、芜湖安徽公学、南京高等师范学校、第三中山大学、浙江大学等学校任教，中华人民共和国成立后任浙江省教育厅副厅长等职。他毕生从事小学教育的实验和研究，重视小学算术教材教法的探索，是20世纪以来中国最早研究小学数学教育的学者，被誉为"中国算术教学法的奠基人"，是我国近代著名民主革命家、教育家。名师荟萃，为办学兴教奠定了扎实的基础。

第三节　浦东中学所聘名师

1907年3月8日浦东中学正式开学，现将创办初期黄炎培所聘名师择要简介如下：

钱葆珍，字剑秋，号悔翁，江苏松江人。前清廪贡生，三江师范毕业生，书画家，南社社员，为杨古韫弟子。执教沪上，余事鬻书。吴昌硕、郑孝胥等为订润例。其书自汉、魏、唐、宋，下逮刘墉、何绍基，合南北宗为一。光绪三十三年（1907年）正月至民国七年（1918年）十二月和民国十年（1921年）八月至民国十年（1921年）十二月在浦东中学任学监兼修身教员，为沪上一代名师。

图3-2　钱葆珍

浦东中学最初的校训"勤朴"二字，即由钱葆珍先生所书写。

沈砺（1879年—1946年），字勉后，号道非，别署嘹公，金山朱泾人。南社元老之一、同盟会会员。辛亥革命后，历任孙中山大元帅府松江军政分府参谋长、上海卫戍司令、国民政府秘书等职。光绪三十四年正月至宣统三年六月和民国六年九月至民国十年十二月在浦东中学任中学

图3-3　沈砺

教员。

沈砺在青年时代即不满清廷的腐朽统治,光绪三十二年(1906年)五月结识高旭、柳亚子、陈陶遗等革命青年,受聘为上海健行公学讲师等。

黄守恒(1874年—1921年),字许臣、心舟,号鯯臣,上海嘉定人,清廪贡生,肄业于江阴南菁书院,为同盟会会员。光绪三十四年(1908年)七月至宣统二年(1910年)在浦东中学任国文教员。

图3-4　黄守恒

历任嘉定县普通小学校长,浦东中学、澄衷学堂教员,集成图书公司编辑员。1906年以后,历任嘉定学务所董事、劝学长、视学、总董事。地方议会成立后,他被选为西门乡议事会议长、县参事会参事员;辛亥革命后,在嘉定军政分府担任财政部副部长等职。

凌昌焕(1873年—1947年),字文之,号子元,江苏省吴江县莘塔镇人,柳亚子表兄,近现代著名教育家,早期的编译家,中华职业教育社社员、新南社社员、南社纪念会会员。光绪三十四年(1908年)七月至民国元年(1912年)七月,在浦东中学任国文、理化教员。在上海商务印书馆编辑所工作期间,他参与出版了众多的教科丛书,在农业书籍和志书等方面也卓有成绩。

叶振谟,字典任,安徽歙县人,南洋公学毕业,南社社员,光绪三十四年(1908年)七月至民国三年(1914年)七月,在浦东中学任教务主任,为浦东中学创办之初的名师之一,为学校发展起到了重要作用。后来在浦东中学工作期间因病去世,学校专门举办纪念活动,并立碑以铭记。

陈庆云,字星五,上海人,南洋公学毕业,民国时期曾任九福制药公司经理,自行筹资开设正德制药厂等。

朱树燕(不详—1961年),字企云,上海人,南洋公学高等预科第五届毕业生,光绪三十四年(1908年)七月至宣统三年(1911年)十二月在浦东中学任英文教员。

1907年夏天,南洋公学高等预科第五届(即中院第八届)27位毕业生之一,毕业后,朱树燕积极参与南洋公学同学会的活动。先后在浦东中学、江苏省立第二师范学校、商务印书馆、南洋中学、交通大学、上海文史馆等处工作。

朱树燕等编译编写的《袖珍英华成语辞典》(全称:增广双解袖珍英华成语

辞典)广受读者欢迎。

图3-5 薛凤昌

薛凤昌(1876年—1944年1月20日),字公侠,号砚耕,吴江同里人。清末秀才,早年游学日本,教育家、谜学大家、图书目录学家。宣统元年(1909年)正月至宣统三年(1911年)十二月,在浦东中学任理化教员。

薛凤昌先生一生致力于教育事业,呕心沥血、诲人不倦,是我国近代著名教育家,开吴江教育风气之先者,为吴江的文化建设和传承做出了重要贡献。曾先后任教于同川学堂、浦东中学、吴江县立中学、江苏省立第三师范、光华大学、东吴大学等学校。

他于民国元年(1912年)创办了吴江县立中学(今吴江中学),两次担任校长,1940年在同里创办了私立同文中学,因拒绝接受日本人规定教授日文的要求,1943年被日本宪兵抓捕受刑,以中国传统文士的风骨,用沉默和绝食以对,惨遭日寇杀害。

王开屏,字季梅,江苏松江人,英文、数学教员,南洋公学毕业,光绪三十三年,王季梅受聘在松江景贤女校任教。宣统元年七月到浦东中学工作,任数学、英文教员,长期在浦东中学及附属小学任教,后曾任教务主任、代理校长等职。辞任校长之后,依然在浦东中学执教,为上海滩一代数学名师,为浦东中学的发展做出了不可磨灭的贡献。期间曾到南洋中学任教。

图3-6 王开屏

王仁夑,字乘六,昆山人,中华职业教育社社员,出版了《本国商业历史》(世界书局)、《世界商业历史》(世界书局)、《世界商业地理》(世界书局)、《师范讲习科用修身教科书》,与顾树森一起编译《德国教育新调查》(商务印书馆)等书籍。

杜应龙,字象飞,南汇人,任浦东中学附属高等小学教职,后曾任周浦初级中学校长等职。

金世隆,字润青,南汇人,曾任江苏省立第一师范附小教员,后入广明师范学习单级教授法,作为优秀毕业生,后留校担任浦东中学附属第二初等小学教职。

顾涟清，字志廉，川沙人，中华职业教育社社员，任浦东中学创校之初的图书仪器兼庶务员。中华职业学校创办后，黄炎培在学校内设立珐琅科，并附设实习工场。1921 年中华职业学校职员方剑阁、顾志廉等集资租用珐琅科实习工场，创设"中华珐琅厂"，并生产"立鹤牌"国产日用搪瓷制品。1931 年 10 月，由顾志廉等 9 人集资国币 10 万元创办的上海久新珐琅厂，正式宣告成立，后因受"一·二八"淞沪抗战影响，开工被拖延到 1932 年 5 月，设炉窑 2 座，有工人 262 人，生产九星牌搪瓷产品。开工之前，厂方还请黄炎培先生题写了厂名。顾志廉受黄炎培之邀，参与编写民国时期的《川沙县志》中的宗教志天主教堂系列。

沈杏苑（1870 年—1956 年），字文彬，上海县人，世居浦东沈家弄，是上海著名的内、外科中医师，浦东同乡会理事。光绪三十三年（1907 年）正月至民国七年（1918 年）在浦东中学担任校医。

图 3-7　沈杏苑

沈杏苑先生一生也热心教育事业。1906 年，他与杨保恒创办"震修小学堂"（浦东新区第二中心小学前身），黄炎培任校董事。后来，沈杏苑先生又与他人合作创办了"浦滨小学"（即今浦东新区昌邑小学）。

图 3-8　平衡

平衡（1885 年—1960 年），字海澜，松江叶榭镇人，著名英语教育家。先考入南洋公学，后去日本勤工俭学，毕业于东京英语专科学校，历任清华学堂教授，南洋公学附中主任，商务印书馆英文杂志编辑主任，大同大学校长，华东师范大学教授等职。擅长英文，被誉为"中国英语教学先师"，主要著作有《英语语法规范》《科学观之英文法》《英语文法》《高级英语读本》《国际音标发音字典》《英语教师手册》等。编辑或与人合编《中国百科全书》《英汉模范字典》等。光绪三十三年（1907 年）正月起受聘担任浦东中学教职，系浦东中学创办之初的名师。中华人民共和国成立后，先后当选为上海市人民代表、上海市政协常委、上海市哲学社会科学联合会副主席、上海市外文学会主席等。1960 年 7 月，任上海文史馆馆员。

李恢伯（1874 年—1933 年），是 20 世纪 20 年代湖州工商界的著名人士，实业家。他是晚清拔贡，因品学兼优，应聘为湖州府学堂教员兼舍监。光绪三十三年(1907年)正月起在浦东中学任教。后担任湖州商会会长,创办了平民习艺所,传授织绸工艺,使失业者得以生产自救。他还参与发起并创办了湖州第一所由中国人开设的西医院——吴兴病院。美国教会创办的湖州福音医院,也曾得到李恢伯多方面的支持。

陈大复,字士辛,浙江山阴人,辛亥光复义士,光绪三十三年(1907年)七月起,担任浦东中学国文教员,在浦东中学任教期间,他还创作了浦东中学运动会会歌等多首歌曲,后相继到龙州师范学校、常州中学任教员。1911年,武昌起义爆发后辞职回到松江,组织策划松江光复事宜。同年11月5日深夜带领松江革命党人持手枪炸弹,冲入松江知府衙门,驱逐清知府。松江宣告光复后任松江军政分府顾问,后被误杀。

叶承锡,字颂蕃,上海人,光绪三十三年(1907年)七月起,担任浦东中学英文教员。光绪三十年,上海教育界叶永鎏、叶承锡发起成立沪学会,以研究学术为宗旨,以小南门普陀禅院余屋为会址。附设义务小学、体育会及补习夜课,光绪三十二年迁城外赵家湾。

朱鸿寿,字阜山,宝山人,清末民初拳术大师,善文墨。光绪三十四年(1908年)七月起,担任浦东中学拳术教员。朱鸿寿以行医、传授武术为业,出身习武世家,幼习家传武术,后从杨殿荣习多式拳械与技击术,对少林拳法研究精深,曾任武艺教员。著有《拳艺指南》《拳艺学进阶》《女子拳法》《少林拳法图说》等。

恽铁樵,名树珏,字铁樵,别号冷风、焦木、黄山民。清末秀才,江苏省常州府武进县(今属常州市)人,文学翻译家、常州医派中医学家,在民国初年发生的全面废除中医运动中,是维护中医的代表人物。光绪三十四年(1908年)七月至光绪三十四年(1908年)十二月在浦东中学及浦东中学附属小学担任英文教员。

图3-9 恽铁樵

虽然家境贫穷,但他立志发奋、刻苦攻读,16岁时考中了秀才。1903年,25岁考入上海南洋公学,攻读英语,成为近代中医界罕见的精通旧学,又系统接受新学制教育者。

周文炯,字钧如,上海人,南洋公学毕业。宣统二年(1910年)正月至民国八年(1919年)七月在浦东中学任英文教员,为浦东中学的发展起到了重要作用。

戴洪恒,字德琴,嘉定人,宣统二年(1910年)七月起,担任浦东中学国文教员,后加入中华职教社。他编纂出版了多本教科书,如民国十一年由商务印书馆发行的《新法地理教授书》(戴洪恒编纂,第三册),民国十二年由商务印书馆出版的《新法历史教授书》(戴洪恒著,第三册),民国二十一年由商务印书馆出版的(丛书)《基本教科书——国语》(戴洪恒、吴敬恒、吴研因著),《基本教科书高小国语教学法》(第四册)等。

图 3-10 周文炯

唐昌言,字润身,吴江人,民国时期的教育家。宣统三年(1911年)正月起,担任浦东中学理化教员;光绪二十六年考取秀才。此后到苏州紫阳书院,学习数学、物理、化学等科学知识。紫阳书院学习结业,后毕业于两江优级师范,是江苏省童子军创始人。后曾任江苏省立第一师范教务主任,同年该校在吴江筹建农村分校,担任主任。创建中国红十字会(吴江)城区分会并任主任。后曾任省立吴江乡村师范学校校长、童子军总会文书课总干事、苏州图书馆馆长、育英学校校长、北京大学图书馆馆长等职。

图 3-11 瞿绍伊

瞿绍伊(1880年—不详),又名瞿钺。出生于上海浦东张桥乡南瞿家宅,日本东京帝国大学毕业,著名律师、报人,爱国诗社南社社员,浦东同乡会理事,曾任同乡会总秘书,主持过同乡会会务。宣统三年(1911年)正月至宣统三年(1911年)十二月,在浦东中学担任法制经济教员,民国十年(1921年)十二月至民国十三年(1924年)十二月在浦东中学任教,担任法治经济讲席。中华人民共和国成立后任上海市文史研究馆馆员。

沈心工(1870年—1947年),原名沈庆鸿,字叔逵,笔名心工,上海川沙人,学堂乐歌的代表人物之一,中国音乐教育家。1890年底中秀才,1895年执教于上海圣约翰书院,1896年考入南洋公学师范班,后东渡日本,进东京弘文学院学习。1903年回国,任职于南洋公学。他从日本学校的音乐教育中得到启发,一生致力于音乐教育,为最早使用白话文进行歌词写作的音乐教育家。沈心工是中国近代普通学校音乐教育初创时期最早的音乐教师,为学堂乐

图 3-12 沈心工

歌运动做出了突出贡献。

另有：

上原宇佐，日本人，丙丁年上半年起至丁未年下半年期间在浦东中学担任医生，共计两年时间。

张绍棠，字少华，江都人，宣统三年（1911年）正月起，担任浦东中学体操教员。

计元龙，字世华，松江人，宣统二年（1910年）正月起，担任浦东中学舍监兼史地教员。

王之栋，字华芳，崇阳人，宣统三年（1911年）正月起，担任浦东中学拳术教员。

侯镇藩，字仲廉，松江人，光绪三十三年（1907年）七月起，担任浦东中学国文教员。

王大钧，字剑石，京山人，光绪三十四年（1908年）正月起，担任浦东中学英文教员。

聂焕秋，益阳人，光绪三十三年（1908年）正月起，担任浦东中学军乐教员。

潘树元，字敏之，上海人，光绪三十三年（1907年）正月起，担任浦东中学数学、英文教员。

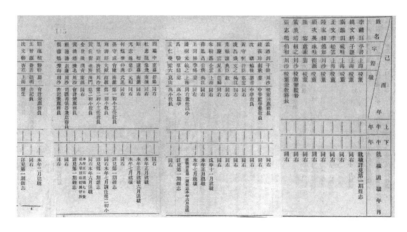

图 3-13 职员表

黄炎培校长认为，一所学校质量保障的关键，在于拥有一批优秀的教师。

他作为校长，以各种方式延聘名师，在坚持以优厚的待遇吸引人的同时，更坚持以杨公的精神来感召人；充分发挥南洋公学校友的优势，诚邀诸多校友前来任教；利用担任江苏教育会常任调查干事的优势，遍访名师，诚意邀请。同时坚持"举贤不避亲，唯才是举"和既注重学识，更注重能力的原则，所聘名师中，不仅有满腹经纶、长袍马褂的举人和秀才，更有拥有国际视野、科学精神的留洋学子，还有编撰教材和著书立说的学术名家，各有特长，相互包容。尤其是在国家危难、民族存亡之际，诚邀具有革命精神的同盟会会员和南社社员加盟，在知识传授的过程中，融入了爱国情怀和民族担当。

第四节　校本研修

黄炎培深知教师的专业成长过程中同伴互助的价值，他通过组织教授研究会的方式，促进教师对于学生、教材和教法的研究，从而提高教学的针对性和有效性，促进教师师能和师德的提升，推动了穿长袍马褂的传统文人所掌握的中华优秀传统文化与西装革履的海归学子所掌握的西方先进科学文化的交流和互补，不仅加速了教师的专业成长，更提升了对于学生的理解和教学方法的研究。

一、教授研究会

浦东中学自创立之初，黄炎培就非常注重校本教研，注重教师的专业成长。学校有高中、初中、高小、初小、广明师范等，他根据不同学段，通过教授研究会的制度和方式，组织教师共同研讨适合的教学方法，以提高教学效能。

"本校各学门教师为研究改进教授方法，期间组有教授研究会，国文门、外国语门、自然科学门、数学门、社会科学门、艺术门、体育门，会订有简章，设主任、书记各一。常会每月一次，临时会无定期，除研究教授方法外，兼审定学程标准、教授用书、编制教材纲要、公核学生升级和留级成绩、产生学校定期编辑指导及图书馆委员会委员等，各研究会中，并设置该学门教学法专书，以供参考，又时约校外专家商榷讨论。"

浦东中学注重教研活动的实效性和针对性，通过规范的教研组的活动，明确了时间和频率、研究内容、研讨事项、选定教材方式等。

图 3 - 14　1907 年浦东中学实验室教学

如关于教授心得，根据 1908 年的《浦东中学校杂志》，就有这样的记述：

小学国文教授法①

（韧之）

此丙午岁广明师范讲习所教授本，积四五年之经验，率臆为之。邂他家言十不足三四，比者同校顽盒、勉后、乘六、肖康诸君，各出心得，为之是正。教授大难，极深而穷研之，日新月异，此小册子，会不足覆瓿耳。

戊申九月著者志

一、读法

范讲

先书本课题目于黑板，而解释之；次摘书新字句于板，而确示其音，详释其义，然后顺原文之次序，或为浅近之引例，或为平易之设喻，或示以实物、标本、图画等，务以清朗和缓之音调，逐字逐句反复解释之，是为范讲。若下级生徒，必书其全文于黑板。

小学学生虽有课本，但于讲授之时，仍需逐句逐节书于黑板或画图于黑板以授之，而勿令展阅课本。是非好为繁琐也，盖儿童既伏案各据一书，则目之所

---

① 摘自《浦东中学校杂志》第一期（1908 年）。

注与耳之所聆，势难相应为用，且观上句时，可见下句，观图时，可见课文，心志既已易，纷而又欲其听教师之讲，其不能收专一之效也，决矣。故课本者，不过为儿童温习所用，而教授之时，断不宜急于发露者也。（顽盦）

始入学之儿童，最重直观教授，不用读本，但就日常所接之事物，由近及远，从己之身体，推之教室、学校、家屋、邻村、公园、野外、田亩、森林、山河、天空等，一切有兴味之自然物、简单之人工品及人间生活上之杂事，示以实物或标本、图画等。举其名称，正确其发音，指摘其主要之点。使详细观察，就形式上言之，则有修养心意、发动觉官、练习思考及言语之益，就实质上言之，则可矫正儿童之智识而扩充之，使适于受正规之教授，故始入学时用之。

准讲

教师讲毕，乃令生徒准讲。准讲有二法，一、从原文之顺序而使全讲之；二、摘其一部分，或择难解释之语句，而使解释之，是时教师所宜注意者，不惟于字句间，当正其理解之舛谬，且须矫正其发音之误，音浪之急促、浊乱及姿态之欹斜。宜令一生讲，余生静听，讲毕，令余生揭谬，易他生讲，法如前。不必遍及全级，但默记本课某某讲，下课当易某某，勿使若者犯复，若者向隅，且勿宜依生徒坐位之次序，顺递为之。当择听讲厌怠者，倏然令讲，以警之或择善讲者使讲，以励之。

令生徒准讲文词，解释之难易，当就生徒程度之高低为比例，若以难解释者施诸劣等生徒，则虽或误解，可另择一生讲之，于全体固无妨害，而于劣等生一方面，恐启其自弃之心。（夔）

生徒或讲，或读，皆宜起立，不惟表敬恭之仪式，且于卫生上大有关系。

生徒讲，若读时之须起立，因个人讲读，全体须注意之，仿佛若全体之代表，若不起立，则声浪不扬，余生必不注意静听，且生徒多者，几不知为何人讲读矣。（顽盦）

小学教授于读法、缀法、书法外，尤重话法，练习言语，即文章之预备也。其法先矫正生徒之发音，次及于单句，进及于复合数句，终至于得自由发表其思想。吾国虽言文未一致，然能改良话法，大有益于缀文，兼能修养其意志，特不必于国文教授总时间内，设特别之话法时间，当于读法、缀法时，凡令生徒为讲解或答问，以及他科教授，时时注意矫正之，以为常。教师尤宜自慎其出话。

生徒准讲时，教师可摘取课本中要义条问之，令生徒答以俗语或文言，以验

其能贯澈全文与否。(孙守成)

范读

讲讫,生徒全能理解本课之旨趣,教师乃为范读。

或分读法为三种,(一)器械的读法,在正确其字句;(二)论理的读法,顺文气之断续,理会其意味而读之;(三)审美的读法,务以适宜之音调出之。小学校生徒读法,初宜为器械的,渐进而为论理的、审美的,惟教师之范读,虽对于下级生徒亦宜常为论理的或审美的也。

准读

定准读之次序,亦有二法。(一)递读,令一生读,余生静听而揭其谬,法同准讲;(二)齐读,令二生或三生齐声读之,或依座位纵横之行列,令全行生徒齐读之,或令全级生徒齐读之。惟易惹起儿童放荡之意态,坏教室之肃静之仪式,故全级齐读未为善法,或欲借以唤儿童之兴味,则偶为之可也。

递读、齐读法虽并立,然递读宜常用,且须格外注意,若多用齐读,则读时易于作弊。(孙守成)

准读时,教师宜注意检察其发音之误,音浪之急促、浊乱,姿态之敧斜,而矫正之,或时时间以教师之范读,若对于下级生徒,亦宜书其全文于黑板。

心惟而口弗诵,是谓默读,宜于递读时令诸生之静听者行之。

度生徒读之既熟,乃令背诵,是法旧时塾师惯行之。以吾人教授上之实验,殊以为不可缺。惟不必责诵全文,强其所难,致伤脑力。但令诵数语,顺递为之;不能,则教师为俗语以导之。

二、缀法

默写

甲:默写单字。教师摘取新授课本中之难字,诵其音,释其义,或说明其句中之某字,令生徒掩卷默写。

乙:默写全句。摘取全句,诵其文,释其义,或说明在某课中,令生徒默写。

初级生徒所受新字,既于习字时写熟矣,若新字日多,习字时未及写熟,则必令抄写一回。(或于石板上较便)然后默写。

联字

于课本中摘取一字,书示于黑板,令生徒联一字于其上或下。

联字之前,可用易字法,教师书二字于黑板。先解释之,然后拭去一字,另

示一实物或俗语，以导其意，使易入一字，为联字之初步也。（孙守成）

填字

为浅近易解之语句，故阙（即"缺"）其中间一字，令生徒填写。先阙实字，既填写不误，乃阙虚字。

译俗

甲：译句　教师为俗语，务简直明白，令生徒译写为文，各自为句，不相联贯，为译句。

乙：译文　句意相连为译文。程度稍高后行之。

儿童自识字以至作文，其间教授分三步：第一步，示以正确之话法，授以新字；第二步，令以俗语译文言；第三步，授字以种种之理想，示以语句连缀之法，便能作文矣。故译俗为初学作文最要之关键，宜多为之。

译句之法，不可将文言译写俗语。俗语译文只可将俗语口述，不可笔写。总之，将俗语形之笔墨，其弊甚深。（顽盦）

作句

摘取课本中之单字或单词，令生徒以己意足成为句，或一句，或二三句，皆可。

先实字，后虚字；先单字，后单词；先其易者，后其难者。

答问

摘取课本中要义为问题，务简直明白，令生徒条答之。

右译俗作句答问三法，皆宜多写之，必俟十分纯熟，然后作文。

于行右三法时，欲试生徒已能作文与否，可于译文时，阙其后半截，令各以己意足成之，或于全文毕后，令以己意附书数语于后，以乩之。

译文之别一法。教师但授以全篇大意，令生徒自为组织，此尤为自译进作至要之途径。

作文

甲：记述体

或记全校或一室物品之陈列，或记一日之所为，或记旅行之所得，务先取事物之最近而甚简单者。

乙：议说体

其事实先取诸读本及修身、历史诸科儿童所已知者。

小学生不可养成妄肆雌黄之习惯,若作论说体,教师必须授以用意,全体一律照此作之;若又虑养成依赖性,则可同时授以数种之用意,而令择作之。有时亦可令自由发议,但于不合之处,须详细纠正,不可轻易放过。(顽盦)

初学作文,儿童常苦思想之缺乏,故题目揭示后,必明白解释,且须导其思路。

初学作文,宜先为短篇记述,略纯熟,乃间以论说体,答问译俗,仍宜时时间为之。

其材料约分三种:一,读本或他教科所授者;二,于家庭、于学校所经验者;三,教科所未教授而于生业上、日用上所必要者。

作文之文体,与读本之文体不一致为大忌,纔(同"才")读某体文,便宜作某体文,不独作文宜然,译俗亦宜然。

改本用高深之理想,佶屈之语句,浓艳之词藻,为大忌。务简直明白而条理秩然,不背于论理最为适宜,尤忌强彼就我,多所钩乙,使儿童瞀乱,不知所从。

生徒未读之字不可入改本,又不宜征引典故,即偶一用之,必求课本中已备者,以诱起文字可相互通融之兴味。(勉后)

改文遇有谬误不正之字体,必矫正之,勿使遗漏,且宜令注意于字形、字行,以助书法之练习。

初作长篇文,宜令多分节段(每大段提行写),合为一长篇,分之仍为数小篇。

写信

宜与作文相间行之。先授以通常之称谓及格式,而正其俗谬,汰其浮文无谓者,乃试为小启,渐次增长。其材料取之各学科为宜。

自默写联字,以至作文、写信,皆令生徒书于纸簿或石板,教师改正后,必令誊写一过,教师覆检之,且须讲明原本谬误之处。

文法

欲令生徒文字不背于论理,则必示以文法,惟不必设特别之时间,当于读本中随时指示,先授品词,于品词中授最简单者;次示文章之简单之构造,如是而渐次,进于复杂之品词及文章。

别有种种练习方法,不必令生徒书于纸簿或石板者。

(一)引长

教师书一短句,令生徒引长之。

（二）节短

书一长句，令生徒节短之。

（三）正误

教师故书谬误之字句，令生徒指正之。

（四）整乱

教师颠倒其字句为不可解，令生徒整列。

正误整乱，本足以惹起生徒之注意，增进其辨别力，但只可偶一为之。若屡用之，则恐生徒之观念或因之而混淆，故此两项，似宜说明偶用。（夔）

（五）变体

甲：变字句

同一事实，教师先述为文，令生徒以别一法述之。

乙：变文体

或改白话体为文章体，或改诗歌为散文体。

（六）仿造

教师先为文，令生徒仿其体而为之。

（七）合作

令生徒递续作句，联缀成文。

以上练习诸法，只须令生徒口述，教师为之书于黑板，庶便众阅，且惹兴味。

三、书法

儿童习字可分四级，首石板练习，次描写，次映写，次临写。

石板练习

教师先将单笔八法书于黑板而指示之，令学生摹写于石板，既熟，乃习读本中字。石板上略能写，即改用纸簿。

描写

即用坊间朱书习字帖，惟帖中字必与读本合。否则略习写，即改映写为宜。

映写

取读本中新字为帖，令映写之。

临写

映写既善，乃将字帖空其半或三分之二，令映写与临写并习。再进，乃全纸临写。临写必将帖上每字画为四宫格，别以四宫空格纸衬白纸下，按格临摹，字形易肖。

映临并习之时,宜用四行六字格,空其四分之三,每格中画纵横斜之虚线,使临写时有所依傍。式如下:

先楷书,后行书。生徒书法易潦草,宁多习楷书为宜。小字宜与大字并习。亦先映写,后临写。

时间教授顺序如左:

(一) 展取文具

教师绘图如下,令生徒如图中式陈列。

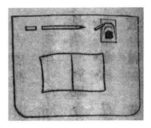

砚不宜置课桌内。于教室之一隅,据壁为板,全级生徒砚悉置此,签书姓名,使勿混乱。入室,先令生徒出笔墨,次令每行首席生挨次取砚,授与本行诸生。教师乃巡行一周,察其陈列如式否,不如式者正之。

(二) 注水

室隅板上置公用水盂一,乃令值日生取盂遍注。

(三) 示字音及义

将帖字尽书于黑板,令生徒读其音,释其义,误者正之。

(四) 示笔画次序

逐字下顺次分书笔画如左式,随写随诵。

(五) 磨墨

墨勿横磨,勿溅污桌面,浓淡必适宜。

(六) 握笔蘸墨

新笔需开过半,笔端蘸墨,浓淡必适宜,教师乃示以握笔法,令生徒仿写之。

(七) 正姿势

教师悬示习字姿势图(坊间有售者),令生徒如图端坐,头宜正,背勿曲,勿斜胸,勿紧贴课桌,足勿伸出桌外,大宜注意。

(八) 听书

教师将每字笔画顺次,缓缓诵之(如诵甲字,直折画画直之类),令生徒随之而写。诵一笔,写一笔,勿得迅速、潦草,并注意其姿势之正否。每写数字,停笔一回,于散课五分钟前,即令停止。

此法对于高级生徒及书小楷,得变通用之。

初级生徒知觉不灵，如一字中有上下二画者，教师呼上画，而彼书下画，有数直数点者更甚。且惯于听书，则不肯注意，故映格中宜写复字。如每脈（同"纸"）三行者，第二、第三行之字，与第一行同，末行则令自写。乃可揭其差谬，而使之注意。（孙守成）

（九）洗笔

写毕，令值日生取笔洗遍洗。（笔洗亦宜置室隅板上）

（十）收拾文具

砚仍令每行首席生收置室隅板上，或易令第二生以分其劳，字簿之收发，亦令每行首席生或第二、第三生为之。凡防教室秩序之紊乱也。

黄炎培校长认为，由于每位教师的教授经验差异性、学生个体的差异性和对于教材文本理解的差异性，为提高教学质量，共享教学智慧，必须要加强教研活动，各学科教师为研究改进教授方法，期间成立教授研究会，国文门、外国语门、自然科学门、数学门、社会科学门、艺术门、体育门，都要制订相应简章，设学科主任和教研书记员各一名。每门学科校级固定教研活动每月一次，临时教研活动根据需要随时召集，有时就针对某一主题展开研究和讨论。除研究教授方法外，兼审定学程标准、教授用书、编制教材纲要、公核学生升级和留级成绩、产生学校定期编辑指导及图书馆委员会委员等，各研究会中，并设置该学门教学法专书，以供参考，又时约校外专家商榷讨论，从而提高学校的教研文化，提升教师的教学水平。

二、教师考察学习心得

黄炎培校长非常注重学习，尤其是在教员外出学习、培训、参观、访问等之后，要求他们都要进行经验分享，从而让更多的学生和老师能了解世界格局的变化，尤其是世界各地的教育现状。

自美国哈佛大学致黄韧之书（一）①

（处素）

容在此间，自觉进步甚速，暇时与诸同人讨论疑问，获益良多，今以所闻略

① 摘自《浦东中学校杂志》第一期（1908 年），为原浦东中学学监陈容到美国哈佛大学学习期间给黄炎培的信。陈归国后，受聘担任浦东中学校董一职。

述于左：

一、外交

（甲）庚子以前，各国多行瓜分政策，庚子以后，变为开放政策。

（乙）二辰丸问题①，日人被阻于英，英日联盟之国，英不赞成此举，故日稍退。

（丙）铁路问题，英人被骗于商，如吾以事实登诸伦敦报章，则彼民当自省，不敢以此巨款投于危险之地，且彼有二政党，互相攻击，专摘人过以张其势，行之或效也。

此三说之确否，且勿论而。

观甲说，则吾国当重实业，否则利权尽失，国难不亡，犹为人守土耳。

观乙说，则吾国当有联盟之国，如日之强，英不赞成，即难得志。如赞成之，又当何如？

观丙说，则吾国当多设英文报，代表民情。言语不通，情义疏远，是非颠倒，难矣。

容谓欲行抵制，第一，需使吾知彼国情形；第二，需使彼知吾国情形。然后其效可睹。否则互相争竞，而彼此有不明其所以然者甚多也。

二、美国政治情形

（丁）选举总统，先由政党于二大党员中选举数人，国民之有选举资格者，即于此数人中决定之，当其选举之前，党员往来游说，甚行忙迫。

其利，则各党为维持其势力计，所举必其英俊，一也；当其游说之时，即可鼓动国民政治思想，二也。其害，则往来游说，费时费财实不少，及已举定，索报者亦甚多。

（戊）各省制度不一，联合甚难。

三、英、法、美之比较

（己）英、美政体虽异，而办法多同；法、美政体虽同，而办法各异。

———————————

① 即"二辰丸案"，1908 年（光绪三十四年）2 月，澳门商人柯某购买日本军械，由日轮"二辰丸"运抵澳门海面，被清廷缉获。日人提出抗议，澳督张人俊卒以赔偿损失及鸣炮谢罪了事。澳人引为大耻，上海两广同乡会及政闻社等皆电澳力争，遂发起抵制日货运动，运动持续八个月，日商损失颇大。日本驻京代理公使阿部守太郎为广东排斥日货事，再向清廷"抗议"。日本索偿"二辰丸案"赔款 21.8 万元。后因国人反日的情绪蔓延，日本驻广州领事被迫撤销赔款要求。

（庚）美国人民知道知识大都相同，故自由最多；英国次之；法国人民知识大都相隔，故实权最少。

（辛）美国人重实业，英人好古，法人好虚。

由此可知，民无知识，虽其政体如何改变，其自由、实权终不能因之而增减。

以上云云，学政治者之议论，参以容之臆说焉。

此间学政治者甚多，学理财、法律、实业、文学者均有，容时有所访问，益我不少，然终未有如哲学之入我深者，哲学非空虚、无用之学也。他日有最大势力者，其在斯乎，其在斯乎！

自美国哈佛大学致黄韧之书（二）①
（处素）

秦君沅所译《美国教育考》甚长，参考亦甚富，将登诸美洲留学报内，然出版无定期，故先抄其有关系者寄上。伯初同鉴。

美国学校教育之目的，可类别为五。一曰体，二曰智，三曰德，四曰实业，五曰社会。

凡大城之内，空气秽浊，水泉蕴毒，于幼稚卫身，至有妨害，是以幼稚强健，不逮所期，往者美国练身之道，不甚讲究，仅恃游戏以为体育。近来各学校咸知练身之亟，皆特建练身房，按时使生徒练习，又因上课时刻过多，则害卫身，故于各小学皆设手工科及博物科，以舒其脑力。

凡学校所授诸科，大半关于智育、科学、文学及各种技术（如绘图、唱歌等谓之技术），皆所以使人知其周身以外之事物者也。学者年齿日增，则其周身以外之事物亦日繁，故必使其知识与年岁俱进。而教育目的之尤要者，则在乎使学者能利用其智识，以自适于周身以外之事物也。童子所当学者，一曰人理，一曰物理。知人理，则可以立于世；知物理，则所以穷事务而教之之法。又当教以事物之所以然，不仅教以当然也，间有所以然之理太深，非童子所能领悟，则略之。

为教员者，不仅当知所教之学科，又当知所以教之术；不仅当知所以教众学生，而又当知所以教各学生。此则，美国教员之所最注意者也。

美国公立学校于宗教问题，置之不谈，故其德育咸本权利、责任与公理而言于童子，对于一己及对于他人之责任，三致意焉。于小德则尚清洁、简捷、勤谨、

---

① 摘自《浦东中学校杂志》第一期（1908年）。

服从；于大德，则尚诚实，不侵他人，热心公益。

往者，各学校仅设科学、文学、博物诸科，而于工业、手工诸科都缺焉。盖天府既饶，人口亦稀，养赡之资，不劳而可足也。今则情势大异，生事之所需倍繁，物竞愈烈，世界以实业相尚。是以今日美国教育注重实业，各省既遍立实业学校，而公立大学学科，亦重实业，其于中小学堂，则设手工一科，以教实业之大概，而手工不仅于实业为要，且实与教育有大关系。

欲造就国民之资格，其最要者，必使儿童有政治思想（政治思想者，不必国政，凡公共事业自治，治人，皆以政治概之）。故闻有学校仿行自治之制者，使学生公举专员，佐理校事；全校诸生，皆使自负责任，若成人焉。于学科，则注重英文及本国之历史、地理及美国宪法制度大略，以养其爱国之心。闻有悬国旗于校，使学生每日对之誓以忠信者。要而论之，美国公立学校者，凡其国家族、国家宗教、道德、风俗、言语、工业、商务、科学、技术，皆受其影响，而此影响方日增而不已也。

教育方法，固就各教员而异也。特同一之目的，然不必以同一之途致之。虽然，亦有其必同者可以言也，今请摘录纽约学部颁发之教员指南所载管理及训练章程，以备参考。

训练之宗旨

训练之第一宗旨，即使学生有正当之心术、品行及知自治是也。是以各种规则及训练之方法，皆当不背此旨。学生必先能保守秩序，而后学校得以成立，教育得以施行。

教员之品学

教员者，学生师表也。若教员不自检束，则何以为法。故各教员必躬自清洁整肃，循规守矩，能自治，而性情又当和悦，训诫以和声出之，则其为效。较之厉色者，倍也。

学生之感情

各教员当量情形，使学生满其所欲，遂其所求，以得学生之感情。盖童子性情灵敏，最易感动，恩怨分明，设学生与教员之间，一生恶感情，则其为害非浅。故教员必当竭力得其感情，庶教育易施，成效易见。

勉励

勉励者，所以使学生自信其足以有为也。凡童子性情最喜勉励，往往因得勉励而为工加力也。故教员必随事酌量情形，勉励学生。

启发纯正之意旨

凡遇事件，必使学生意向，是是，而非非。则即有无行学生，亦当因众论而不敢放肆，虽然当知当众训饬个人不能收效，而犯过者不加训饬，徒施以背众之劝诫，又不足以惩恶而启是非之心，故最善之法，莫如因众学生是非、公意，以利道之。

戒申饬

凡严声厉色不当用，亦不必用。凡有训诫之言，则以决断之声出之，毋使有怨气及恶感情留之教员之口。

秩序

秩序者，非使学生常居一定之地位，使其目常视一定物，或使其手足常置一定之地位，如木偶然也。此种举动，殊不自然，往往生害，学生形貌，当使之严整活泼。

德育

欲收德育之效，必用正当方法以教之。当使学生知对于一己之责任，即对于他人之责任，对于一己责任之要者，曰克己，自治、诚实、守信及自敦品行。对于他人责任之要者，曰服从，亲师友、爱兄弟友朋，己所不欲勿施于人。德育者，不能以规则或讲义教也，教员躬自表率于管理学生，咸寓仁爱之旨，则学生不期而感化矣。

道德之空论，非童子所能领悟也。父兄、师长为之表率，童子知所趋向矣。故教员当随时随处指引学生，导之使重视诚实不欺，果敢不私，及其他诸善德。凡遇读本所载古事，必使学生评论其人物之善恶，以启发其是非之心。

人与社会之关系，人与群相谋相剂之道，及政府之所以设立，社会之若何造成，皆当设譬示教，务使学生领会。综言之，德育者，教育之最要目的，凡为教员，必于此特别加意，庶能造就忠信、诚实、自治、守法之国民。

罚规

凡罚，必当其所犯。有妄用某种权利者，则暂时削去其某种权利；有损害他人者，则使赔偿之；罚作功课之法，万不可用也。而罚之施也，又贵齐明。

教员发号施令，当用言语或符号指示，必不可以手足接及学生身体。

凡过失揭示公众等罚法，用之惟谨。此种罚法，须精明之教员，方能用之无弊，惟必不可施之女学生。盖女子天性重名誉，不甘受辱，是乃特具之善德，不当丧之。

自美国哈佛大学致本校诸生书

（处素）

（前略）

看此信时，应有数种观念。

（一）前书谓研究其精深者以告，盖谓较正月元日一书略精深尔，尚不免有以误传误处。

（二）与美国人交涉事简，接触时短，往来地狭，故多外观偏见。

（三）多记述相异者，非谓事事物物皆相反也，相同者少记述耳。

（四）所谓高下者，均相比而分，非相对也，特相差耳。则效人者当舍其所短而取其所长，故容专言其长，勿论其短。

（五）记述所次序，分对于人、对于家、对于国三类，并附中国学生情形，及浦东中学关系。

（甲）对于人

（子）道德

一、爱敬

吾国人敬礼多，敬礼多则疏远，疏远则分散。

美国人爱情多，爱情多则亲近，亲近则聚合。

前戴公鸿慈①来哈佛大学，与吾国学生相见。学生皆寂然不做声，以为敬也。而外人甚奇异之，以为学生无礼，轻视长上，无欢迎之意。

前卢斯福（今译为"罗斯福"）君（现美总统）到哈佛时，美国学生欢呼雷动，临演说，拥挤异常。近有人在紫加角（今译为"芝加哥"）演说时，提及总统办事情形，听者欢呼约一时许，诚难得也。

美国人救济捐助之事甚多。

今春有一市镇，化成灰炉，临近人民，有金钱者捐其金钱，有心思才力者助其心思才力。不数日，而集款至数百万，衣食居住，各得其所，此一事也。至于

---

① 戴鸿慈（1853—1910 年），字光孺，号少怀，晚号毅庵，身历咸丰、同治、光绪、宣统四朝，历官刑部侍郎、户部侍郎、刑部尚书、军机大臣，光绪三十一年（1905 年），清政府为应付蓬勃兴起的立宪呼声，选派大臣到欧美考察政治，即著名的"五大臣出洋"。户部右侍郎戴鸿慈为五大臣之一，出使美、英、法、德和丹麦、瑞士、荷兰、比利时、意大利等国。考察后，戴眼界大开，认为中国只有改革才有出路，归国后，奏请立宪。改刑部为法部，戴鸿慈系首任尚书，为中国近代史上第一位司法部长。

建藏书楼,营博物院,设公园,办学堂,种种利益社会之事,不胜枚举。即代人携物、引人迷路等事,亦足今人称道。

二、义利

吾国人,讲义者不讲利,讲利者不讲义。

美国人义利并讲,重利而又重义。

今春哈佛大学总理(即校长),拟减少运动,以读书时少也,于是学生纷纷聚讼,久之,学生相约多读书,而仍多运动。各自勉励,数上书请求,然后得允可,盖界限甚严,各有专职,不相侵犯也。

今夏有一善赛船之学生,当考试前,急欲预备功课,私取藏书楼书外观,司事觉察,命之退学。同学以其将与他校赛船,胜败在于此一人,力请卢斯福君说情于爱立凹凸君(现哈佛大学总理)①。不听,总统亦无可如何。盖界限甚明,各有特权不能强迫也。

假人房屋居住,歇夏归家,书籍物品不收拾,再租他人,亦并无差失者,相习成风。即吾国人去借,彼亦信之不疑。

家人财产,虽夫妻亦不相混合,各自处置。吾国人在此间吃饭、坐车等费,不相代付,各自分任,顺其俗也。

不侵夺人利,不放弃己利,为利也,亦义也。无论男女老幼,脑中只有金钱,而于捐助救济之事,又甚热心,盖道固并行不悖也。

三、礼仪

吾国人已多礼仪,而美国人则更多。然吾国人之礼仪,阻凝交通,而美国人之礼仪,便利交通。

离合时必问好;两人互谈,第三人不扰入;交友当由介绍;入门必待应允;用人心力者,必请,又必谢;有所触犯,必自认过;爱护幼弱;服从长上。

有一学生拍球,未着软鞋,师命回家着来,虽路甚遥,而即听命,无一言反抗。容亲见之。

四、信实

吾国人以言不必信,行不必果,变而为言必不信,行必不果。美国人则甚重

① Charles William Eliot,著名教育家,1869—1909 年期间担任哈佛大学校长,今译为"查尔斯·威廉·艾略特"。

信实。

所约必践，无假讬辞。不能做到之事，则不约也。所限必准。

学堂内差一分钟上课，即行记过。所以养成此风。

购物有无人看守者，购者自出费，自取物。

五、灵变

吾国人多迟疑、固执之性。

美国人多决捷、进取之心。

凡有所动作，均精神贯注，办事时则办事，休息时则休息。非又似办事又似休息也。

吾国学生初到此时，报上登载谓中国之学生，一切举止行为，均无大异。惟觉走路较女子稍缓耳。

凡有所问答，是者，则应是；非者，则应非。言语一入于耳，是非即断于心。非若吾国人之问答，专应以是，而不应以非者，可以糊涂过去。

初学英语 yes(是)no(非)二字，常易颠倒，已习惯也。

喜与他人交接，故智识易交换。

各种团体多，到了一次，即可认识了许多人。

竞争之事甚多，而以演说、辩论、运动尤为重要，常与他校相比，故人人有效长去短之心。

六、快乐

吾国人多忧愁。

美国人多快乐。

喜笑之声不绝于耳，争论之状不入于目，快乐之事、之时、之地甚多。

少儿少哭泣，女子少忧闷，男子少顾虑。

男子接球，女子弄琴，为最普通之消闲事。

七、勤朴

吾国人以无事为高，而以有事为耻，俗尚奢侈。

美国人以无事为耻，而以有事为荣，俗尚节俭。

有二三万之家产者，母女为人洗衣、煮饭，父子为人购送物件，以为常事。

学生于开校时，或任打扫，或待饮食于歇夏时，或去实习，或去做工，不以为卑，以其能自立也。

购一物件,须先计算,不轻易也。

送一物件,即甚微贱,亦必再三称谢。

八、整洁

吾国人重精神,而忽形式,精神乃为形式所累。

美国人重精神,又重形式,形式即为精神所寄。

无秽臭破碎之衣服可见。

当工匠作工时,衣服稍有不整洁,及工作毕,则换好衣服矣。每至休沐日,皆穿新衣服,或至教堂,或访亲友,或去游玩。

吾国人惟过新年吃喜酒,穿新衣服,实在可惜,平时则着秽臭破碎者,实在可厌。

无腐败污浊之饮食可得。

饮食杂物,发买之前,先有医生查考。

剩下物需弃去。

置物处甚精致。

无倒毁尘埃之房屋可觅。

屋内均有地毯,故尘不上飞。

窗外均有纱隔,故尘不入内。

蜘蛛不知做网,小虫不知打洞。

常打扫,常修理,故不易坏。

九、严肃

吾国人多细小懦弱。

美国人多威武雄伟。

身挺,头直,言语有势,举动有力,一切均有俨然不可犯之气象。在公共地,无大声、疾行者。

于饭店或他店等,虽数千、数百人杂居,其中从无有喧哗扰乱者,喧哗扰乱,惟运动时为然耳。然亦有限制。

家居更多顾忌,不可随意作为,常寂然无声息。

(丑)学识

一、学业

少留意空虚之学,多注意切实之业。得其大概,略其细节。

不重记旧法，而重悟新理。

不专求知，而专求行。

适与吾国相反。

二、识见

平正阔大而不高远，又不曲折，然亦甚周密也，甚深沉也。

普通知识，人人都有。

中立见解，人人皆耻。

又与吾国相异。

（寅）才能

一、言论

美为共和之国，故于演说、辩论，甚属要事。

凡有所建白，先时必宣告，临时再辩驳，长于言论者为众所欢迎，而信从之者多，故事易成。惟其所言论者，必有根据，必合理势。而后，得占优胜，非凭空臆说也。其选举总统时，竞争尤为剧烈，即女子亦为一种特别之技术，交接时利用之。各大学校设有专科，藉亦为研究，并与他校互相比较高下。

二、治事

美为实业之国，故于交人接物，甚为留意。

交人接物，惟于治事时能练习之，故学校中食堂、宿舍、书店、印刷、报纸等事，均归学生办理。并各种演说会、辩论会、运动会、音乐会等亦然。学堂开学、散学，一切杂事，亦多由学生帮忙者，中学堂则未尽然也。有精神、有秩序，诚不可及。

（卯）思想

一、真实　可以成立。

二、锐利　可以进取。

三、厚大　可以扩张。

四、坚忍　可以久长。

此四者，存心之要点也。

（辰）运动

运动名家，书籍记录之，报章称扬之，各乡、各城、各省均以此为一重要事。

一、体魄

躯干长大，肌肉坚强，血气充满。

吾国人较之，真觉弱小枯槁矣。

二、精神

气象活泼，个性刚强。

吾国人较之，如将病死矣。

此二者，练身之要旨也。

三、种类

敲球为公共游戏事。

各乡、各城、各省各有一团合体。

踢球①为最危险之游戏。

美国人踢球法，与他国异。用橄榄球，可挟之以进行，遇敌危急，则压之以卧地，敌人恐其渐进行也，则重压之，或籍以倒冲之，倒冲之力强则同人亦皆重压之，于是彼此相压，数十人并一堆，时有死伤。学堂司事拟禁阻之，而学生多乐为之。此为最大运动。

拍球②为最平稳之游戏。

球拍、皮球均归自办。而假球场、球网，每人每时费洋二角，拍者甚众。

哑铃、木棍、杠子、平台、云梯、木马、跑跳，大概相同，惟均可在练身房中练习，稍加精耳。

赛船、游水，则吾国未提倡。然时机尚未到，行之，则其父兄必常忧虑其子弟矣。

今述其上半年所记跑跳之迟速、远近、高下于左：

（跑）远	速	（跳）	
百码	十秒	高	五尺八寸
二百二十码	二十三秒	扶竿	十一尺八寸
四百四十码	五十秒	远	二十二尺三寸
八百八十码	一分五十八秒		
一英里	四分二十七秒		
二英里	十分零一秒		

————————————

① 这里指美式橄榄球。

② 这里指的是网球。

容意跑跳二事。

最有益,全身均能运动。

最无害,欲行则行,欲止则止。

最省时,不必待人,不必备物。

最省费,足自有,不必买。

最易练,除吃乳小儿、缠足女子外,均优为之。

最多用,各种运动胜败,多以此为根基。

容甚望诸君子勉力为之。

容每思欲收集伟人重要之质点,当效之古人,取之外人,求其圣贤豪杰之所以为圣贤豪杰者,终不得其纲领。今而后知之矣,盖人莫不有身心,有身心而后有道德、学识、才能,有道德、学识、才能,而后有名誉、权利、功业,以立己而立人,并以立国。然身心人皆有之,惟其思想、运动有异同耳。思想、运动,人皆有之,惟其异同,故道德、学识、才能有高下耳。道德、学识、才能,人皆有之,惟其高下,故名誉、权利、功业有大小耳。名誉、权利、功业,人皆有之,惟其大小,故或可以立人,而不可以立国,或可以立己,而不可以立人,更不可以立国。或并不可以立己也,如是,则欲立己、立人、立国,当先得名誉、权利、功业。欲得名誉、名利、功业,当先积道德、学识、才能。欲积道德、学识、才能,当先求思想、运动之适当,以保养发达其身心,此为人重要之质点也,容深信之。虽有圣贤豪杰复起,当不易我言矣。诸君子其深思之而实行之,容日夜所望焉。以是故,记述美国人之道德、学识、才能、思想、运动于上,务留意也。

书至此,将开学矣。不能再书,先以邮寄,他日再补上也。

黄炎培校长认为,教师培训和学习,不仅就课堂教学和教材文本,还可以将教师外出学习、培训、参观和考察等内容进行分享,尤其是通过陈容先生在世界名校哈佛大学学习期间的所见、所学、所悟的内容以写给他的信函方式,与师生之间进行分享和交流,既开阔了师生视野,帮助他们了解世界各国的政治和经济等,又介绍了美国学校教育之目的,分别为体、智、德,以及实业和社会,与中国传统只注重智育的区别。尤其是陈容先生写给浦东中学学生的信件,更重点介绍了美国学生的相关素养,从而有助于浦东中学的学子能进行有效对比和参考,提高个人素养,成为修身课程的重要补充。而美国扎实的基础教育和有效的管理方式，也成为黄炎培与浦东中学师生学习和研究的重要内容。

三、职员译著

黄炎培非常关注教师的专业成长，尤其是当部分教师外出参观学习之后，就要求他们将考察学习内容予以记述，这不仅有助于该教师及时总结、提炼，更便于将相关信息和内容与同仁分享、研析。

中学研究

吴县　俞旨一[①]译

图 3 - 15　俞旨一

原本为日本人山本良吉氏著，分教授、训练、教师三编。引根批枝，洞见症结。亟为摘译重要者数件，以资研究。凡从事中等教育诸彦，谓堪得一读之价值乎！

其一　教授法

统合教授之精神

考专门学之分科，原为研究上便利计。凡事实在，本出一理，非可以分离独立者。教授之目的，在使生徒理解事之实在，然则其不宜分也明矣。世人不察，往往误解分科本意，普通教育，亦不授以圆满之实在，而仅示以无数分离之片段。本旨既背，效果难求。假令因教授便利，亦分若干科目。绝不可如专家所分之严密。既分科矣，而教授本科时，或有非将他科事项豫（预）为说明，不足以使生徒理解完美者，则宜说明之固不待言。即有非本科所授之豫（预）备，而事实关联，说明之可以使生徒知识得稍圆满者，亦当授也。

譬之授代数二次方程。生徒未知开方法，或知而已忘之，则当先说开方以为豫（预）备。又如国文与英文，历史与地理，理化与算学及博物，关系最为易见。而图画与博物、历史，博物与历史、国文，外观虽似无关，教授时相因者，实际不少。授时一一论及，不仅使生徒知识圆满，又可令其感情满足。总之中学教授，偏于分科，即各种现象事实间缺少统一，使生徒不见全体，但见局部，不知总和，但知分解。对于宇宙、人生无概括的观念，概念且不能得，欲望其思想之健全乎？此等思想不健全之青年，将来出立社会，社会危矣。世所谓医者但知

① 俞旨一，即俞子夷，著名教育家。

疾病,忘其病人;法学者但明法律,不顾道德人情,皆此偏重分科而不统一之教育有以养成之也。

言地动说而论罗马法王之权势,讲电学而述法刺台之苦心。论进化而叙十九世纪思想之倾向。诸如此类,皆足使生徒知发明之真价值。以他科事项相为表里,互相补助,则知识圆满而确实矣。优胜劣败,生物界之原则,不可直施之于人事。盖自然界与道德界之法则有差别焉。此博物科与修身科相关之一例也。公众卫生,欧美诸国,实例丰饶。授地理时可以之为卫生之补述,授卫生时又得以地理事实作例证,所谓相表里相补助者,此其例也。较之严密分科,其得失为何如乎,读者不难推想知之。

余意中学课程,分科宜少。授各科时,将关系事项,同时说述,使生徒对于人生自然宇宙有统一观念。盖坚确圆满之人物,决非可用分解法陶冶成之。是则统合教授,不仅智育所必须,养成人物,亦所切要也。

中学校缺少统合教科,其害有三。试详论之。

一,知识非实际也。分科之学,就一部研究,全体现象殆皆忽诸。各科各论一部,缺少联络,支支节节,实际无用,所谓一知半解者是也。例如植物科授禾本科代表之稻,但论性质形态,通常皆以为尽植物科之责矣。然不若将我国耕种方法,肥料大体,米之性质,食用之法,并及重要产地授以大概,则知识较为实际。不特此也,又足以养成实际考察之习惯,且启发其意志活动实地试行之。念中学校教授如是,乃可谓之有效(效)。否则徒为各科之摘要表、杂记簿耳。或者曰:如此教授,法固善矣……

二、知识易浅薄也。教者说示,仅及一面,学者疑问纷起,以之质问,每因不涉本科专门而禁止之。故生徒常抱说明不足之念。习惯既久,且以说明不足为满足矣!于是知识浅薄之害生。此害一生,凡事均无进步,而对于宇宙、人生永存偏见。原其初,分科教授有以使之然也。

三、养成苟且之风也。疑者不能问,势必以不解为解,以不满足为满足。真挚切实之性失。不究是非、苟且了事之习成。此分科教授必然之结果也。苟且性质,为社会最恶风气。是现时中学校之教授,不啻专以造成将来之恶习者也。

分科教授之法,教者误会于一时。弊之所至,影响及于社会风俗。毫厘之差,谬以千里。任教授者可不深注意哉!

中学正则教法当守三原则

（一）与以事实，使之归纳法则。（二）授以方法，使之自解理由。（三）教以部分使之总括全体。例如英文科教授文法，教师并不先讲法则。揭示二三事实，乃令自考公共规则。即教师任事实之指导，生徒以自力归纳法则也。故授文法时，不用文法书与读本同时并授。教读本时，生徒讲解有误，亦不直言其谬。而向以文法上云何如此讲解，令之推究，自释真义。初年生文法知识浅薄，如此办法，固不甚合宜。而至四五学年则当严密行之，所以令自读能为养成独修兴味。于卒业后，大有裨益。算学教授法，以理论言，似极容易。实际成绩，最难佳良。生徒不知定理意义，固亦致病之由。然教师不将所以用此方法之理由为之证明，亦不能辞其咎也。现今教师解说定理，往往但云，假设此上加以某X，或假令此线延长。而何以此上有此假设之加，此线须自由延长之理由，则不加一言。生徒但能记忆定理而不能以定理类推事实。类推尚不能，况欲其解答例题乎？又如教授博物，宜先令生徒依实物检案，后即因其检案所知，诱导之，使明理由原则。节省讲义说授时间，课以自动事业，为时不多，而效果确切。实则教材之分量，当由教授方法而支配，非可以离教授法而独立规定者，且如前述中学与实业学校异，不必多授知识之内容也。

以上云云，仅就教授方面言之。又须于训练上养成生徒实际判断能力。两相辅助，精神统一，学校教育之效果，乃能显著。否则缘木求鱼，终无所得已。

其二 寄宿舍

寄宿舍之精神及施设

寄宿舍之目的，在于收容生徒，施以家庭难行之特别训练，不仅便起居饮食已也。若其精神施设，能与目的适合，则父兄必乐令子弟入舍。生徒对于宿舍，必无厌恶之心。任舍监者，亦必无有难办之说。然观今日中学校寄宿舍实际，三方面之态度，殆与上所言相反对。原因虽多，而不明宿舍精神，以致施设失宜，不合青年生活，亦其一也。依鄙人经验，现今中学校寄宿舍，当具左列诸件，方得不背目的。试详论之。

一、宿舍者，礼仪之修养所也

家庭为子女修养礼仪之处，固不待言。生徒离家庭而入宿舍，宜将家庭素所习行之礼仪，如朝夕相见应接欸客等日常最通用者，令之实习。然严密论之，凡人间一切行为，皆得谓为礼仪。盖以心之习惯名道德，则行之习惯得名礼仪。

若将此等事项一一定为舍规,易陷于枯燥形式,反使生徒厌恶,非所宜也。为舍监者,当随时注意各生行为,不使有极不适当之举动。朝夕省察,不可稍忽。须知以虚礼拘青年固不可,而于礼仪上毫不注意,亦非教育之本旨也。

二、宿舍者,友爱之修养处也

多人集居一宿舍,忧乐与共,则情谊自笃。今之学校,往往奖励生徒孤独。但强其竞争心,而不养其协同扶助之念。如甲生忘带课业用品,他生有余,借之可也,而教师每禁之。作文时有不知者,问之他生,无所害也,而教师每阻之。习字之运笔,铅笔之阴影,教师注意与他生注意,无所优劣也,而必斥责之。教室管理,日求生徒孤立,其弊害今姑勿论。惟在寄宿舍内,此等禁令更不可施。譬之同室生疾病,看护之,终夜不寝可也。明日受业,虽有妨碍,而精神上之益,与知识上之损,可以相抵偿矣。同室生若遭家事不幸而悲戚者,劝慰之,慎勿执为谐乐。有庆事(如逢诞辰等)则欢贺而共乐之。有学力不足,复习困难者,则自修时协助之。诸如此类,皆足以养协同的精神、友爱之感情者也,当奖励之,以促进其道德。今之管理者,日以防生徒作恶为能。闻上所言,必曰"有妨秩序也"。不知保全秩序,固别有法,岂数十条禁令之能力可以了事乎(按以兵队律,生徒起居动作如囚徒,此大不可。尝闻人言学校寄宿舍如营房牢狱,生徒之逢暑假年假期,如囚徒之逢恩赦。言虽过甚,恰能描摹今之寄宿舍之内容。又有一种,不置管理。终日丝竹管弦,猜拳饮酒,实与野蛮国之客寓等。宜速严禁,勿滋谬种。但此固未可列入教育研究中也)。

三、宿舍宜养成勤劳之风也

近来生徒每以学问运动专家自命。其他事务,概置不闻不问。呼唤仆役,颐指气使。其气概恰似贵胄子弟一派。此大非学校教育之所宜。凡为舍生,当以宿舍为第二家庭。内外事务,理当自行处理,以习勤劳。若广义言,则级长服务,勤劳也,室长服务,亦勤劳也,各种值日生之事务,皆勤劳也。能于此等勤劳,勉而行之,可于不知不觉中,养成办事才能。将来处世,大有裨益。故舍内种种杂务,均宜自为之,切不可多用校役听使唤也。

四、宿舍宜具美的趣味也

美的趣味,在文明进步、个人发育二方面,均不可少。分言之,则美一事也,礼仪友爱,各为一事也。实则礼仪云者,行之美也;友爱云者,心之美也。室内陈设整洁,为良习惯,实即室之美也。同室生或有失检,或有不乐,各表忠告婉劝之情,此之谓同情。同情云者,即情之美者也。修饰庭除,亦勤劳之一端。此固舍生之美风。而其目的,本在于庭除之美观耳。是则为美,故而存美心、行美事,日夕感化于美。寄宿舍遂成为一大美园,不亦善乎! 世每有因现社会美的趣味之幼稚,不解美之性质,而反对是说者,须知美之云者,高洁幽雅之意,非奢侈之谓。高洁幽雅,世莫有以为恶德者。然则宿舍之宜具美的趣味,尚何反对之有?

五、宿舍宜有和乐修养之余地也

寄宿舍为生徒正课外修养之所。其施设当使生徒怡然自得为贵,并使其有和乐之感。食堂实舍生和乐修养之最大处也。或有禁止平时入内者,当另设会叙谐乐之所。闲食本宜制限,但非可绝对禁止。每周内又可供会食晚餐一二次。祭日(如吾国孔子诞等)节期亦可会食。又可特开慰乐晚餐会。如是则舍生常和气充怀,以宿舍为乐,下劣之念自可不起。生徒既欣欣有喜色,则舍监自无虑宿舍之难理。生徒乐之,舍监安之,于是宿舍之精神乃完美。

六、宿舍之精神宜统一也

宿舍为生徒共同生活之所,形式上为一团体,固不待言。精神上亦当团结统一。而所谓统一者,生徒非有意识的,自然成一种风气而已。此统一风气之养成,实在于舍监。或直接训论,或与生徒个人交际,或讲演谈话。法贵活用,本无一定,唯心中常存一理想,坐卧饮食无须臾忘。久之,则全舍精神渐与理想接近,自可望其统一。若舍监心中素少方针,或有之而朝三暮四,时当更变,则纷乱而哄矣。设或有少数生徒精神上结小统一,则必害及全体。为舍监者不可不特别注意。而选任舍监者更当严于物色也。

舍监既具理想,凡逢机会,可以实行,必善用之。如学校有事,可向舍生宣示意见,使生徒向背一定。社会有事亦然,时以社会事件为舍生解释,可以使其观察力冲动。此外历史上纪念日之重要者,亦可对全体讲演。时且开会设祭。如是凡百机会,均可利用。弗失则理想不致终为理想,而得渐次现实。不仅宿舍宜然,学校之无寄宿舍者,亦莫不当然。近今学校精神,不能统一,种种弊害每接踵而起,宜注意补救之。精神统一之内容,固不可以臆断。但就大体言,则旺盛元气,磨练气节,二者为最重要。盖生徒终日困于教科,孳孳记诵,以博试验时若干分数,胸次渐致狭隘卑鄙。而固有之奋勇坚忍,殆皆消灭。其所学问,亦终于无用。凡此之流,必缺少廉耻心,而行为易堕于诐衰,以之担负社会国家事业,危险特甚。是故元气气节,实为教育中之中心。近今学校,每不慎重此点,何耶?不知宿舍为特别训练之处,于此二者,正不可忽。但所以养成之者,非尽在数纸文告,一席语言间也。此舍监之责任所以重且大也。

舍监之资格　舍监者,宿舍之砥柱也。宿舍之雍雍穆穆,在于舍监之得人。舍监之理想的事业,即教育家之理想的事业。凡教育家所必备之资格,即为舍监必备之资格。顾不待言矣。虽然今之教育界中人物,常虞缺乏。苟于教授上、管理上、训练上有一材一能,皆得谓之良教育家。而此区区之良教育家中,非必尽可为良舍监。故我不得已而赘述舍监之资格如左。

一、有至诚感人之德。一言一行,出自肺腑,无一毫苟且轻浮者,曰至诚。至诚贯乎人心,所行无所不入。不必言一理,述一辞,对者无不心悦而诚服,盖理者有待者也,可以是亦可以非,容是非之辩则真道失。舍监之接生徒不能一意至诚,使之诚服,而惟御之以口给,虽千言万语,理愈多,心愈杂。欲行训练难矣。普通教师,与生徒交接不多,其接也多为教授,亦不过客观的传达客观的真理耳。即无至诚之德,影响尚少。舍监日夕与生徒详见,苟略缺至诚,易为生徒觉察。旧时之心服,消除于一旦。事在机微,间不容发。故舍监之装饰(解见下),虽不见于行言,亦足以损其价值。至诚之德,诚凛乎不可忽也。

上所谓装饰者,非定指虚伪假道德也。凡事不加深考,中心非坚信其不得不为,而乘一时客气或随意疏忽者,皆可谓之装饰,与至诚反对,足以去生徒心服。可不慎哉!

二、有一定之人生观。一定云者,漠然之反对也。就自身信此人生之必有,此人生之不可不有。此之谓人生观。其有此人生观者,必具有内的经验。舍监日夕与生徒交接,以管理其精神,若缺少人生观,则处理事务,纵或不失正鹄,而发表方针,实地运用,必有穷尽时,且前后矛盾。在一时固无甚大害,积之渐久,生徒思想混乱,于人生,亦不知其真相矣。人生观者,可以进步者也。但可以进步者,与漠然无定者有差别。此差别影响及于生徒思想。必然之结果也。

有内的经验者,对于生徒现在境遇,必能体验。凡生徒之烦闷、过失及豪放不法之习惯性行为等,知之必争,且均设身处地以处理之。故发言必得要领,感化指导自易。否则辩言敝舌,训诫不休,辞益多,情益恶,而师生离矣。此舍监之所以宜具人生观也。

三、明青年心理。青年心理，研究非易。此所谓明者，不求精通者也。能就实地考知青年之希望，好恶心之倾向，及最易感其动机者，斯可以矣。青年心理现状，难从书籍推求。当回想自己青年时代状况，与生徒比较，庶乎可知其大概。而对于青年具有同情，是为入手方法。

凡青年比之成人，大概思想单纯。直情径行，而其言行亦确有理由。教育家当设身处地考其意见感情之所由来，不可视其行动为全出于恶意者，如是方可谓明青年心理，而自得善法以处理之。今之舍监对于生徒，巍然尊严自处，不知其心理之若何，务以侦探其举动。此其为害不浅，当力戒之。

教师以同情待生徒，生徒亦知以同情报教师。如生徒偶有失检，教师不以恶意迎之。则教师命令有稍困难者，生徒亦当乐从。夫然后方可以行教育，讲训练。否则舍监之待生徒，不以同情，日夕相对，生徒之起居饮食常乃无一刻安，而宿舍之目的为之绝灭矣！

对于生徒宜有同情云者，非止对于生徒之行良者有同情也，对于全体生徒，俱当如是。对于行之佳良，性之顺从，学之勤励者，常人均有同情，实际好其行性学耳，非真对于其人有同情也。教育家对于劣等生必有适当启发抚育之心，方足以谓真同情。具此真同情者，方足以为舍监。否则宿舍之中，限以鸿沟。一部分洋洋得意，一部分终日失望。舍劣者而不教育，尚何用此尸位素餐之舍监为哉！如舍监能对于最劣者，日有所以翼卵之，开导之，则全体生徒，自能顺服。本无须对于一部分少数之优等者，殷勤若加诸膝，以养成其傲慢自大也。

四、与青年友。舍监常蛰伏斗室，每日循例接见生徒，或出巡视，自视过高。师弟间情谊阂隔，此等最是恶习。舍监生徒，固无甚差别也。同游同话，亦不失舍监之尊，如开会、运动、自修、谈话、看报、阅书，或食茶点或出散步时，与生徒其为之，其乐之可不期然而然感化生徒，其效最捷。寓训练于无形，此教育家之无上上乘也。

五、有变通材。发表统一精神以达一定目的前已言之。惟其方法手段，因时而异。不妨时时变化之。盖同一事实继续以行，每易惹生厌倦。此事似极细微，实则关系殊大。若舍内开会及规则等常墨守一法而不变，则宿舍精神倦而生气索矣。

六、任上下班之教科。舍监宜兼任上下班之教科，知舍生教室内之情形，以便鼓舞指导。若用专任舍监,则非用非常之伟人,不能求其奏效。

七、以学术使生徒心服。以人物服生徒,以学术感生徒,此理想的舍监也。人物稍有缺点,而学术充足,尚足使生徒服从之。故舍监之学术亦为重要。

除上述外,利己心、独断心、怠惰、言行异致等,皆为舍监切忌之恶德。要之舍监所必具之资格,即教育家全体所必具之资格。舍监者实教育家中之教育家也,凡欲以教育家立身者,非为舍监不足以完其务,举其果。

舍监苟能于上述各件,稍稍留意,生徒对之,必能心悦诚服。因以陶铸无数青年,使一一纳入己所抱之理想中,岂非人生之最快事乎?今之教师,每好就职于学校,独以舍监为畏途,莫有愿担任者,是犹求食而恶美味,愚之至也。

其三　教师

中学教师之要件　为中学教师者,当于知识人物二方面,时常注意,方可尽其天职。述其要件如左。

(甲)

一、所任专门学问,常问、常研究,以求广博,随科学之进步而亦进步。

二、所任专门学问以外,有与之关系密切者,亦当明其大体。此事重要,已于教授章详论之。

三、中学校所授各科最新之倾向,当知其大要。而全校职员中居重要地位者,尤不可忽。

四、教授训练上居重要地位者,除上三项外,当明世界教育思想之大要,及世界各国国民风气上发展上所注意之点。比较追进,使我国教育不致落后。此等事实,范围极广,非研究一二科学可以得知,当博采教育、政治、社会、文学等以求之。全体教员,固难望其人人如是。而居全校之主位者,决不可以不知。非此盖不足以定教育之方针。

(乙)人物之修养

一、元气旺盛、常存有为之心。元气者,有一定之理想并希望,以求与己关系事物,悉数适应理想且具有决心与活动也。人之生命,在于理想。理想泯灭,虽生犹死。理想如非高尚纯洁,是又无益有害。若抱高尚纯洁之理想,而不求实现,是仅希望而已,亦不可谓之真理想。必也彷徨荒郊三十年,一道光明,常照眼底,而毫不失望。若是者,始可谓之抱真理想。任教职者,以鼓励生徒进于高尚纯洁为其本务,故贵乎有元气也。

二、感化人物之人物。真正之教师，必为真正之人物。真正之人物者，万德之总称也。求全一德，尚须用莫大之苦心，经久之修养。况欲举万德集于一身，恐经十百次转胎，不能得其十一也。无已，则日夕反省，锻炼不息，以补不足，得寸进寸，得尺进尺，聊以偿所负于万一可耳。

活气

实业界人物，多活气充盈者。无论资产大小，位置高下，常具理想希望，向之进行。教育界中，何多呈老朽态度，常若以从事教育为不得以乎？岂以实业家一手经营，努力勿懈，而易获良果，故奋励之念易起。而教育家之结果，不能亲受实益，乃生失望之心耶？抑又以实业家活动之结果，现于物质，世皆称之。而教育家之效益，未尝有目见之报酬，殆因奖励不行，遂致兴味索然耶？

教育者，若以俸给为生活，则精神恒局促于阿堵物。一举一动，时以俸给为标准。其于俸给之范围能省力者姑省之，可苟安者每安之。规定时间以外，皆置诸不问不闻。根性既劣，安望其活动乎哉！

教师之事业，诚不若实业之易见效果也。社会之不注意于教育事业，十恒八九。故教育家苦心经营，而社会视之若不见。报酬劳力之不平，往往有之。是诚社会对于教育家待遇之不得其道也。惟责任社会者，当社会筹之。为教师者，不宜日夕以报酬念。实则教育真正之报酬，非俸给，非待遇，亦非官长之表彰，而在于生徒之心的发育也。苟已尽力，使生徒思想清高，行为善良，人物超拔，教育之报酬已明明见矣，何必他求哉！即使被教育者不自知之，其父母不言之，社会不称之，功固功也，人之见不见，曷足动念。功莫大于无名之功，教育家可以自慰矣！亦可以自豪矣！

活气之发现，因理想或业物而异其形。真能尽心其职务者，决不致有活气之消耗。今之教师，元气每见劣于商家，窃尝惭之，愿与诸君共补救之。

读书会

教师知识上之修养，固以多读书为贵，已如前述。自己专门科学务求日新月异，即专门以外，亦宜通览大要。惟人之精力有限，教师以教课之余，欲遍读各科书籍，殆属难事。故设读书会以补救之。读书会者，听他人研究之结果，以助己所不能读之书。其法每月或每周定期开会。各会员将其平日研究大要，轮流演讲。此会之益，不但分力读书，互相补助己也，并足以使会员于读书时，倍加注意。盖因自己参考而读书，每有粗陋之弊，所得殊少。若读后须演讲其内容,且备质问应对,则读时处处留意,印象益明。且一经演讲,殆能永记勿忘。此读书会于印象上之大利也。

任中学教职者,二三月间必读一书。若无义务强制,则倦怠心生,终难持久。日日惟看新闻杂志而已。组织读书会,则身负责任,有不得不读之势。且读品格低贱、价值不大之书,演讲时恐惹嗤笑。故所读书,于内容上必注意选择。此读书会效果之又一层也。

人生乐事,莫大于交换思想。演述已研究之梗概,以发表意见,餍闻同志之讲贯,以浚瀹灵明。而间接与大著作家相周旋,诚高尚之乐也。运动竞技、饮食固乐事也。教师以精神生活为本务,读书会之乐,当较运动、竞技、饮食为大矣。

听讲演时,宜虚怀若谷。即有口才钝拙,陈说陈腐者,亦宜悉心听之。疑难质问,亦当一本至诚,相研究学问事理则可,评难长短巧拙,则决不可。会之目的,在利己非损人也。

视察

为教员者,苟欲教授训练,着着进步,则舍视察他校不可。视察他校,以与己校比较,究其得失,取人所长,补己所短,诚改良进步之捷径也。但从事视察者,决不可漠然无定。必于事前选定所当视察之学校,并视察时所当注意之事项。视察既毕,更宜作详细报告,并附自己意见。如是行之,效益方大。

教员于社会交际少,而见闻以狭。终日勤勤于授课,若无外部刺激,精神之弹力渐弛,每易固执己见,而少进步之发明。驯致于老朽者,必然之势也。若时时与新空气接触,即时时受刺激,老朽之患,弭于未然。故视察者,又所以刷新教员之精神。

与社会接触

中学生徒,将来为中流以上之国民。在校之时宜令其常抱有为社会一分子之观念,故教师必明社会事实,取为教材。时引用之,以灌输于生徒。而社会事实,新闻杂志,固能道其一部。惟事之真相,大抵非直接社会活动者,莫由知之。是以为教师者,决不宜蛰居教室,而当时时与社会中人物相交接也。

社会中人,各具理想,各抱希望,且各向其理想希望而活动焉。听种种理想,睹种种活动,即受种种刺激也。单调者,惰气之源。交种种人物,见其种种活动,单调破而兴味生矣。

现今社会,须用何种人物,并自己所造就之人物,社会对之之待遇如何,皆为教师者所不得不知也。非与社会接，何由知之乎？

社会之原动力，人物也。人物之制造者，教师也。教师于各方面搜集材料，以制造社会原动力之人物，固天职也。材料散见社会各处，当随时检拾，而妥为排置之。仅以一己所知，断不能制造应社会万般之原动力。故自教师职务上论，时时与社会交接，为取材料所应尽之责也。

志愿为教师之生徒

凡人目的早定，则对之之兴味浓厚，注意更深，而专门知识，亦因之丰富。此其利也。惟其兴味思想，易陷偏狭，则为大害。故凡专门学之研究，必当在于普通知识完具，而略备常识之后。否则注意兴味，日渐偏狭，终致蛰伏于专门之蜗牛壳中，于修养人格上缺乏常识故也。专门学家之可贵，在其学之专深，不在其常识之缺乏。但常识不足，固不可为专家之病。若普通教育之教师，常识不完则不可恕矣。即素具者，亦当日求其丰富。盖管理生徒，非具常识者必不胜任。且养成常识完备之生徒，又非用常识丰富之教师以陶冶之不为功。故早定目的，而常识欠缺者，不可以任教职也。

世每有目的之决定过早，于青年期末，已志愿为教师者，其理想大抵偏狭。专注于教师所必须之事。凡于教师无直接关系者，多弃而不顾。其读书也亦然。但知教师所须读之书，苟与教育无关者，浏览一过，或竟置之。其意若曰，我所志望者教师耳，某书与教师无涉，舍之宜也。庸讵知今之所谓无关于教师者，非他日教师所直接必须者乎？知识之组织日益扩，则所谓教师必须知之事项日益多，此一定之理也。非然者局促小天地中，知识之欲望，日见消灭。不能受内的生活之乐。不仅自己人格上之不幸，即充此偏狭之知识又未足以养圆满之生徒也。不宁惟是教授之责任，以启发知识之欲望，比之事实之教授为更重大。故教师而无知识的欲望，尚安望其能启发生徒乎？又有言者，内的快乐既无，知识的欲望又缺，则其所终日注意者，必俸给之增加、同辈之进级而已。教育家之堕落，多为目的早定所贻误者也。更有甚者，兴味早已偏狭，生活上多不自由，与社会亦少自由之交通。久之兴味之发达大为挫损，而厌恶之心起矣。教师而至于此境，则其所感化之生徒为如何，可以不言自知。故望世之青年，勿早愿为教师，务求思想丰富，气力充盈，有常识多学说，然后再任教职，庶几可不负此教育后生之责任，勉之哉！

浦东采集所得之植物表

吴江 凌文之① 薛公侠② 编

地大物博莫我国若。然而天产品之实有几何,我民知之者尟矣!犹之一家子弟,瞢于家产,宁不愧焉!他不具论。以植物言,我国地当温带,郁郁葱葱,殆达数万。而能辨析其种类,调查其产数者,固闻焉寡闻。是不惟生斯土者之愧,抑亦究心博物者之羞也。

已酉岁,公侠等同任浦东中学理科教务。课暇,辄率诸生出校采集。取其所得,制为标本或别为记载。惟我二人学识既浅而往还不过浦东数里地,园不过一二处。无高山大湖以为山生植物、水生植物之渊薮,重以民勤农作,坟垄之外,无一荒土。宿根之草,尤不概见。推之全国,直九牛一毛耳。然而以此为调查植物之嚆矢,亦未尝不可。

爰就数月内之采集所得,略表列左,以资稽考焉!

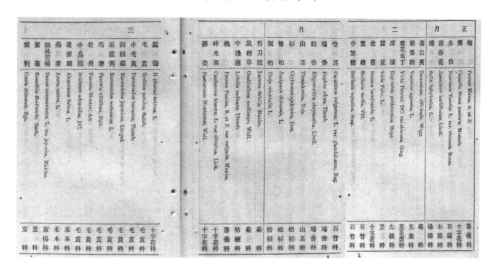

图 3-16 植物表

黄炎培校长认为,教师外出参观学习,这是教师专业成长的必要环节,从简单参观,到仔细研究,要求他们将考察学习内容予以记述,不仅有助于该教师的

---

① 凌文之,即凌昌焕,著名教育家,时任浦东中学教职。
② 薛公侠,即薛凤昌,爱国教育家,时任浦东中学教职。

认真观察、及时总结、提炼思想，将优秀的内容显形，更可将相关信息和内容与同仁分享、研析，提高教师的观察能力、撰写水平和理论提炼，促进教师专业成长，有助于从分享之中，将优秀的经验予以更多分享。

黄炎培关于教学的讲座内容

1916 年 3 月 1 日星期三①

浦东中学附属高等小学教员会邀往商榷下列诸问题，余之意见：

一、书讯练习

练习书讯，第一须使实地作讯，不宜假设。例如使儿童票写致家长或亲友讯，须实在些写寄。寄送何人，不妨令学生自定。书中云云，须叙真确事实。其体裁形式，以及笺纸封套，皆需实物。

如是则有数善：

一，使儿童知此时作讯不是作文。吾见通常学校课书讯，学生属草，教师订正，不过认为作文纸变革，故其书合载之国文之成绩簿，若真是以寓诸其人，恐形式与内容，皆非尽合，于实用奚当乎？

二，使学生易于搜觅材料。学生课书讯时，大抵苦于材料之窘乏，是故由于假设作讯，思想无从摸索。若实致其人，则从对面想，从本身想，或报告，或询问，据实书之。且寄致何人，既由学生自定，自则其待于若人，本有积愫待宜者。

三，如是练习既久，功课以外，或出校以后，遇欲作书，自必纯熟不感困难。即其体裁形式，无一不习之有素，斯为实用。第二须使实地通讯。始行时，可约定两校或三校，每周每级互通讯一次。其内容则或叙本校或本级之状况，或叙本周课业之要点，或提出疑问，或谈时事，或问彼校种种情形。其办法则集全级儿童令发表意见，彼此得互相讨论，而令二三人逐条记录之，经教师选择决定，乃令笔之成书，用全班名义，级长署名缮发。

如是则有数善：一使儿童多方搜觅材料，开发其思路。二使儿童力求有所表现于公众，而仍听公众之裁制，俾熟习于此等团体生活。三使儿童练习社交。

二、国文作法

教师欲使儿童文字进步，须于儿童思想上注意，一欲其发展，二欲其整理，三欲其正确。

---

① 摘自《黄炎培日记（第 1 卷）》。

故初步授作文,命题后宜令儿童先构思,勿遽动笔。迨其意思构成,令陈述之,有不合者为之订正,然后笔之文。凡儿童思路枯窘或芜杂,皆宜以此药之。果其命意不谬,进而求其词句之审美,易也。

三、行书教授法

近年小学授行书者渐多,而往往不得其法,致无良好之成绩,遂疑行书非小学所宜,可谓因噎废食矣。

鄙意以为,今之授行书无良好成绩者,必其授楷书亦无有良好成绩者也。盖成绩之良否,不在行书、非行书之关系,而在教授法有无关系。授行书,除用通常之楷书教授法,如握笔法、蘸墨法、衬纸画格法以及书空习练,笔顺指示外,但有三要:一笔划须使分明,二转折须使清晰,三结构须使完整。

黄炎培校长认为,培养学生的书写能力,不能仅仅局限于文本的教学和学生的模仿,而是需要坚持实用主义,根据实际情形,让不同学校的学生就有关内容相互写信,彼此讨论,鼓励学生多观察生活,开拓思路,融入团体,培养社交能力。

第四章

放眼未来，课程洋洋
——"兼收并蓄"的科目结构

　　吕型伟先生来到浦东中学，称其为"中国近代教育的一座宝库"，含义深广。而最值得称誉的是其课程。一种不为过的观点：目前的课程改革在当年的浦东中学都有影子。

第一节　广明小学的课程

广明小学简章：

一　办法：略仿日本小学制度参以本国先进状况编定学科。

一　学科：《修身》《国文》《历史》《地理》《算术》《理科》《图画》《唱歌》《体操》《英文》。

黄炎培校长认为，针对 9 岁—12 岁的初等小学学生，在设置的课程中，既依托清政府所提出的课程设置要求，又根据日本的课程设置方式，大幅压缩经学，增加了如《历史》《地理》《算术》《理科》《图画》《唱歌》《体操》等课程，从小学阶段，就开始培养科学意识，注重实效，全面培养学生的素质和能力，作为初级小学，开设了《英文》课程，是相当超前的。

第二节　广明高等小学的课程

广明高等小学章程：

目的及编制：本校期直接于未来之浦东中学校，因改定正科程度为高等小学，而以不及者为预科。

学年及学期：春季开学日至冬季休业日为一学年，一学年分上、下两学期。

学科：正科科目《修身》《国文》《历史》《地理》《算术》《理科》《图画》《唱歌》《体操》《英文》，预科去《英文》。

修业年限：正科三年毕业，预科二年。

授业时间：正科每来复教授三十六时，预科三十时。

黄炎培校长认为，广明高等小学的学生年龄确定为 11 岁—15 岁之间，基本可以与广明初等小学的毕业生有效地衔接，考虑到中间插班学生的文化基础差异性，以及高等小学毕业之后，有的学生将会考虑升学，有的学生将会直接就业,有的学生未必能按时顺利毕业,故分为正科和预科。正科的学生以升学为主,故开设英语;预科学生的学力有差异,故不开设英语。通过这样的课程设置,以满足学生的不同兴趣和能力培养,有助于学生的多元发展。

第三节　广明师范讲习所的课程

广明师范讲习所简章:

宗旨:讲习普通各学科,注重教授、管理法,期养成小学教员资格。

学期:一年毕业,分上、下二学期。

学科:上学期:《修身》《教育史》《心理学》《教育原理》《国文》《历史》《地理》《算学》《博物》《物理》《图画》《乐歌》《体操》。

下学期:《伦理》《论理学》《教授法》《管理法》《国文》《历史》《地理》《算学》《物理》《生理卫生》《化学》《图画》《乐歌》《游戏体操》。

黄炎培校长认为,师范生需要有相关的学科专业知识,由于广明师范为一年制,培养的毕业生主要为小学教员,在很大程度上需要包班教学,每位教师要执教多门课程,故需要加强学科知识的学习;师范教育必须姓"师范",故需要强化师范的基本素养,如《教育史》《心理学》《教育原理》《伦理》《论理学》《教授法》《管理法》《生理卫生》等学科,有助于师范生毕业之后能尽快适应教学工作的要求;同时,还开设了《修身》课程,有助于师范生在传授知识的过程中,引导和培养学生理解做人的道理和传承中华优秀传统文化;根据好友、著名音乐家沈心工和南洋公学同学李叔同的建议,开设了《乐歌》课程,实属为早期的校园音乐教育,对于学生而言,更具有吸引力。

第四节　私立浦东中学堂课程表

黄炎培等人按照清政府学堂章程提要,根据浦东中学的办学目标,参照、学习其他学校的课程设置,结合在日本学习所见,相继制订了浦东中学堂课程表、附属高等小学课程表、附属初等小学课程表。

黄炎培校长认为，校长应该具有较强的课程领导力，根据学生的不同基础和时代要求，编制具有本校特质的课程表。为了更好地学习西方先进科学技术，基于广明初级小学奠定的扎实英语基础和国文基础，在五年制完全中学的教学中，大幅压缩对传统经学的学习，传承国文的优势，注重培养学生外国语的听说读写能力培养，加强博物和理化科学知识的学习与训练，夯实体育课程，培养学生的体育运动习惯。

图 4-1　浦东中学堂课程表

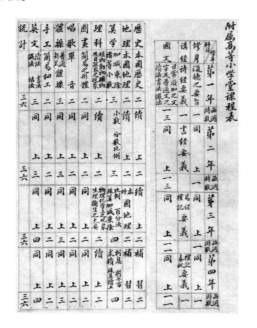

图 4-2　附属高等小学堂课程表

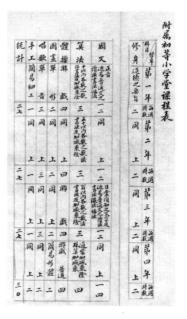

图 4-3　附属初等小学堂课程表

第五节　教育探索

黄炎培先生担任浦东中学校监督(校长)期间对学校教育有深邃思考,他大胆探索,勇于实践,探索学生培养的规律,时至今日,他的许多教育理念依然具有很强的参考学习价值。

一、校刊发行的教育价值

黄炎培非常注重校刊的教育价值,认为其不仅可以记载学校发展的历史事件,还可以发表老师和学生的习作,培养师生对于学校文化的认同,扩展学生视野,更成为师生的一份念想。

发行可录之趣旨

（韧之）

将唤起生徒读书之兴味,不可以无道,其道不可以勿广。

一校之生徒,其视线、其思潮,不可以勿正勿一,一之正之,不可以无物。以是故可录。

图4-4 《浦东中学校杂志》第一期目录

收古今中外人言行而录之,必其可者。国闻新而要者录之,必其可者。生徒之行,之言,之文,美则录之,必其可者。自余种种,能歆动人者录之,其必可者。

以是故可录。

教员教之矣,管理员以时训练之矣。复以时集诸议堂而训话之矣,可录者。凡此种种之补助,机关尔。

可录者,括言之,一种纯粹的、积极的兴行物,类也。

周出一期,言数无限。

正是出于黄炎培先生非常注重校刊出版、发行的价值,自1908年《浦东中学校杂志》(第一期)、1909年《浦东中学校杂志》(第二期)中,可以清晰地看到当年的办学印迹、师生的活动,包括师生的习作。由此,浦东中学始终坚持编辑、出版相关杂志,使之成为师生的一份念想、学校的一种传统。

戊申十月出版的《浦东中学校杂志(第一期)》,照片部分有校主杨先生斯盛遗像、浦东中学校全景、广明小学全体摄影、浦东中学校全体摄影(丁未下学期和戊申上学期)、自上海南市至浦东中学校路由图;在文字方面,有绪言、学校大事记、校主宣布学校宗旨书、远足日记、杨先生言行记、关于校本研修的小学国文教授法、国耻地理记;学校杂志部分,有老师的习作,有黄炎培校长撰写的远足之趣旨、体育大会之趣旨、发行之趣旨等;有校友会研究如何提高教学有效性的广明师范讲习所的校友讨论;有教员陈容赴哈佛大学学习、观察的文章;有老师们的诗作;有学校校歌、立校纪念歌、运动会会歌、远足歌曲等;以及学生的部分习作、教职员名单及通讯录等。①

《浦东中学校杂志》(1908年)绪言:

昔宋吕本中撰师友杂志一卷,江邻几撰元祐杂志三卷,周密撰癸辛杂识五卷。近人高邮王氏,更有读书杂志之巨著,杂志古矣。顾非今所为,按日程月继续刊行之杂志也。今所为杂志,东西诸国,命为社会感化物之一。一社团之立,辄有所刊布,以为联合之机关,而即以暴其政治上、学术上、艺能上研究之心得,与其抱持之主义,响应于一般社会。

若夫学校之中,时时间作,则亦籍广其教育影响,谋学校社会间之联络云尔。本校自甲辰草创,忽忽五易寒燠,其间殆如昆虫之自幼而蛹而成,屡示其变态,以有今日。寻其往迹,笔而记之。有所会集,或挈

图4-5　校刊绪言

诸生出校为旅行,近环峰泖,远走京口,上溯白门,又笔而记之。凡如干首,诸教

师时有撰述,为课外之讲授。凡如干首,诸生课艺,甄取其优者而存之。又如干首,往来书翰之文,课余讽咏之篇,累累盈箧笥。辄为之抉剔排比,付之剞氏,岂敢有暴哉。

区区之愚,不徒广教育影响于社会而已,同人靡日不端居私念,曰,此肖然浦东中学校。

谁之校乎?夫非当世所称社会主义实行家杨先生斯盛,斥其三十年风雨经营,日蓄月积之汗血钱,破群疑,排众谤,手创而成者乎。先生往矣,莘莘学子日继而月有增焉,百以成千,千以成万,浦东中学校不死,而先生不死。莘莘学子学成而散,散而播其道于四方,行所学于国于世界,国与世界不死,而先生不死。

此区区册子,数百辈姓氏,数万言文章,虽谓以先生一人心血,幻开此第一花可也,而忍秘之也,而忍秘之也。

若夫刊布之期,年出一册焉,或数册焉,一视材之多寡,不预约。

戊申九月 黄炎培

《浦东中学校杂志》(1909 年)绪言

若夫应方今社会国家之需要,以定勤朴两言之校训矣。推之而为道德主义,为尚武主义,其于学也,为实用主义,干管理也,为劳苦主义,为力行主义,要皆一主义之所演如人身,然所谓时时研究而改良者,其肉体乎?依营养排泄之作用,无时而不变,新陈代谢而无穷,而其间有灵魂焉。虽永永常新,可也。

中学为人才教育,其造人才也,必执我之范范天下才为一式,谬已。教育之为事,莫大乎?因材而施,盖德可以一之,而才不能强而同也。本校既定此为训练之要质,而亦稍稍注重于实业人才之培养。凡以应世需故,而文实分科之令,适下受而读之。叹实科办法远出高深宽博之文科上,而又惧质胜而文散也,则实从其八九,而文且存一二焉。区区之意,凡求适于教育之实施,与不悖吾校主义而已。

研教育之道,莫大乎。以恕传曰,如保赤子心诚求之,则尝回忆吾生方年十五六时,凡夫社会所有声色、饮博、游观、玩好,今日稍稍知耻而不屑为,知惧而不敢溺者,皆将安然为,且溺焉。贱子少孤露,未获受完密之家庭教育,世业又骤落而转,以孤且贫。故顾影凄皇,不得不兢兢谋自立,以此心不敢竟肆,则以叹多少青年处此秽且恶之社会。苟境少亨,于贱子者其不失足也几希。而东西国学校,对于是等年龄之中学生徒,其不敢一息涉放任也。有以盖德性未坚而

·

知识及体格已陷入社会，恶风而有余年事为之，非有他也。

本校鉴及此管理，一从严密，甘与社会战而无悔，抑所谓严密者，无他，以一挚爱诸生之诚意出之，差幸诸生之终能原谅我也。凡此，皆同人所亟欲就正有道者也。

夫教育事业，天下之至公者也，其谬，愿与天下共匡之。苟有一得之愚，宁自閟焉，顾杨先生往矣，同人对于吾校竭智尽能，而其效果不过使隙者补之，疏者密之。

所获亦仅，当世君子苟重杨先生之为人，而因以爱其校，读是编，知必有以教而进之也已。

己酉十一月二十五日　黄炎培

学生习作

黄炎培非常注重培养学生的写作能力，遴选优秀习作，刊登在校刊上，以供同学相互学习，彼此励志。

俱乐部记

（己酉上学期）（1909 年）

二年级生　潘保同①

俱乐部者，众人同乐之地。人以群生，故独乐不如与人乐，于是乎，有俱乐部之设，以俾众人之得同乐。其制起自欧洲，后东西交通，乃传及吾国。吾校中职员嘉其用意之美，乃欣然效焉，于吾校舍之西南隅，拓一室，广二楹，图书布于壁，乐器满于架，书报藏于厨内，金鱼游于瓯中，字画之帖，任所择而临焉。弈棋之具，随所好而下焉。几席之上，供以盆栽，间以怪石，兰香藓碧，幽致扑人，入斯室处，洵足乐焉。

然惟此部之可乐而入乎？其中者，或呈依依不舍之象，则学业有因之而少懈者矣。虽云俱乐，或亦不能无损乎？愿校中之设此部者，诚虑诸生脑力之过用，将不免忧滞而陷于衰弱，而为调剂节宣之用耳，然则其果无损也。

余性喜清净，常以独居修业为乐，面于众人烦喧之处，极厌之，不愿厕入。然偶至此处，亦觉吾意之不能无娱也。盖人能自得其静中之趣，则虽处多人之中，亦未必不有所乐也。然则人苟能自治，又何往而不乐哉！

---

①　潘保同，原嘉定罗店（现宝山罗店）人，疑为著名的社会学家、民族学家、优生学家潘光旦先生。

知非

（己酉年下学期）（1909 年）

三年级生　潘序伦[1]

世之人，于其言行上之是者，固常自知之，而其非者，则常不自知。不能自知其非，即不能自改其非；不能自改其非，而过因之成矣。故夫非也者，过之所由成也。知非即无过，无过即圣贤，虽然非岂易知者哉？

乡党自好之人，束身自爱之士，廉洁自守之吏，鞠躬尽瘁，殚心竭力，以事其事，其心非不正也，其志非不可嘉也。然而偶一不慎，非即乘之，迨其既中于非也，又往往未能知其非而致之，甚且自负为是而力行之，鼓其一往直前之气，而一线之差遂如汽车之出轨，强弩之离弦，其祸乃不可收拾。

古来英雄豪杰因自负之一念，以致身败名裂者岂少也哉？然则，知非有法乎？曰，"反省者，知非之法也。虚心者，知非之原也。"虚心，则不敢自负其无非，反省，则必能自知其非，既能自知其非，故过不能成矣。过虽成，必能改过矣。虽然世又有明知为非，而故为掩饰者焉，亦有既知为非，而惮于迁改者焉，是则以鸩疗渴之类，小人之所为而已矣。

扬子云不许富人载名论

（己酉上学期）（1909 年）

三年级生　庞淞[2]

汤卿谋曰，文章可以乱世，不如质朴。诚哉是言。盖自有文章以来，所悬以为月旦者，悉系乎一二名人之褒贬，或予或夺后世本之。于是三寸毛锥子，严于风霜，昭若日月矣。而宅心忠厚者，则曰隐恶扬善，文之达规。此风既肇，而后好名之徒，乃奔走于士夫之门，冀得一言，以掩其短，而补其长。而自号文章巨家者，或为威惕，或为出于情之不可违，虽心知其非，而故为之。铺张扬赞，呜呼！是不特不足以维世教翼纲常，反足以颠倒是非，混淆黑白，复安所用此文章为？

---

[1]　潘序伦，中国现代杰出的会计学家和著名教育家，曾任浦东中学校董一职。他是发展我国会计事业和培养我国会计人才的先驱，被誉为"中国现代会计之父"。

[2]　庞淞，字松舟，曾任浦东中学副校长兼训导主任、校董，上海典当业公会理事长，民国时期任财政部会计处会计长、贸易委员会第二副主任、中国茶叶公司副董事长、粮食部常务次长。由于他在抗战时期粮政工作方面的突出表现，被授予勋章，为抗战期间两位获此殊荣的文职官员之一，后在台北创办浦东同乡会，并任会长。

夫文章之传,不尽在于文章,人以文章重,文章亦以人重。苟以谄谀权豪,藻饰鸿业,扬之不遗余力,则其文章直借贷,书乞怜表耳,曷足传? 虽传,曷足重哉? 汉扬雄见及此,却富人金,不许载名,此可见汉代之近古,而儒者重节礼也。不然,文名如昌黎,犹有谀墓之讥,其他无论矣。虽然穷有虑焉,富人非不可传也。十万金非可以幸致也,子云不为利诱,却金,斯可矣。何必訾以无义,诋以鹿豕,其殆雄之素日,有不满于富人乎? 抑或故矫此以为鸣高乎? 不然,村姬慢晋口吻何忍发诸学士之口耶?

富人纵莫之校,独不念伤忠厚,何辞富人金,廉矣。知富人不义,明矣。然何以不污以富人,而独屈于王莽之禄,无异受富人金也,则廉于前,而不廉于后矣。莽之不义,倍蓰富人也,而昧之。则明于始,而不明于终矣。轻富人重王莽,当揣富人无能为,而知王莽可以生死己乎,雄其犹有蓬之心也,夫使雄能以诋富人者诋莽,异日焉有投阁之辱,莽大夫之讥哉?

子云文章议论,跻于圣贤,而一不自审,含垢殁地,惜哉! 而其不愿富人入开篇之末,亦正调侃后世不少也。

黄炎培校长认为,校刊具有特殊的教育价值,不仅可以记载学校发展的历史事件,学校文化传承的解读,时事新闻的评述,中外名人言行的记述,也可以发表老师和学生的习作,校长办学思想的阐述,如远足之趣旨、体育大会之趣旨、发行之趣旨等,有利于培养师生对于学校文化的认同,扩展学生视野,更成为师生的一份念想。同时,校刊更是一份历史文档,对记述学校发展轨迹,培养师生的主人翁精神,具有不可替代的作用。

二、地理教学

黄炎培校长极其注重地理学科的教育价值。地理学科有天文、地文和人文之分,故在广明小学、广明高等小学、广明师范、浦东中学校的课程设置中,都有地理和历史学科,目的是在培养学生地理知识的过程中,将历史知识、国家重大事件等融合其中,从而充分发挥地理学科的科学性和育人性。

（一）教员习作

国耻地理记①

顽盦

国耻地理记之作，非苟作也，不得已也。

国耻！国耻！虽至贩夫走卒、妇人婴孺能作此语者，犹且不少，试一诘之，曰，"何如耻，耻何在？皆瞠目，不知所对也。"

上之而朝野士大夫，能振笔而文之，侈口而号之。曰，"某地割矣，某地租矣，某地入势力范围矣。"亦试一诘之，曰，"此割，若租，若入势力范围者，之内容何如？关系何如？有如何之因果乎？"瞠目不知所对者，又比比焉。

其如是，是以国耻为口头禅也。虽云知之，实未知也。抑且愈云知耻，而愈无耻也。

又有甚者，著作之林，编纂之业，名高侪辈之中，而身荷教育之重，宜如何于国耻一端，注意又注意，以养成卧薪尝胆之国民哉。顾吾读今之所为，地理教科者矣。某地割，则夺之本国，隶之他国而已。某境削，从其新界而已。某港租，别之附录而已。时而行所无事，时而讳莫如深也。

其如是，是并国耻之口头禅而亦且遏抑之也。是必胥国民不复知耻，以为快也。是愈愈无耻者也。

黄子沈、沈以思愧与愤并，乃缀集种种国耻之事，关于地理者，以外交公牍证实之，而作国耻地理记。读者诸君，倘因是而确知其耻之所在乎，则无徒以为口头禅乎。

国耻地理记之作，非苟作也，不得已也。

友人黄轫之读而题之曰："是有用之作也。"继而谓曰："吾见君之作，国耻地理记矣，虽然，吾安得复见有作雪耻地理记者之一日乎？"

（二）学生习作

人文地理说②

（己酉上学期　二年级生　何旭东）

地理学有天文、地文及人文三者之别。天文地理者，究地球之生成、构造及

---

① 见《浦东中学校杂志》第一期（1908 年）。
② 见《浦东中学校杂志》第二期（1909 年）。

形状、运动者是;地文地理者,究地球上陆、水、气三界之区分及动、植、矿三者之分布者也;而人文地理者,究人为之区划、人类之职业、人种言语之区别、开化之程度及政治宗教者也。

此三者之异也,然天文地理及人文地理皆属于天然,而罕有变动;惟人文地理者,全视乎人事之敷设,随其政治及程度而异,非数千百年间能不变、不迁者也。

试举其例,吾今日之巴克族,岂非皇帝时之巴克族乎? 何为? 而与昔日异。昔日之苗族,势占中原,何为今日而局促于西南山谷之中。罗马、希腊素称文明开化最早之邦,而今何如矣? 印度、犹太、阿剌伯向为宗教发祥之地,而今人民居何等矣? 若就风俗而论,昔日之民为游猎,石器时代而递至为畜牧,为耕稼,为铜器、铁器时代,此皆人文地理之变迁也。又如欧化东渐,而吾国之民为之一新,变法而后,朝野度百日改革而未已,此又政治上之大变迁也。

然则,究人文地理者,安可执一时之记载,以为准乎? 故为人文地理学者,当时时留意于变迁之迹也。

（三）学生编制地理图表

要求学生对地理相关内容进行梳理、编撰,如下为己酉年十月由三年级生潘序伦、钟尔泰、黄振秀等几位同学制作的北部六省的相关地理图表[①]:

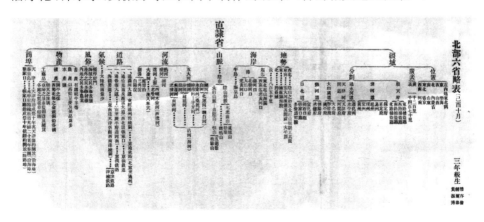

图 4-6　学生编制地理图表(直隶省)

---

① 《浦东中学校杂志》第二期(1909 年)。

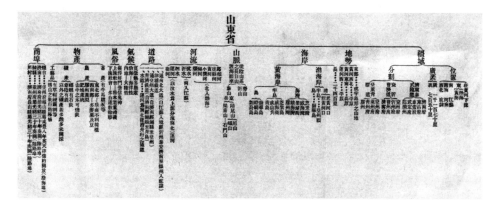

图 4-7 学生编制地理图表(山东省)

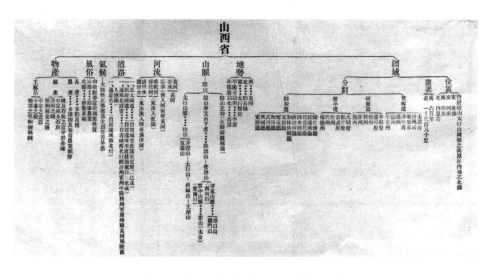

图 4-8 学生编制地理图表(山西省)

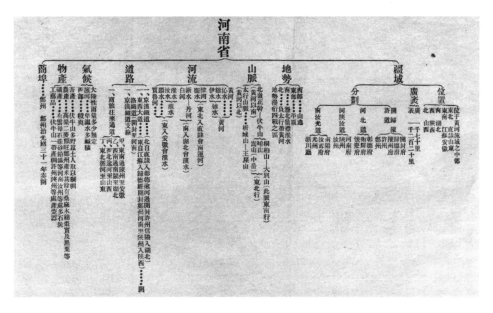

图 4‑9　学生编制地理图表（河南省）

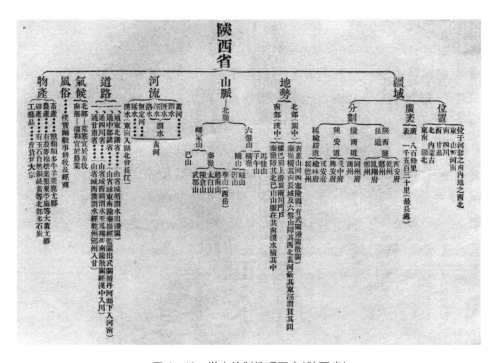

图 4‑10　学生编制地理图表（陕西省）

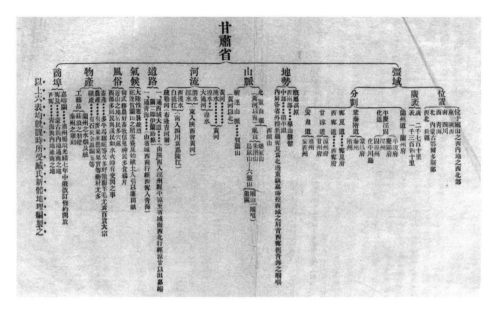

图 4-11　学生编制地理图表(甘肃省)

黄炎培校长认为,地理教学极其重要,有助于培养学生的人地协调观、综合思维、区域认知、地理实践力等素养,有助于帮助学生运用地理的视角认识和欣赏自然与人文环境,提高精神境界。通过国耻地理记,介绍割让土地、租借岛屿等历史事件背后的国家耻辱,签订的相关条约等,更有助于唤起学生的家国情怀、民族担当和世界眼光,有助于学生关注地方、历史、国家和全球的地理问题。尤其是通过学生的团队合作,将地理知识中的疆域、地貌、山脉、河流、气候、习俗、物产、商埠等采用列表方式予以分析研究,不仅培养学生活学地理知识,更重要的是,有助于学生综合运用人文、科学、历史等学科,从而培养学生从整体的角度,全面、系统、动态地分析和认识地理环境,以及它与人类活动的关系,尤其是与国家荣辱、民族存亡之间的直接联系。

三、修身课程

黄炎培极其注重对于学生的思想教育,尤其是注重通过修身课程,强调学生的自我约束,培养责任感、社会观和世界意识。

（一）考试题目

戊申九月，修身科临时实验答题

（1908年农历九月，黄炎培所授修身课，组织临时测验，学生答题）

光绪三十四年三月廿四日（阳历1908年4月24日）下午考试修身课，题曰三问。一、中学生徒之可贵何在；二、王阳明说自制若何；三、近项于自制上有心得否。余做至第三问，心中甚为爽快，因心得甚多之故，以此可知黄任之先生讲修身之益大矣。①

光绪三十四年九月廿六日（1908年10月12日），上午修身实验，题目有两个，（一）说忍耐；（二）说推想。②

（二）学生自作和所悟

读王阳明③刘蕺山④先生学说

（戊申九月修身科临时试验）

中学三年级生

良知说（王学⑤）

按凡人之初，如一件留声机器，本无善、无恶，必从外界引诱，于是方生出善恶，犹唱入哭声于此机，则生哭的声音，唱入笑的，则生笑的声音，人习于善，则善；习于恶，则恶。顾习不可不慎也。

孟母三迁为此故也

按先生说，性无不善，故知无不良，但世人往往误客气为良知，是犹酣歌漏舟之中，宴然不觉，以人从欲，庸有济乎？若循固有之天性，克外界之物欲，以理勘事，即处处是道矣。（徐永）

按良知二字，非随便发一念即可当，此必心地坦然，毫无妄想时，所发之意念，方可称为良知。恶人作恶，当清夜间，心必惭愧，但终不足以胜物欲耳。若圣贤亦不过善用其良知，初与恶人无异，稍涉恶念，良知一发，立行改过耳。故圣贤亦有恶念，恶人亦有良知，但视其能用否耳。（刘斌）

---

① 《光绪三十四年学堂日记》（沈秉常）。

② 《光绪三十四年学堂日记》（沈秉常）。

③ 王守仁，自号阳明子，学者称之为阳明先生，亦称王阳明。明代著名的思想家、文学家、哲学家和军事家，陆王心学之集大成者，精通儒家、道家、佛家。

④ 刘宗周（1578—1645），字起东，别号念台，汉族，明朝绍兴府山阴（今浙江绍兴）人，因讲学于山阴蕺山，学者称蕺山先生。他是明代最后一位儒学大师，也是宋明理学（心学）的殿军。

⑤ 即王阳明的学说。

按是非之心，为人所同具，但能不为物欲所牵避，是者行之，非者舍之，则愈达愈上，无人而不可违尧舜。圣贤、常人何以为别，读阳明先生学说，乃知别于行，别于知也，物欲蔽尽其天良，则行为迥别也。（胡保良[①]）

收放心说（刘学[②]）

按一处不能同时放二物，脑中已放了声色之念，学问即不能容，满腔都是邪念，倒把真的心放出外面了。所以要把真的心收回，先放学问，他物就不能来了。（胡宗韶）

按今人往往以学为利禄之斗，故其千思万想，终脱不出其利禄之途。若先生能三仕三黜而无悔，诚难得矣。古人云，春风鼓，百草敷蔚，吾不知其茂，秋霜降，百草零落，吾不知其枯。枯茂非四时之悲欣，荣辱岂吾心之忧喜？吾人若能熟记斯语，事事必求其在我，则不难为贤士豪杰矣。（骆纯宗）

按人只要认定，是我要求学，于是师长督责我亦如此，不督责，我亦如此。自我虽师长引，我不善我，亦不动心了。（胡宗韶）

改过说（刘学）

按改过在于知过，知过在于虚心。（庞淞）

按语云，放下屠刀立地成佛，惟其不欲放，便终身不能成佛。（钱昌裔）

苦学说（刘学）

按学惟以苦而成，非苦何以能成学？当吾人求学时，往往为学所困，半途而废，不思今日虽苦，他日之快乐足以偿。现在之所苦而有余，故好学者，修学愈苦，而心愈乐焉。（张本清）

按人以学问、道德为嗜好，视学问、道德犹游戏者，之视游戏猎者，之视田猎，则其心安得不乐。（钱昌裔）

死生说（王学）

按当死之时，虽千摧万挫，必求一死而后已。若在不当死之时，则虽历尽万苦，定欲保全其身而后已，此则生不愧为丈夫，死不负其良心矣。（骆纯宗）

按人当生死关头，须先审生死的价值，然审此价值时，须有大权衡在胸，方能辨得大权衡，何良心是也。（庞淞）

---

① 胡保良，上海嘉定人，即著名爱国民主人士、政治活动家、杰出实业家胡厥文（又名胡保祥）的长兄。

② 即刘宗周的学说。

戒自欺说（刘学）

按世但有欺人，而无自欺，但可欺自身，而不可欺自心，故自欺者，必自愧。（庞淞）

按欺人者，必先自欺其心，被欺者，身虽欺，而心自若；欺人者，其心固已断丧，无余矣。（徐永）

按自欺虽若欺己，而实未欺也，因良心，终必觉而惭也。

王莽、冯道亦不过一时之误，以为虽为恶，人不易知，竟致唾骂千古。吾人当生死关头、利害关头，心地可一误哉？一误遂百误矣。（刘斌）

（三）学习感悟

修身课感言（己酉下学期）
二年级生　沈廷玉

身者，家属之所赖，以成立国家之所赖，以建设社会之所赖，以组织之分子也。未有身之不修，而可以理家治国、安社会者。故处各团体之中，抚兹藐焉一身，其关系良重也。身既若是之重，而甘于放弃者，可乎？必也日求身之修，以达于为人之道。

修身必先修心，修心必先求不欺于心，不欺于心，舍诚实曷由哉？心诚实始，可以对己、对人、对家、对国而不愧，虽然以世界之大，人民之多，日与酬酢，其能不失乎？戚己以为不失，而实失之于不知之中。是欲修身而身仍不修也。若是者，其惟反省以补之乎。人欲求完全之人格，不可不知反省，清夜自思，日中诸事不迨乎。不迨则改之，所谓改过是也。

过失日少，即德日以多，其他种种弊癖，亦必矫而正之。俾无几芥之愆，抚诸怀来操是数者，以往可谓自好之士矣。惟君子立身，务求远大焉，革裹尸还，伏波之伟业，乘风破浪，怀宗悫之长风，举头四顾则天地，为小放心。六合则万物皆备，不能突过前修，追踪圣贤，是我忧也，不能惊动日月，照灼今古，是我耻也。成一家之言，创一世之勋，其小焉者也。而必发前人所未发，创亘古以来，所未始有，亿万年之心胸，自吾而拓之，百世后之豪杰，由吾而兴之，始乃足遂吾志耳。予自受课以来，竟修身七课，如牟尼一串，前后相衍，如阶级数仞，层叠而上。有得心乐，而不能自己，乃书区区之戚如是。

修身课感言

（己酉下学期）

二年级生　殷传爵

余尝读修身课，因之有所感矣。天之生人也，五官同，四肢同，即心同、脑同。所读先王之遗言，用礼之节文，亦无不同。及其既成，或为英雄圣贤，或为奸佞盗贼，始同始异，何也。修身与否耳，是故木从绳则直，金受砺则利，人日覆省乎？己则识高而行，端目践四矣，过不过贰矣。己造乎，中庸之域矣。夫知而不行，与不知等，行而不力，与不行等。仅受修身之课，而不能修身，则与聋者无异也。或曰，实行修身，苦于难能，曰，骐骥一日而千里，驽马十驾，则亦及之矣。仅迟速先后之殊耳，胡为乎，其不相及耶。道虽远，不行不至。事虽难，不为不成。彼英雄圣贤，既先我而着鞭矣。

我则未免为难人，是足耻已。由此而生，奋心以超乎？千载以上启乎，百世以下亦在为之而已矣。自修，其可缓乎？

黄炎培校长认为，修身课程，强调以传统国学中的文化精髓，以修身处世为主线，结合学生所处时代所发生的重大事件，以通俗易懂的语言，以王阳明学说、刘宗周学说等为主要内容，从善恶说、良知说、修身和修心、利禄说、齐家与治国说等诸多方面，对自控、忍耐、专注、坚持、勤奋、乐观、抗压、远见、包容、生死、自省等方面进行详述，使学生可以领悟"修身、齐家、治国、平天下"的文化精髓。同时，要求学生养成就修身相关内容予以反思、记述的方式，以更好地培养学生的自我约束能力，从而增加责任感、社会观和世界意识。

四、日记教学法

黄炎培秉持蔡元培先生对于日记的高度重视，视其为学生学习的重要内容之一，要求不仅记述规范，而且作为重要的学习内容，老师要定期批阅，从而更全面地培养学生。

根据校友沈秉常①的《光绪三十四年学堂日记》（1908 年）可以看出，黄炎培

---

① 2018 年，经上海市委统战部老领导黄宾笙先生和中华职教社生杰灵老师的介绍，周乾康先生在家乡乌镇藏友处发现沈秉常的日记。

校长非常注重日记的教育功能，特意制订了生徒日记须知：

一 本册页数适足半年之用，勿得中间撕去。

一 用本册时，先将册面如式填写，次将每纸月、日、曜期、节气、阳历月日各按后表填入（节气填入阳历月日及气候之上格），其余逐日记之。

一 受课日除受课纲目、自修课程、校规、师命及预记事件，择要记入外，其中行应记者如下：

甲 课业之心得

乙 课业外之行为

丙 阅报所得

丁 其他见闻、思想所及

一 假期除自修课程预记，择要记入外，其中行应记者如下：

甲 自修之心得

乙 亲朋问候及谈话

丙 游览所得

丁 阅报所得

戊 其他见闻、思想所及

一 受课日于每晚自修毕记之；假期于每夜就寝前记之。须持之以恒心定力。

约言

一、书法勿潦草

二、勿用铅笔及红蓝墨水写

三、中行应记者勿略

四、勿写无谓词、轻薄语、诋毁人语

由此可见，日记也是浦东中学学子的一种学习方式。

日记的作者沈秉常，浙江乌镇人，于光绪三十三年正月十八日（1908 年 2 月 19 日）报考浦东中学，就读黄炎培先生为监督（校长）的上海浦东中学堂。该日记为他所写的第一学年日记。

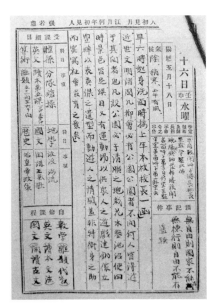

图 4 - 12 沈秉常日记

由于日记格式编辑有"日历(阴历和阳历)、气候、假期、学堂发布及师长指示命令之事件、授课细目、自修课程、预记事件、亲朋问候、游览地方"等诸多栏目,又日记记录全面,很好地再现当年黄炎培继承恩师蔡元培在南洋公学特班的教育法,在浦东中学践行的教育思想、方法、制度,包括科目设置、教员教学等诸多情况。

为了客观反映当年浦东中学教育状况与历史真实性,特选录沈秉常日记中关于监督黄炎培先生的训词、授课等内容,也包括这位中学生自己的感受文字。

(1)正月十八日(阳历2月19日)

今日午后,至浦东中学考验,至监督①时,考者有四五人,我之题目是"述浙西近项之乱象",做好后,父亲及伯诚、达夫回去时已晚,乃至杏花楼吃晚膳。

(2)正月廿一日(阳历2月22日)

早上六时半起身,黄先生②宣布令,早膳后,偕诸新同学入第三教室考验,分班,上午国文,题目是"勤学敦品说",下午数学、英文、算术题、代数及分数四则杂题,我做代数一个,英文惟读读而已。

(3)二月十六日(阳历3月18日)

早六时起身,洗面,时接上年本校校长③一函:

近世文明诸国,凡会必有公园,公园者,不问何人皆得游于其间也。凡设公园,必于清旷之地栽花木,凿池沼,使四时景色皆足娱目;又有运动场,以供众人之游戏;建铜像,立丰碑,以表英杰之遗型,而动游人之情感,盖非特卫身之助,而实寓社会教育之意矣。

(4)二月廿三日(阳历三月廿五日)

黄先生命令,闻钟声,入室后,切不可白谈。

(5)二月廿七(阳历3月29日)

今日上午为第一次演讲会,庞君淞讲演《汉史》,甚为清楚;(钱)剑秋先生补《汉史之气节》;黄任之(炎培)先生讲《社会学之大纲》,分社会之起源、定义、发达、性质及目的,甚为有味也。

---

① "监督",即校长黄炎培。
② "黄先生",即监督黄炎培。
③ "上年本校校长",即监督黄炎培。

（6）三月初一日（阳历 4 月 1 日）

学堂发布栏内。黄师布告：初四、五、六三日清明节假，除三天以外，如无特别要事，万勿旷课，抛黄金光阴于无甚，谓之节事仆所勿取刍，亦诸君所不肖也，其善体此言。

（7）三月廿四日（阳历 4 月 24 日）

下午考试修身课，题曰三问。一、中学生徒之可贵何在；二、王阳明说自制若何；三、近项于自制上有心得否。余做至第三问，心中甚为爽快，因心得甚多之故，以此可知黄任之先生讲修身之益大矣。上午退课后写家信一封，详述现下如何考试，并将题目寄去，于晚上放于箱子焉。

（8）四月初二日（阳历 5 月 1 日）

今日讲修身，黄（炎培）先生谓，上学期讲"对己"，今日起，讲"对人"。对人之道，以忠为先。忠者，尽心、诚实之谓也。其中有曰：知无不为，为无不尽。又曰：知无不言，言无不尽。人若为而不尽、言而不尽，此即对人之不忠也。因此，余于心得上，又有无穷之益在焉。余初时有人若于科学上问余，问使余不得知则不答也；若知其十分，而余必存一利己之心，不得尽力而为、尽力而言也。今闻黄先生讲，不尽为，即对人之不忠，则余当竭改前为，不愿为对人之不忠者也。恐后不留意，故记之。

（9）四月初九日（阳历 5 月 8 日）

今日修身课，黄（炎培）先生讲，对人之要道，惟恕而已矣。讲至前日旅行时而学生中有不能忍苦者，有不能推己及人者，种种非修身之道，皆显于此时。故观人之德行之优劣，不在平日，而在于极危险、极苦楚之际也。又谓，凡人能谨慎于至微细之事，则大事亦必能谨慎也。故于小事上，尤当注意焉。又谓，我等在校中倘有稍不谨之举动，尤可因尚存师指教所惧者，在于校外为人窃笑耳。种种之失败，一一说明，愿我等有者改之，无者戒勉。观于此则，黄先生之热心教育，可洞悉矣。而余等安得可不如其愿乎。

（10）四月廿三日（5 月 22 日）

第一节修身，黄（炎培）先生讲对人"厚"。对于师长，常有恭敬亲爱虚怀受教之心；对于朋友，须常有同甘共苦劝善归过之心，此二者谓之厚道。使余等常怀此心而实行之。否则徒然有讲修身之名，而无修身之实。余恐忘记，故记之。

又谓，余等常有轻薄之举动，令一举之，使有者改之，无者加勉，如偷视、如窃听、如谯笑、如詈骂、如不服善、如不敬师、如好称恶,此数端为青年易犯之者,望余当加谨慎而改之。余于此数端中犯者有二,自今以后,余乃立誓而改弃之,而希望后日为厚道之人也。

(11)四月三十日(阳历5月29日)

校主(杨斯盛)于今日十一时二十分逝世,停课三天,聊伸哀悼。监督(黄炎培)韧之白。

午后一时间,整队入礼堂训话。由钱(剑秋)先生布告:校主杨斯盛逝世之由,及捐产地以兴学,前捐数万金开广明小学,后于浦东购地三十亩建筑大厦,开设中学及高小、蒙养各学校,共费十二万两,今又捐六万两,作为基本金,噫!校主家产共有三十万,而愿于三分之二兴学,以养成国民。则校主之为人可谓无名之英雄矣。

(12)五月初一日(阳历5月30日)朔日行礼

九时间,全体学生整队入礼堂。由监督黄炎培先生讲:校主(杨斯盛)于昨日逝世,其于逝世之前时,念及此学堂之改良、学生之前途,于是恐后此学校经费不足,不得培养完全之学生,故又捐数十亩之业产(原注:地在上海虹口,现下可值十二万两)以固基本,而养成完全之学生。此乃布置学校之事也。又杨公(斯盛)之家产共有三十余万,以二十余万捐之于学校,其三分之一作为己有,然并不传以其子孙。校后之房屋,并不为子孙之住宅,作为后日祠堂也。以所有之财产修理此祠堂也。以其息,作为其子孙之学费也。此乃布置家中之事也。观于此,杨公谓其无名之英雄也。固矣,故川沙之学界,欲与其建铜像也。

(13)五月十六日(阳历6月14日)

余眼一瞬,惟有二礼拜即暑假期矣。越五日,即大考矣。我因各科学习不能得其径,内心为怅闷,故静坐于自修室,要温习科学,然并非竞争分数起见,以尽为学生就学之分子也。又观诸日学中每每要争分数,以求一时之荣耀,既得其荣耀,则嚣嚣然自傲,开口即论每人之学问之如何,闭口之论每人学问之如何,又要评同学中往年信札互通与否,字迹之好与否吁。观此等人,何其骄也。黄先生昨日告,二年级对于一年级尚不可骄,况同级乎?小考时,则果例第一、第二,大考之考案未定,岂可知必例于第一、第二乎?既不得知,则安得可以有骄气象乎?又今日为本校招考期,年之学生有一稍大者,而此人即要评其年,蹉矣。考验如此之慢,悲夫!何专于自大而轻人乎?余甚为不忍,故记之。

（14）五月十九日（阳历 6 月 17 日）

今日之礼堂训话，由教务长张志鹤先生布告，下学期之办法，增加英文课之时间，然于国文课，仍然要重也，因国文为各科学之基础也。监督黄先生布告，本校注重国文之由，言他校之所以不注重国文者，乃仿效外人之所开之学校，凡在沪外所开之学校，何国文人开，则何国文乃定。则本校乃中国人开，故重中国文，况中学校养成普通科学，而进专门也。苟不重国文，他日安可直接专门乎？又告常调换学校、肄业之弊，甚为深悲。余听之，不觉大有味也。至五时四十分始散。

（15）五月廿九日（阳历 6 月 27 日）

余之身离浦东中学校，而心实在于斯校也。

晚上四声钟，行休业式礼，由监督黄韧之分别给奖，所奖者，分为三种，一，品行最优者；二，学问最优者；三，半学期未尝辍课者。所奖之件，一，名誉证书为凭，又品与学皆最优者，奖一银章。中学惟有六人，黄君克缙、徐君兆蓉、俞君乃文、何君旭东、王君云春、胡君锦荣；高小学生亦六人，王君国钧、黄等。又告下学期开学时，必须早到，不得迟。后闭会。

（16）七月廿一日（阳历 8 月 17 日）

今日第一课，本定是体操，特改修身，全体同学入礼堂，由监督黄韧之先生讲演，其宗旨是耐苦、勤朴、清洁六字；第二课，本定修身，改为自修；第三课，英文由恽铁樵先生教授，详解甚为清楚，诸同学莫不欣喜焉。

（17）七月廿四日（阳历 8 月 20 日）

今日国文是黄韧之先生代课，因黄许臣先生出外，韧之先生所讲国文清楚之至，自本至末无不备述，造句成以篇，皆说明白。较许臣先生好得万倍，余能得此教授国文十篇，必有大进步焉。惜明日黄许臣先生上海回来了。

（18）七月廿五日（阳历 8 月 21 日）

今日地理仍由黄韧之先生代上课，其讲解甚为得法，明白至之兮。类而言，可谓完全教师矣。国文亦韧之先生代上课也。退课后，写信一函，致于曹君鸿文，述到申之情形。

今天上午第二节英文课时，恽铁樵先生每一礼拜有一回翻译。每回译中，或中译西，如是，英文之进步甚速。否则，虽读十年英文，亦无益也。观于可见恽先生之于教育上，可谓热心矣。此皆我同学前途之幸福也。

（19）七月廿八日（阳历 8 月 24 日）

上午第二课是修身，黄（韧之）先生讲"忍耐"，言万事皆要志坚忍耐。如读书，虽因经费不足、身体薄弱，于致半途中止，其实皆在其自己之心而已。因此感动，余之心而终要在此卒业，而后止也，不然，即不忍耐也。

（20）七月廿九日（阳历 8 月 25 日）

早上体操，因雨中操室练习兵式，后又做徒手操，新生在檐下操亦是徒手也。下午第三节国文，是讲刘伯温《裕轩记》，而黄许臣先生讲解甚不明白，又不分明，每段之意义较之于黄韧之先生之解讲，相去天壤。故诸同学如有不喜之状也。

（21）八月十三日（阳历 9 月 8 日）

自修时，闻钟声，诸同学皆整队于檐下，入礼堂，先由黄（韧之）先生讲旅行之益，本校之所以旅行之由，念（廿）四日为本校纪念日，放假；念（廿）五日，星期；念（廿）七日圣诞。又言，到南京要助费洋三元之所以。后由钱（剑秋）先生讲旅行之有益于科学者，及南京一切之盛景。后即散。

（22）八月十九日（阳历 9 月 14 日）

今之第三节是修身，黄任之先生讲推想。其义与上学期所讲之"恕"相同。惟推想之义较之尤广。今奉其要目有三条：一、推想父兄望我之切；二、推想师长爱我之深；三、推想世界国家之待我而沾。人能如是，则交际上可无怨仇之事，为事之间，可无不如众意者矣。

（23）九月初四日（阳历 9 月 28 日）

第二节修身，讲公德。（黄韧之先生）言公德者，关于公众之道德。私德者，关于个人之道德，人无公德，不能立于人群之内，此乃无公德之害也。欲知人之有公德与否，于学校为最易，故学校为公德之操练场也。

关于公德之要目有三：一、勿污公共物；二、勿坏公共物；三、勿多取公共物。观此三者，非于学校中内为最易乎？故余今处于公德之操练场中，安可不注意乎？盖学生他日为国家办事者公德之道德，可不操练耶？

（24）九月十一日（阳历 10 月 5 日）

第二节修身课，到者惟有三十人，不到者二十七人。黄先生谓，进入不到之人，少数人果有要事或病假，多数人皆浪费时日，并无所事焉。盖学校规之严，皆要使人耐苦，培植人才也。而人往往误解，而存心游玩，费时也。此真不忠于父兄也。校中功课一时不可缺，与学评有关也。

第四节国文课，黄韧之先生代讲《半幅亭试茗记》，讲毕，谓南京之雨花台、日本之江之岛，其茗之美与半幅亭有相似焉。

（25）九月十六日（阳历 10 月 10 日）

早膳后，闻吹哨子，皆到檐下整队，入雨中操室，小学生后，观涛学生乃行鞠躬礼，黄监督先生奖励，谓，本校与该校之感情，他日学成之后办事更多。黄先生又谓余等曰，此校乃浦东鲁家汇镇之官立学校，该校学生甚为可观，使余等能无愧乎。

（26）十月初四日（阳历 10 月 28 日）

今晚之讲话训话，由黄任之先生讲大脚病之由。谓诸医生所说各人不同，议论纷纷，各持一说。惟有不运动之说为最。是故本校要限止自修，（让）各人要运动。其规划由钱（剑秋）先生布告。又云：读书之目的，为他日于国中办事，故欲身体康健，然后学成后办事，得于不疲倦也。

（27）十月二十日（阳历 11 月 13 日）

第六课因有于课堂上看小说或作为游戏者，黄许臣先生屡言不逊，故黄（炎培）先生不允上课，于是监督来课堂谨戒一回，嘱杨杰（学生）前往赔罪，以为此次从宽轻罚……后乃闻钟即退，（任之）吁一寸光阴一寸金，今日之一时间，无端旷废，惜哉。

（28）十月廿四日（阳历 1 月 17 日）国丧停课（十月廿一日光绪崩，次日慈禧太后亦崩）

学堂发布栏内记：午后有礼堂训话。夜，（黄任之）监督告：哭临行礼，今者中国之外患内乱，天灾疾疫尽矣，而乃于一十二时内遇国丧有二，呜呼！时谚有之，祸不单行。

（29）十月廿五日（阳历 11 月 18 日）国丧停课

昨日之礼堂训话，因国丧事，先由黄监督讲哭临之所由。后有讲现下中国之危，譬如舟行于太平洋之中而舵忽然坏败，正在修舵，不知可否不颠倒云。

（30）十月廿八日（阳历 11 月 21 日）

今日国文课是黄任之先生代上课，讲本校宗旨，书谓，是篇可作为修身，可作为礼堂训话，又可作为回文，其宗即勤朴二字耳。

（31）十一月初七日（阳历 11 月 30 日）

今日国文科本值作文，黄先生因有要事，改做默书。下一节课上一篇，诸学生嬉闹,不允,黄先生出题目,曰"机变之巧者无所用耻说",此句指嬉闹者而言也,不知此人将如何作法,实觉愧者矣。

(32)十一月十四日(阳历12月7日)

下午二旬,全体学生及全体执员为史君(济曜)①开追悼会。其次序如下:一、行礼(三鞠躬);二、报告史来校之历史(张师伯初);三、执员读祭文(钱师剑秋);四、中学生读祭文(李君伟生);五、高小学生读祭文(杨君荣生、何君殿英);六、中学学生演说(胡君宗韶)述史君平生之历史,并勉励诸同学君;执员演说。黄师韧之讲学生前途之可贵,甚为悲切,而有下泪者,并读祭文;钱师剑秋讲卫生之必须,不可不讲究之利害;张师伯初讲生死之轻重,及史君逝世之可惜;叶师典臣讲生死之不可测,死者既已,而生者可接而为之也,又言,中国人见死者悲惨之,而不知今日之一切实事,皆悲惨,何不记之乎? 后即散会。

(33)十二月初四日(阳历12月26日)

晚上讲堂训话,黄(炎培)先生讲十五日行休业式,开家属恳亲会。又谓,诸生于放假之前不得回去,又痛论教会学校之不可之。谓常换学校之无益。张(伯初)先生讲教会学校之有名无实,及伊曾在教会学校中为职员之阅历。讲一年级要考升级考试,为小学升入二年级预备;又讲明年二、三年级之课本,并言日记明年不用商务书馆之日记,而自印刷也,如要先买者亦可。后即散,而自修也。

上述三十余则,无论从演讲会、修身课,或是代国文课、地理课、监督布告,可见到黄炎培先生当年的训词、言论,涉及社会学、教育学、历史学、心理学、卫生学等各个领域。

黄炎培先生讲到浦中学校的宗旨"耐苦、勤朴、清洁"六字,是学校创始人、校主杨斯盛在1907年3月8日浦中开学那天,亲自向全体学生提出"勤、朴、诚"修养的要点。

面对师生矛盾,在学校内发生教师"出言不逊",学生"看小说或做游戏"消极抵触之事时,黄炎培先生首先处置教师"不允上课",而后"课堂谨戒一回"全体同学,再是嘱犯事学生"前往赔罪"。在五月十五日(阳历6月13日)礼堂训话:"黄仕之先生与中学生均白:今日后执员(教员)专于办事,而学生专于读书。

---

① 史生济曜系首届浦东中学学生,学行俱优,该年九月初痢疾发作,回家休养,后在家病逝。

徐师望、杨荣实(学生)之事,言其过,是最大之过;然过虽最大,可以教化之者,终当教化之,不可固其大过,而止教也。"这种与人为善、胸襟开阔的育人思想方法贯穿其中,是站得高、看得长远的教育家之风范。

沈秉常的学堂日记,并不能全部、完整记录黄炎培先生的言论原文。以每周演讲会的教育熏陶与每周检查日记的学生言行,这两条来说,黄炎培先生担任校长期间,所进行的教育实践极其有效。

黄炎培校长认为蔡元培先生的日记教育法非常有用,他在浦东中学效法,每周检查学生日记。他对学生日记并不是采取单一写评语方式,而是有创造性地采用多种细节方式,如一纸提示、劝导、警戒方式,以及中途观察学生举止抽查日记、改变检查日期(初每于火曜日,交日记于教务处长张伯初先生,由级长收去,到衣膳后发还。后改"月曜日""金曜日")。学生日记对学生的教育价值非常明显,如学生沈秉常在八月初六日(9 月 1 日)写道:"余于上半年每观知己中(等)也,尤知己之日记必得所评焉。皆于道德上最要者也,余素无得其评(语)焉。而今日之日记中忽得一纸,取视之,乃教务长张先生谨戒之言也"。自我感觉中等,不仅没有中等好评,却是一纸"谨戒之言",要求之严格,可见一斑。又如九月初九日(10 月 3 日)日记:"早膳后,教务长张伯初先生将余之日记取去,甚为不解,至午后交来。开阅并无批评,且不盖印,尤为不解。近日余常愁思,二日不记,究不知何故。抑查察记与否乎? 抑他事耶?"可见学校教师、学生非常关注、重视日记的严谨细致。

当然,由于时代的变迁,日记教学法已经发生了很大的变化,但在当年,日记在师生之间的交流和沟通,对于学生能力的培养等方面,具有不可替代的作用和价值。

五、演讲教学法

(一) 国文科中对于读法的要求

宜注意事物教授;

事物教授宜与文法、句法教授分别行之;

宜临时取事物,问答之口答、笔答亦并用;

教材宜选在近世者；

每周于正课内，定演讲一小时；

范讲、准讲逐字逐句毕，均宜统讲大意一遍。

（二）组织演讲社

黄炎培设计的礼堂高五丈，顶用红瓦，堂内高四丈，长十丈，可容一千余人。恢宏大气，中西合璧，成为远东地区非常有名的校园礼堂之一，不仅平时学校的各项教育活动、集会等在此进行，很多著名人物也相继受邀在此演讲，如蔡元培、陈独秀、恽代英、郭沫若、茅盾、唐文治、李登辉、邵力子、萨镇冰、黄炎培、杜威、袁观澜、齐耀琳等。

学校组织了培养综合能力的演讲社，鼓励学生经常练习演说，以培养学生在公众场合演讲的能力和方法；同时，学生组织也经常在大礼堂开展各种活动，组织宣讲等。

（三）教师读书演讲会

黄炎培认为，教师在专业成长过程中，需要不断学习，来提升自己的修养学识，每个专业的知识都是日新月异，大家都应关注研究，对于不是自己专业的知识，也需要博览，了解大概，这样更有利于自己的教学和学科知识的融通。但每个人的时间和精力是有限的，无法做到博览群书，故每个月或每周定期开会，组织教师读书分享会，大家将个人的研究成果进行分享。

考虑到老师演讲之后，可能会面临同行的质问，读书时，必然会更加认真用心，印象深刻。故演讲也是读书分享的一种非常有效方法。

正如校友沈秉常的日记中记述，光绪三十四年二月十八日（阳历 1908 年 3 月 20 日）：

"午后，开礼堂训话，黄师演说，本学堂学生赖倚教师之心重，及教授之流弊，以后一一改良，学生备各种参考书，教师及学生开设一讲谈会，每遇礼拜开会，以交换智识为宗旨。诚可谓良法也。"

黄炎培校长认为蔡元培先生的教育法非常有用，他在浦东中学效法了演说法，即每周举行一次演讲会，根据相应的主题和内容，或由校长亲自演讲，或由教员演讲，或由学生演讲，从而培养学生在公众场合演讲的能力和方法。

六、德育课程

学生行为规范的课程要求

黄炎培非常注重校规校风的建设,发扬"勤朴"校训和学生修养标准,以培养学生严格自律、艰苦奋斗的精神,将来承担起报国之志。

公布录要

第一类　总禁令

禁私出校门,违者退学;

禁吸烟,违者记大过。

第二类　关于礼节者

生徒对于各职员之礼节如下:

一　到校相见必行礼;

一　有事相见必行礼;

一　临别相见必行礼;

一　校外相见必行礼;

一　行道相见必让避;

凡行礼,用立正。

第三类　关于考绩者

一　各教员以平日暗记分数与考试分数,参酌定为考分。

一　以临时考分与学期考分平均核算为总平均分数,平时旷课,除父母之丧外,每旷二十时或不足二十时,均扣分数一分,过二十时在四十时以内,扣二分余,以此递加。

一　满八十分以上者,为最优等;满七十分以上者,为优等;满六十分以上者,为中等;均以毕业或升级。不满六十分者,为下等,不满五十分者,为最下等,均留级。不满三十分者,出学。

一　各科分数有两科不满六十分或一科不满五十分者,均不得列最优等;有二科不满五十分或一科不满四十分者,均不得列为优等。

一　因事或病,不与大考者,于后学期开学后两星期以内定期补考。

(附)补考须知

甲　除题意以外,概不许质问;

乙　考时已满,一律缴卷;

丙　考试每纸必书姓名于纸之中行;

丁　先缴卷者,必向教员行礼后出;

戊　卷纸勿换;

一　行评等次,每学期终由职员会核定,列最下等者出学。

(附)判罚法

记三小过作一大过;

记一大过者,行评不列优等;

记二大过者,行评不列中等;

记三大过者,令退学。

第四类　关于级长、室长者

级长选任法如下:

甲　全级生徒皆有选举权,学行俱在中等以上者,有被选举权;

乙　每学期第一周、第十周为选举期;

丙　记大过者停止其选举权及被选举权;

丁　选举用记名投票法,每票一名,照额加倍,列由本级主任、教员会同监学委任之;

戊　当选票数以及投票人总数十分之一以上者为合格,不足重选;

己　连被选者得连任;

庚　当选人未被委任者,作为候补级长;

辛　级长有因故解职者,以副级长推补,另于候补级长中委任一人为副级长。

室长选任法

卧室长、自修室长各由同室生公举,票数同者,由监学择任之,外舍、总社长之选任皆同上。

(附)各室门之启闭须知

早膳、午膳后,闻上课钟,各生将半日内应用之书籍、文具均先携入教室,自修室长即锁自修室门。

午前、午后课毕,自修室长开自修室门。

午后课毕,卧室长开卧室门,听同室生入内换取衣物,以十分钟为限。

卧室除前条定时开门外,实不得已之故,勿准请开,请开时,向卧室长领钥匙,卧室长必先询明事由,告于监学,给付钥匙后,书册存记。

卧室内如有患病,而未迁入养病室者,其卧室门不闭锁,看护生得随时入内,余勿擅入。

第五类 关于扫除者

卧室自修室备放扫帚、鸡毛帚等物,每日早膳后,各室生轮值洒扫,其簸箕自修室用者,在北楼梯下;归卧室用者,在北楼梯上,用过各放室门口,由校役取去倾弃垃圾。

轮值洒扫卧室之生,届时至监学室,领钥匙开门,洒扫毕,即需关闭。

自修室洒扫时,同室生各出室,有欲自修者暂到教室。

大扫除须知(每学期内大扫除一次,开学后第八九星期行之):

甲 卧室

早膳后,闻吹叫,本室生将自己行李移出,放洋楼上,被褥移入邻室同号之榻上,下午课毕,闻吹叫,移入本室,移放须整齐,勿乱置。

行李用帚拂拭,帐被亦需整理,衣服及箱内之物件,均须整理清洁,折叠收藏。

假出,各生之行李,由室长代为整理,先用布条结束,写明姓名,以便认归。

乙 自修室

早膳后,闻吹叫,室长招呼同室生收拾物件,无论在架上、在屉内者,统行搬出,凡午前上课应用之件,即移至课桌内,余各暂放于卧室榻下,午膳后,特开卧室门一次,以便换掉。

午膳后,闻吹叫,室长至庶务室取抹布,分给同室生(每四人轮流合用一抹布,用毕即交还),将室内之桌椅、书架、抽屉各自揩洗。

下午课毕后,闻吹叫,各将书、物移入,整理之(如有假出之人,同室生代为整理之)。

丙 外舍

早膳后,舍长招呼同舍生各自揩洗桌凳、书架、抽屉,用毕,送还抹布。

下午课毕后,各自整理(有假出者,同舍生代整理之)。

丁 教室

早膳后,各级生将本教室内课桌、教桌搬出楼上教室,移至洋楼上,楼下教室移至雨操室内,各依次序排列。

扫除揩洗之次序,第一次吹叫,为第一教室;第二次吹叫,为第二教室;余以此类推。

每三课桌合用一抹布(抹布由级长领取交还),九课桌合用一水桶。

下午三时后,闻吹叫,各自搬入整理。

图 4 - 13   1907 年同学夜自修时的情形

第六类   关于浣曝者

换下待洗之衣服,自留姓名于衣角,或写姓名于布角,用线缝上,以便识认,所需缝线在监学室,缝针在庶务室,自买。

发洗之期,早膳后,由卧室长至监学室取洗衣簿,挂卧室内壁上,通知同室生将欲洗之衣逐件亲自登记于簿,需用墨笔,勿写草字,记毕,即随手将衣存放本室门口,室长见同室生之衣均已携出,仍将洗衣簿送还监学室,俟后洗毕,由校役送交本室内,听各生认取,取去之衣,须由本生于洗衣簿上逐件写一"取"字,俟认取毕,室长将洗衣簿仍交监学室。

衣被由各生自晒,衣被角上均留名字,以便认取,鞋靴亦照此办理。

第七类   关于起卧者

起卧时刻表:

立春后   六时十分(起)   九时四十分(卧)

惊蛰后   六时   九时三十分

立夏后   五时四十分   九时十分

芒种后　五时三十分　九时

小暑后　五时四十分　九时十分

立秋后　五时五十分　九时二十分

白露后　六时　　　　九时三十分

寒露后　六时十分　　九时四十分

立冬后　六时二十分　九时五十分

大雪后　六时三十分　十时

小寒后　六时二十分　九时五十分

第八类　关于日记者

本校自印生徒日记,各生一律购买。

生徒日记须知(此须知附载册首):

一　本册页数适足半年之用,勿得中间撕去。

一　用本册时,先将册面如式填写,次将每纸月、日、曜期、节气、阳历月日各按后表填入(节气填入阳历月日及气候之上格),其余逐日记之。

一　受课日除受课纲目、自修课程、校规、师命及预记事件,择要记入外,其中行应记者如下:

甲　课业之心得

乙　课业外之行为

丙　阅报所得

丁　其他见闻、思想所及

一　假期除自修课程预记,择要记入外,其中行应记者如下:

甲　自修之心得

乙　亲朋问候及谈话

丙　游览所得

丁　阅报所得

戊　其他见闻、思想所及

一　受课日于每晚自修毕,记之;假期于每夜就寝前,记之。须持之以恒心定力。

约言:

一、书法勿潦草

二、勿用铅笔及红蓝墨水写

三、中行应记者勿略

四、勿写无谓词、轻薄语、诋毁人语

级长日记须知：

（一）记同级生之出校到校（例假不在内）

（二）记同级生之辍课及其时数

（三）记教师之特别命令

（四）记规劝同级生及值日生之言

（五）记检查本计教室整洁之成绩

（六）记同级生学行上特优之点

（七）记同级生有犯教室规则事项

（八）逐日记事，皆有署名或盖印

（九）逢月曜日下午呈缴本级主任教师检阅一次

（十）本日记于年寒假时缴还存校

第九类

每一周或三周，宣示一例假（即日曜日），许各生自请假出校一次，非在此期内请假出校者，为特别假，须有家属或保荐人、保证人之告假书，直接寄于监督或监学。

除例假外，请假出校过期不到，满一日者，记一小过；满三日者，记二小过；满五日者，记一大过。以上递加，满十五日，记三大过，退学。

例假须知：

欲假出者，于例假期上一午后，至监学室签名，仍候，翌晨，揭示有名者，方为准假。

家属有函，告欲戒勿出者，概不准假。

例假必须当日回校，当日不回校者，作为自行退学。

例假期出校只有一次，回校之后，不得再出。

凡出校者，将监学室门口名牌翻转，另向监学室领取竹筹，交付门房，取簿书名，无竹筹者作为私出。

回校仍向门房取簿书名，至监学室门口，将名牌翻转，然后至监学室取回校时刻簿，登记销假，书明何时回校。

校中晚膳入常时,回校过时不再开。

食物除高冰外,勿购带入校,违者察出,记过,并罚停下次例假一次。

出校诸生倘有身不检束,或损坏名誉,察出记大过,并罚停下次例假二次。

出校诸生当晚照常自修,非有疾病,不得托言疲乏请假休息。

第十类　关于信件者

寄信均放信箱内,惟邮寄须贴邮票;局寄,须于信面上写明寄信人姓名(勿写号)及信资已给或未给与,发民局或轮局,其写明未给者,由庶务室代付,专差信须呈由监学代发。

每晚自修退课前五分时,闻鸣铃,自修室长至庶务室认明本室之信袋,领取同室生之来信,分给本生。

信外物件,由庶务员开明字条,插入信袋,自修室长领回,交由本生于自修课毕后,亲持往领,并书簿存记。

还有假出之人信件,仍由自修室长交还庶务室,代为收存;另贮一信袋,置小黑板记出假满回校,各生均自往庶务室看明小黑板有无记出之信件,惟领取须通知庶务员。

黄炎培校长认为,严谨的校规和良好的校风,是学校课程的重要组成部分,这是学校发展的前提条件,应该基于不同校情,制订符合实际而又严格细致的规定,分工明确,奖惩分明,以培养学生严以自律、艰苦奋斗的精神,重视劳动教育,发扬"勤朴"校训和学生修养标准,将生活教育视为学习的重要组成部分,专注于学业,培养独立精神、自立能力,将来承担起报国之志。

七、单级编制法[①]

单级编制法

浦东中学附属初等小学采用单级编制法。孙肖康老师精心研究,同时采纳俞子夷先生在日本学习考察的经验,进行大胆探索。

---

① 摘自《浦东中学校杂志》第二期(1909 年)。

图 4 - 14 初等小学单级编制法

八、分班表

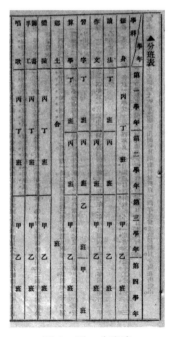

图 4 - 15 分班表

九、初等小学各班教材配当法

修身:一、二学年为一班,三、四学年为一班,用集成图书公司教授案。

国文:一、二年生各为一班,各以异教材、异程度教授,用集成图书公司国文教科书第一至第八册;三、四年上学期各为一班,用蒙学课本二编下及三编上;下学期合为一班,用商务印书馆最新国文教科书第六册,据所经验,觉此书取材未能顾及应用,词句稍深,亦不便于话法练习,明年拟全用集成本。

算学:各学年各为一班,各应相当程度异教材教授,一、二学年据商务初等小学算术书教师用本,三、四年据商务最新笔算教科书。

三、四年生,自三年下半期始,加课珠算,分为二班,每周一时,以加减法课;三年下学期及四年上半期、四年之下半期课乘法,二种珠算法分珠,不必尽与通常算学符合,视生徒能力分之,以有素珠算之儿童在内,故也。授珠算时,附授日用簿记法。

体操:一、二年为一班,三、四年为一班,据中国图书公司体操范本,以其一年、二年用材课丙丁班,其三年、四年用材课甲乙班,各于二年间课完。

图画、手工、唱歌:各以一、二年为一班,三、四年为一班,自编细目,选材教授,不拘一定书本。图画、手工连络教授,但三、四年程度与一、二年所差无多,故现行之教授排列式,只能作为暂定案,日后订正,再行发表。

乡土:乡土地理、乡土史谈、乡土物产之总称,用同程度、同教材教授,以三、四年生为主,教授细目,今尚在研究中。

十、时间表及时间表之说明

各学科通过教授研究会商议,确定的各科教授的时间及相应的时间设置说明:

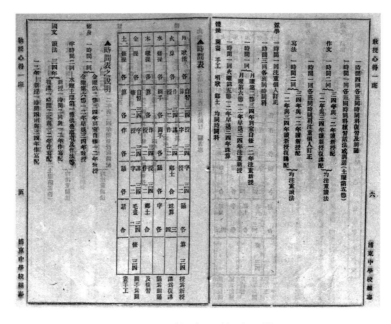

图 4‑16　时间表及时间表之说明

十一、高等小学教授注意点（附）

此为职员会研究之结果，以己酉七月始行，编者志。

总纲：

宜使生徒多所发表；

宜随时随地收集教材；

宜利用挂图、标本及其他实物；

教材选择宜注意实用，减少分量；

试行二分间体操，以养研究；

大注意于教室规则；

大注意于生徒姿势。

修身科：

宜注意偶发事件；

所授事项记之于簿，存教员室，用课本者分送一份于本级主任教员。

国文科：

（甲）读法

宜注意事物教授；

事物教授宜与文法、句法、教授分别行之；

宜临时取事物，问答之口答、笔答亦并用；

教材宜选在近世者；

每周于正课内，定演讲一小时；

范讲、准讲逐字逐句毕，均宜统讲大意一遍；

教新字宜注意笔画。

（丙）作法

作文勿用议论古人及议论时事，宜多记事、记物，勿偏重写景；

多令写信、用信，用信纸、信封写之，勿起草；

改笔宜简要，用甲乙丙丁戊五等评定之；

题字下，令生徒著名作文月日。

（丁）写法

习字笔画不合度者，宜改之，以甲乙丙丁戊五等评定之。

算术科：

教材内事物宜择生活上必须者，数量宜合于实际；

教材宜多取实物，如诸等中度量衡，百分利息中粮票、关单、当票之类；

百分中保险、银行、税饷等类，皆切商业上之实用，宜注重，勿略去；

教授求积、开方后，宜至运动场，实验亩之计法；

计算合法，宜令生徒说明其算理；

比式定为后项除前项，其余有不书"一"者，应议令划"一"；

珠算教授宜兼簿记；

四年复杂之笔算，如复利等类，宜利用珠算。

历史地理科：

历史教授宜用年代图；

历史教授宜用读史地图；

历史、地理均宜给示略图，多令生徒练习；

地理宜注意交通即物产，以唤起实业思想。

理科：

行校外教授；

理化之简易器械,宜设法与手工联络,试令生徒自作。

图画科:

图画宜铅笔与毛笔同时并授;

宜课写生、画记、记忆图画、案画及用器初步。

手工科:

手工宜与图画常谋联络;

宜谋实物之仿制。

体操科:

每课举行呼吸运动。

唱歌科:

歌词必合程度;

选材必合时令;

歌中事物或用实物,或用图画,以唤起感情;

授唱之前,宜详讲词意。

英文科:

初课英文,注意发音会话;

准讲宜令近似谈话。

黄炎培校长认为,通过教授研究会的方式,教师们在研究高等小学教授要点时,不仅需要根据不同学科提出不同的教学要求,而且鼓励各科教师在教学过程中改变满堂灌的方式,鼓励学生多发言;改变传统教授教材的方式,鼓励师生随时随地收集教材和资料;改变单一文本教授的方式,鼓励教师多用直接明了的挂图、标本及其他实物;改变只注重知识传授的做法,鼓励教师在教材选择时坚持实用性;改变从早到晚的文本学习,鼓励教师实施二分间体操,便于学生的休整和学习效率提高;鼓励教师在传授知识的过程中,要注意学生的学习状态和班级规则,在教学中注重育人。

十二、中学、高等小学考试法

黄炎培根据学生的实际和教学的需要,根据不同学科,探索适合的考试方式,既希望能有效地进行检测反馈,又希望能适度为学生减负。

（一）临时考试法

丁未戊申两年，向在开学后第八、九周举行临时考试，惟温课一周，考试一周，此半月中，不授正课，大好光阴，抛之可惜。己酉上半年，改在每日曜日上半天，分别学科，陆续考。如此周考国文，下周考英文之例，在本校教员多尽每周半日之义务，而学生一方面不惟日曜日有所事事，不致流为闲荡，且每学期多受半个月之正课，于学业上之受益，非浅鲜也。然以所考学科，不令学生预知，至土曜日下午四时始行揭示。而未揭示之前，徒费揣测。既揭示之后，咸以晚间自修及翌晨早膳前，短促时间内伏案温习，颇伤脑筋。一纸试验，精神疲惫，是星期日仍未得安息之乐，亦一大弊也。至下半年改为办法如下。

中学各科除作文、书法、图画、体操等科，专以平日暗记分数为凭，不另临时考试外，余均由本科教员于教材章节适当时期，预告学生即就下次授课时间内命题试验，自开学后第三、四周起，平均每周考两科，每科一学期中考二回，间有一、二科教授时间特少者，则考一回。

高等小学除作文、习字、图画、唱歌、体操、手工等科，专以平时暗记分数为凭。不另临时考试外，其余修身、读经、国文（读法）、历史、地理、算术、理科、英文八科用圆周考法，自第三周起，每周考二科，即于授课时间内行之。（每周第一日揭示本周内所考科目）周而复始，惟修身、读经两科，教授时间较少者，每两圆周时减考一回。

（二）学期学年考试法

丁未戊申两年，在暑假、年假前两周内，温课一周，考课一周。学生用脑过度，大伤身体，即各教员评阅考卷，亦有应接不暇之势，两不合宜。己酉上半年起，改用随温随考法，预为配定日期，如初二日上半天考算学，初一日下半天专温算学，初三日上半天考理科，初二日下半天其专温理科之例。学生用脑不苦繁杂，而教员陆续阅卷，亦觉从容。

黄炎培校长认为，考试是教学过程中非常重要的一个环节，在中小学考试的过程中，需要考虑不同学科的教学进度和要求，根据不同年龄段学生的生理和心理状态，采用不同的考试方式，既要保证教学与测试的要求，又要兼顾学生的压力和教师的工作安排，从而提高教学和测试的有效性与针对性。

第五章

体艺筑品，泽润学养

——"气质为上"的育人模式

　　阅读浦东中学的办学史，可发现一个与世界名校一致的特色，即重视体育和艺术教育。这种以"筑品"为上的教育理念与实践，凸显的当然是"素质教育"的远见卓识。

第一节 体育教育

黄炎培先生极其注重体育教育和艺术教育,他认为,体育是学校教育的基础,艺术可培养和陶冶学生的情操,他从创校之初,始终强调体育教育对于强健体魄、磨砺心志的作用和价值;重视音乐、绘画等,将蔡元培先生的美育教育渗透其中。在整理编辑校史中发现,浦东中学的校友长寿者较多,百岁人瑞亦不少;很多校友非常注重艺术修养,不仅有一批音乐家、书法家、画家,更有很多在自己研究领域内成为名家、大家的校友,同时在艺术上也有非常高深的造诣。

一、体育大会之旨趣

体育大会之旨趣

本校以小学校改设未期年耳,方始立时,即亟亟焉。谋曰,将养成何等之人物,以应方今时势之所需要乎? 于是渊然深思,谓夫强国者,先强其民,有识者所公认矣。而学子狃于闭户伏案之旧习,瀹其心而伐其身,虽学校生徒所不免,中学为尤。夫校设诸学科,不于智育一方面者太半,学程立之于前,考试督之于后。知识上殆弗虑无进步,所难者,德育及体育耳。而斯二者,适占道德教育国民教育之重要部分,又为垂亡之国之救急要药,匪可忽也。而本校教授上、管理上特注意之点,由是以定。

本校教授之外,重训练,既立生徒自治会,提出自治第一步,注重之德目为朴实,为整洁,为敬恭,为勤奋,为沈静,为活泼,为和爱,为庄严,为信时,为守分,而于体育,一方面将利用其年少好动之天性,以战胜社会疲荼之习惯,量其年龄、体格之克胜,以实施吾严整恳笃之教练,而体育会以立。

体育会立有日矣,内容为器械运动部,其目则天桥也,云梯也,平台也,铁杠也,木马也,平行架也。为游戏运动部,则庭球、野球诸戏也,竞走、跳高诸戏也,为铁链球部,为拳术部,为军乐部,令生徒志愿入之,乃无一人不入。最少兼二部焉。今屏去其耗费时间之游戏运动,益以普通兵式诸操,为是大会。大之云者,合诸部演之耳,匪敢夸也。

以我国人之习于文弱,学子半来自富贵之家,或未获受完备之小学教育,遂授以甚剧烈之器械,违度之运动,大非所宜。以故器械运动部员,必先受教师体格检验,得其允可,而后入。至于体操、正课,固有器械,亦必矣,普通熟而为之,要之由普通而兵式,悉从其天然发达之顺序,无敢驰矣,亦不敢躐,盖其慎也。

三十年前,浦东拳术方盛,滨海农隙,辟场授徒,无壮幼咸集,短衣揎袖,意气不可一世。洪杨变作,海隅村落,乱徒无敢近者,顾以无教育以故,辄酿为械斗恶习,洎鸦片风行,此道遂衰,今徒闻之父老,若负盛名,若擅绝技而已,虽然,斯亦国粹之一种,与日本所谓剑术、柔道,法殊,而用则一。宜若可以保而存之者也。难者曰,枪炮行,拳何以赖?则诘之曰,曷为日本士夫方盛柔术乎?论者且归美焉,谓致强之本在是。盖狭卷短兵,厥用斯着要。亦明哲卫身之一助云尔,故令诸生学焉。

凡此诸部,惟铁链球习之为尤久,为之有味。二年以来,清晓食前行之,风雨不辍,盛寒暑不辍,休沐日不辍,犹忆去冬某日,大雨雪,教师命之辍,不辍,盖深信是为锻炼筋骨之大利器,乃以极坚贞之志念行之,虽谓为本校教育上之基本教练物可也。

要之本会设立之微意,冀吸受浦东敦朴鸷敢之遗风,一雪江南文弱柔靡之大耻,惶惶诸子,为国干城,盖有志焉,未之逮也。本校初成立,凡诸运动,幼稚无足观,所不待言。今日之会,匪所敢炫,内之助诸生豪兴,外之冀见正于有道云尔。[1](韧之)

二、本校体育之宗旨——以普及运动为体,选手运动为用

本校体育之目的:

(一)增进全校学生之健康。(二)学习身体各种应用之技能。(三)养成卫生生活之习惯。(四)发展个人之本性及人格。

行政方面:

体格检查:体育部与校医会同办理,每学期开始时检查一次,其目的非为量肌肉之大小,乃为考查躯干与全体之比例,因此种情形与康健率、抗病力大有关系。

---

[1] 摘自:《浦东中学校杂志》第一期(1908 年)。

课程方面：

早操：早操不仅可以强健身体，并可以养成良好卫生生活之早起习惯，故本校对于早操异常注重，不论高中初中学生皆须按时莅场操练，如无故缺席则严厉惩戒，不稍宽宥，操时由体育教员领操，训育主任及训育员点名监视，教材则采用最新之柔软操，每两周换一教程以增学生兴趣，且因天气之寒热而酌量改变其教材，以符体育原理。

正课：每生每周受课两小时，初中系分级教授，高中系混合教授，操时皆一律短服以示有整齐之精神，其教材材料有柔软操、器械操、游戏、球戏、田径赛等，因体育不仅强健身体，实含有德育、智育、群育之教育价值，故尤重团体运动之球戏，以养成克己互助之精神，而球戏又以天气、场地、人数之不同酌量改变其所用之种类。

缺课处置办法：凡早操无故缺席五次者，体育成绩降一等；无故缺席五次以上十次以下者，降二等；十次以上者，本学期体育作不及格论；正课缺课处置办法，与其他学程同。

课余运动：据研究体力之专家云，每日下午三四时体力最强，课后运动，万念俱忘，既能强健身体，复可调剂脑力，身心两益，价值极大，故本校视课余运动亦异常重要，每日下午四时后全校学生出场运动，体育教员莅场指导，其技艺特优者另为组织一组，名为选手组，其余叫为普通组，今将选手队之组织产出待遇办法，分述于左。

选手队之组织法：

（一）每队设指导员一人，指导该队之运动及队长与干事之职务，并选定选手队。

（二）每队设队长一人，由队员中互选之，负指导及管理本队队员之责，商同指导员决定练习方法及比赛事项，对外代表本队。

（三）每队设干事一人，亦由队员中互选之，其职务为收发本队服装及旅费，出外比赛时负庶务之责任，在校比赛时招待来宾，运动结束时报告一切之账目。

选手队之产出法：首由普通组学生自由报名，或由教员、同学推荐，然后分组定期练习，经过定期练习之试验后，第一二队之选择，由指导员全权分配之。

选手队之待遇法：在该队练习期内得免习普通体育，比赛时由校中预备服装，赛毕交还；出外比赛时由校供给往返车资；若回校过迟，由校预备晚餐。

设备方面：

本校有操场二、雨操场一。操场之在南部者，较大，称东操场，长三百五十尺，宽一百八十尺，有一二百米之跑道。秋季作为足球场小球场，夏季则改为网球场（本校对于网球甚为普及，虽有网球场六，而课余后仍觉人满为患）。足球场南之余地，设有单杠、沙坑及掷铁球区域。操场之在西部者，称西操场，与东操场隔一小河，设有永久网球场、二队球场、二篮球场、三垒球场。亦在为东南角置有秋千架、轩轻板、天平板等等。雨操场在西部宿舍北面，内设篮球场。位置绘一简图如下：

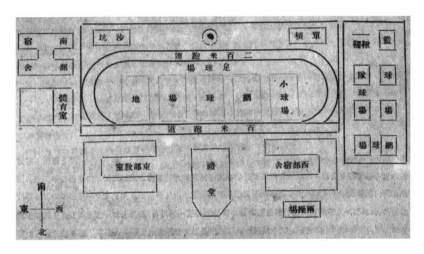

图 5 - 1　操场简图

三、体育在课程中的设置

黄炎培在课程设置的过程中，大幅压缩经学。1904 年开办的广明小学就增加了《体操》和《唱歌》等课程；1905 年创办的广明高等小学则开设了《图画》《唱歌》《体操》；1905 年创办的广明师范讲习所针对师范学生，第一学期开设了《图画》《乐歌》《体操》，第二学期则开设了《图画》《乐歌》《游戏体操》课程。

根据课程设置，学校自创办之初，就坚持每周上三节体育课，还安排有大量的体育活动和比赛，满足了生长发育期学生的体育锻炼需要。

四、广明高等小学的运动大会

黄炎培深知体育的重要性，认为通过召开运动会，可以更好地培养师生的团队合作精神,形成对于学校的认同感和归属感,增强学生、家长和老师对于体育的重视程度。

光绪三十二年闰四月初五,广明高等小学召开运动会。运动会节目如下:①

一、开会 二、开会词 三、校歌及会歌 四、连球体操 五、奏笛 六、游戏一 女生(好姊妹) 七、游戏二 男生(黄世界) 八、兵式操 九、行军十、绕吹 十一、风琴合奏 十二、飞车戏 十三、盘杠 十四、螺旋线竞走 十五、平行线竞通 十六、师范生余兴(水母目虾) 十七、职员余兴(侵人自由)十八、闭会

五、浦东中学的体育大会

经过精心准备,浦东中学于光绪三十三年十月初五开体育大会。② 黄炎培等与体育教员一起商议,确定相应的节目,并进行认真排练。尽管距离开学不到一年,但是,由于教员们的悉心教导,生徒们的精心准备,不仅邀请了周边学校的同行前来观摩,还邀请了诸多学生家长前来参观,至于六里当地的百姓,则更是兴奋异常。浦东中学的首次体育大会取得空前成功,不仅操场上站满了人,教学楼的阳台上也挤满了人,还有很多百姓则透过学校围墙,观看了这次大会,前来观看者达到四千多人。

（一）体育大会节目

一、开会 二、唱歌 （甲）校歌 （乙）会歌 三、枪操 四、平行架 五、木马 六、拳舞 七、铁连球 八、运枪 九、休息 十、刺枪 十一、大刀舞 十二、单刀舞 十三、双刀舞 十四、棍舞 十五、凳舞 十六、平台 十七、铁杠十八、拳对舞 十九、木连械 二十、云梯 二十一、天桥 二十二、行军 二十三、行赏 二十四、凯旋 二十五、闭会

邀请陈外、沈心工、刘钟龢三位教员为评判,优胜者得锦标。杨斯盛兴奋异常,根据黄炎培的要求,亲自上前,为优秀者颁发锦标和行赏。

在这次体育大会结束之前,黄炎培就亲自颁布了《体育趣旨书》,强调了体育教育的重要性和必要性。

---

① 见《浦东中学校杂志》第一期(1908年)"学校大事记"。
② 见《浦东中学校杂志》第一期(1908年)。

（二）浦东中学校体育大会场图

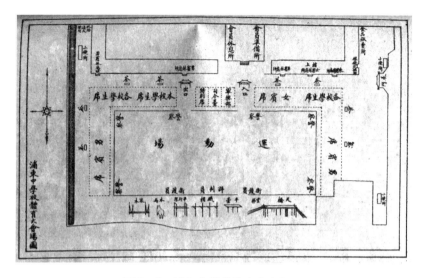

图 5‑2　浦东中学校体育大会场图

（三）体育大会会歌

图 5‑3　《体育大会》(陈士辛)

体育大会

（陈士辛）

男儿男儿好身手，高视阔步上场走。男儿男儿好胆量，越逢劲敌胆越壮。看前面人山，看前面人海，请大家喝采，慢慢慢！男儿男儿好兴会，快来赛一赛。看今日会场中，小试才能占第一。待他年，大奋威武去杀国敌。

（四）运动会会歌

图5-4　黄炎培亲自创作的运动会会歌

（五）浦东中学操场

图5-5　浦东中学操场

图5-6　丁未十月五日浦东中学校体育大会(一)

图5-7　丁未十月五日浦东中学校体育大会(二)

图5-8　双杠比赛

图5-9　单杠比赛

六、浦东中学运动员的精神

浦东中学运动员的精神

近今各校对于体育皆提倡,不遗余力,惟目的错误,每多流弊,致正大光明之体育教育，徒能造就桀骜不驯之运动员，全体学生身心两无裨益，此非体育本身之过，实学校当局之误，本校有鉴于此，力矫其弊，其宗旨目的已如上述，今再将浦东运动员应具的精神述之于左。

浦东运动员应了解比赛运动的目的：

（一）发达身体，增进个人之康健率及元气。

（二）练习肌肉与神经，系密切的和谐，使适应环境的能力敏捷，运动准确。

（三）练习友伴的合作，满足游戏本能的需要。

（四）磨练个人的品格，训练自守节制及光明磊落的精神。

浦东运动员应表显仁侠的精神 Sportsmanship，应视运动是为身体心灵的娱快，增进团体的利益。

浦东运动员应诚实、公平、谦恭、忍耐，有高尚的义气、节制的态度。

浦东运动员应抱纯粹的游乐主义 Amateurism，不求一切例外的优待，胜不足骄，败不气馁，遵守运动规则，服从教练员的指挥、裁判员的评判。

浦东运动员应牺牲自己的荣耀，以求本队的胜利，热心辅助同伴，时时顾到协作（Team Work）。

浦东的参观比赛者亦应具超然的态度，当为运动员高尚的行动喝彩，优美的技能喝彩，不应怪声狂叫，不应谩骂裁判。

七、校际比赛

浦东中学及附属小学经常组织各种体育比赛，充分发挥完备的体育设施和场地的功用，予很多学校以共享和使用。

浦东中学学生预约与松江府中学假城南小教场组织足球赛，浦东中学到场的有 20 多位学生，松江府中学也有 20 多人，双方各自排兵布阵，大展身手，整整踢了四个小时之久，最终势均力敌，打了平手。观战之人纷纷啧啧称奇，称赞两校旗鼓相当，水平了得。①

黄炎培校长认为，与西方欧美人士和日本人相比较，中国学生的体质相对较弱，应该充分利用学生之天性，根据不同年龄和体格，采用不同运动方

---

① 《浦东中学校杂志》第一期（1908 年）。

式，培养学生正确的运动方式与合适的运动习惯，以改变社会上对于体育不重视，有着"东亚病夫"之称的现状。通过体育教育可以增进全校学生之健康，学习身体各种应用之技能，养成卫生生活之习惯，发展个人之本性及人格。

同时，为了更好地培养学生的主动锻炼习惯，专门成立由学生自主管理的体育会，从而更好地调动学生的运动积极性。学校在坚持大众体育的同时，培养竞技体育，组织各种运动队。学校需要定期组织相关的体育运动和比赛，鼓励学生成立各项运动的班队、级队和校队，形成良好的体育梯队。而体育对于促进学生身心健康、强健体魄，培养学生积极进取、不怕困难，挑战自我、顽强拼搏、追求卓越、团结合作、公平竞争和规则意识等体育品质，对于增强民族的旺盛生命力，促进社会文明进步，提高公民素养和综合实力，具有不可替代的重要作用。

秉持蔡元培先生对于美育的无可替代的作用的教育理念，他在每一所学校创办之初，就开设相应的《唱歌》《绘画》《乐歌》等课程，邀请音乐家前来任教，并亲自创作多首歌曲，在各种活动中予以传唱，以及组织各种学生乐队等，从而在潜移默化中培养学生的艺术气息和品味。

第二节　艺术课程

一、校歌

校歌是一所学校规定的代表该校的歌曲，是学校办学理念、校园精神和学校特色的集中体现，是学校优良校风及教风、学风的高度概括，是引领学校发展方向的精神宣言。

校歌是校园文化的重要组成部分，常常是一个学校对内的号召和激励，对外的形象展示和宣言，它既反映有办学者、教育者的理想、要求、愿望，又反映受教育者的感受、追求和成长心声。

黄炎培先生特别注重校歌。

图 5‑10 黄炎培创作的浦东中学校歌

校歌①

黄炎培

中国万岁！浦东中学万岁！尔诸生，其修德兮，如圭如璧，修业兮，斯朝斯夕，彪之以文，作之以武，以全尔人格，人格立，国本立。我中国万岁，我学校万岁。

在浦东中学开学之际，在著名音乐家、好友沈心工的帮助下，黄炎培亲自创作了此校歌，将国家命运与学生使命有机融合，将学生立德、修身、学业、健体寄托其中，具有明责、励志、抒情、奋进的教育鼓舞作用。此后在学校的重大活动之中，都要组织学生唱校歌。

后来，在此歌的基础上，浦东中学进一步修订了校歌，并由此传唱至今。

随着学校的发展，生源的剧增，校舍日渐局促，浦东中学附属高等小学搬迁至多稼路，改名为斯盛小学，后来增设了初中——斯盛中学。黄炎培和校友黄

---

① 见《浦东中学校杂志》第一期（1908 年）。

图 5 - 11　浦东中学传唱至今的校歌

图 5 - 12　斯盛中小学校歌

自(字今吾)又为斯盛中小学创作了校歌,藉此激励学生。

黄炎培和老师们相继创作了校歌、运动会会歌、体育大会会歌、开学纪念会会歌。杨斯盛过世后,学校又创作了纪念杨斯盛的歌曲等。黄炎培充分依托南洋公学特班校友、音乐家李叔同和同乡挚友、音乐教育家、中国近代普通学校音乐教育初创时期最早的音乐教师沈心工等,开设了《唱歌》《乐歌》等课程,为推动音乐教育做出了不少贡献。

二、校主杨先生纪念会歌

杨斯盛过世后,黄炎培校长认为,必须牢记杨公的精神,发扬其精神,遂将原小学部的一间平房,改为校主纪念堂,内部悬挂着杨公遗像,陈列着诸多社会名流的题词和纪念物品等。

同时,他与杨公家人、诸位校董和老师共同商议,创作了《校主杨先生纪念会歌》,并决定每年都要召开纪念大会,要求学生们都会传唱此歌,以更好地纪念杨斯盛的丰功伟绩。

图 5-13　校主杨先生纪念会歌

校主杨先生纪念会歌

今日何日，吾思先生，思我先生不见，不见如见，登堂设奠，年年今日，以永纪念。

遗像巍巍，清酒一杯，祝我先生归来，归来归来，来看吾曹，读书游戏，暮暮朝朝。

光阴容易，学成而去，料我先生欢喜，欢喜欢喜，立功立名，为国为民，无负先生。

三、立校纪念会歌

黄炎培始终坚持把广明小学的开学纪念日作为凝聚师生精神、传承杨公遗志，牢记使命和责任的重要抓手。

（一）立校纪念歌

图5-14　立校纪念歌（学监、南社社员钱葆珍创作）

（二）立校纪念活动

自1904年10月2日广明小学开学，每年这一天成为学校的开学纪念日，放假并开展各种活动。

1909年10月2日，浦东中学校召开立校纪念会，黄炎培校长本应作演讲，因参加其他重要的会议，无法到场，就委托其他老师予以代为宣读所写的内容。①

今日为吾校第五周年纪念日，炎培为谘议局开会，不获归与，然吾心惓惓，恍与数十同事、数百学生相对一堂，行盛典也。

周年之设，所以觇一年中行事之进步与否。其进也，相与庆幸而益勉励于未来；否则，悚然谋所以补过，惟恐不及。以吾校诸君，职员勤于职，学生勤于学，疑若，可自信者。虽然此一年中，体育上的成绩如何，学业切于实用否？各个人私德敢云无缺否？愿与诸同事、同学反自勘焉。

本学期始，中学既办实科，教科颇有增损，而一趋于实。正课外，创为共进会，设道德、言语、卫生、运动、美术、树艺诸部，部有长，有干事，今后种种，虽谓吾诸同事与同学共负责焉，无不可。而高等小学诸君，所为教授、管理诸方法，亦复积日月之研究，而几于密，然则，昨日种种，譬如"死"，炎培愿与诸同事、同学交勉于未来，期明年今日之相与庆慰可也。

顾炎培尤有惆惆然悲而不能已于言者，吾校之立，以甲辰之今日，阅二年有半，而成中学，今中学立，又二年有半矣。设故校主杨先生在，以其热忱，运其伟力，昌而大之，谁能测吾校之所至，而今已矣。

外界风潮方荡而未息，此固吾辈积诚未足感人，办事未足取信，有以致之，虽然天之生人其聪明材力当不甚相远，杨先生以一私人，操当世所不屑屑道之业，少岁，又未尝学问，不借他山，不阶尺土以立吾校，而吾数十同事、数百同学，平居志嘐嘐，然若可与肩天下事，而力不能支柱一母校。饫闻杨先生之遗训，学其学，居其居，食其食，身为其魂魄，所恋之，而顾不能竟其志。此炎培对于今日纪念会所为惶然，愧汗无地，继以痛哭者也。

炎培无状，维吾同事诸君奋旃，吾同学奋旃，诸生奋旃。

黄炎培校长认为，校歌传承文化传统，激励师生形成积极向上的观念，形成奋发向上的精神，有着不可替代的作用。校歌焕发的是青春的活力，塑造的是师生的灵魂和价值观，形成的是学校独特的校风、校貌，成为一个学校的个性风格传之后世。校歌可以诱发形成一种巨大的向心的文化内聚力，可以有效增加

---

① 摘自《浦东中学校杂志》（1909 年）。

学校的团结与和谐，提升整体合力；校歌还可以对人心理和情感形成巨大的精神刺激，从而形成积极的推动力。张扬学校的理想信念与追求，使所有成员为了达到共同的目标，齐心协力，服从大局，服从群体，每个学校成员都具有强烈的主人翁意识和荣誉感，对学校群体都有强烈的义务感和责任感。校歌文化中的办学精神和育人理念，体现出一所学校的文化底蕴，是一种无形的巨大力量，不仅对师生员工的生活、学习起到良好的引导作用，而且对规范学生的行为习惯，提升学生修养品德等方面也起到感染、熏陶、激励的作用，并最终对师生的人格提升起到潜移默化的作用。校歌作为学校精神的承载体，以办校历史为依托，以学校发展为脉络，以学校特色为标志，继承并传递了学校要传达给师生员工的精神诉求、价值理念，具有独特的教育价值。校歌是凝聚人心和鼓励师生开拓创新的精神旗帜，是学校历史和文化的浓缩，是学校精神风貌的彰显、办学理念和人文精神的具体体现，更是校园文化的精髓。有助于传承学校历史，弘扬学校精神，展现办学理念和特色，进一步推动学校的校园文化建设，提升学校文化内涵。

第六章

普实并重,助力永长

——"注重生涯"的学程建构

不同或超越当下名校的标志之一:当年浦东中学的办学领域宽广,推行的是"普实并重"。普面向深造之需优化课程,实则工商农师兼顾,助推不同学子生涯发展。

第一节　远足的教育价值

黄炎培校长非常注重远足的教育价值①。远足实则就是当下的研学,其不仅符合青年学生的心理状态,能将课本知识与现实生活有机统整,坚持"社会即课程"的思想,并可以从中培养学生的团队合作意识、吃苦耐劳精神、爱国热情,帮助学生了解祖国江山、淬炼身心健康等。

图 6-1　远足队合影

一、远足之趣旨

远足之趣旨

（韧之）

德育、智育、体育,方今谈教育者盛称之矣。有于是三项得收神速圆满之效果者,则旅行是。是说也,人常疑之。然而整队就道,联袂徐行,于游观谈笑,不

知不觉之中，走五里十里之远道，所过之处，寻地方之胜迹，吊先哲之遗征，其足以锻炼体格，增长智识，发扬精神。有断然者，日本学校每于春秋二季大远足，每月小远足，非好劳也，诚以平日所谓德育、智育者，左图右史，聚古人于一堂，缩千里于咫尺，博矣，备矣。然理想而非目睹空谈，而无实验，即平日所谓体育者，举凡体操运动，种种之方法，非不完善，然而局促方隅斯已，狭矣。曷若远足旅行，借活泼之天机，得自然之发育乎。今揭远足之效益如左：

一、旅行最适于少年活泼之天性。

二、整队徐行，于体育上得自然之发达。

三、观山川之壮丽、物产之美富，最易激起爱国心与爱乡心。

四、备尝风雨险阻、艰难困乏之况味，为习劳耐苦之唯一善法。

五、师弟同行，苦乐与共，善激起其爱校、敬师、爱群种种观念。

六、计程而进，必达目的地然后已，易养成坚忍强毅之概。

七、多吸新鲜空气，大有益于卫生。

八、可获无限之见闻，以广其心境。

九、行于野，观渔、樵、农、牧勤苦之状况，可以知生计之艰难。

十、所至观古人遗迹，教师演讲轶事，易发生崇拜英雄之观念。

十一、采集标本，随地研究，于理科上扩无限之知识。

十二、服食器用完全准备，养成独立自治之精神与绵密之思想。

虽然生徒年龄之大小不可不计也，体格之强弱，不可不究也。盖力有不逮，强之行远，违度之运动，反伤卫生。日本学校通例，寻常小学一年生，往返以一里为度(日本一里当中国六里)。二年二里，三四年倍之，高等小学而上，以次增其里数。用意又若是其周也。吾国积习以好游为大戒，以闭户读书为修学之定律。余虑其闻远足而滋惑也，为揭其旨趣如此。

二、教员习作

旅行序

（伯初）

远足之旨趣，黄君韧之著为文，已抉发无余蕴，余可无述焉。中秋之日，远足队出发，学生四十二人，职员导之，行者十人。余送至校门外，而未偕行。行者诸君中钱君剑秋，雄于文而勤于笔者也。逆料其归时，必有详备之游记饷我。

图 6‑2　陈士辛老师于 1907 年创作的远足歌曲

既归，具述此行颖末，口讲指画，余倾听之，亦若梦游焉。越数日，剑秋复出所著小说《旅行》稿相示，阅其目，自发议以迄往返七日中之经历，悉纲罗之，殆无一事一言不载。余读之，亦若身入其境。书凡四卷，二十四回，剑秋责余弁数言于卷端，余不文，何足污剑秋书？虽然，余爱此书，乌可以无言。夫今之谈教育者，其诱掖学生之方法良多，惟旅行修学以天地为大讲堂者，盖未数遘，百闻不如一见，学者憾焉。

　　本校此行所至之处，采择标本，演讲故事，剑秋既任演讲，津津不倦，俾学生得地理、历史上之实益，而又恐诸生之过境忘怀也，恐未与旅行诸生之不得闻其详也，恐他校欲踵而行之者茫然无头绪也。乃笔之为书，以公同好，其用意为挚厚矣。且夫旅行有游记者多矣。高人雅士，登山泛水，往往以绘景写情之作，为缔章续句之文。然而，文词愈工巧，事情愈失真。剑秋乃演为白话文体，以成章回小说。世之小说家亦多矣，向壁虚造海市蜃楼，求其信而有据者，十不得一。剑秋此书，乃无一字一句不碻。然则谓为旅行之实录，可也；谓为本校历史之一部分，可也。虽谓为他校旅行之指南车，亦无不可也。书此质剑秋，并促其速成云。

丁未八月

旅行目录

（剑秋①）

第一回　　趁秋凉发起旅行会　　　　慰家属商量通告书

第二回　　定路由职员集议　　　　　述旨趣监督陈词

第三回　　理行装布置周密　　　　　宣规则约束严明

第四回　　露星月天气晴和　　　　　整队伍中秋出发

第五回　　演讲员纵谈往事　　　　　远足队高歌旅行

第六回　　六里桥乡农争路　　　　　周家街野老谈兵

第七回　　唤小舟稳度歇浦江　　　　穿捷径徐过海潮寺

第八回　　自由车安南兵争先　　　　写真器徐家汇摄影

第九回　　意兴豪学生吹军笛　　　　来去快西人驾电车

第十回　　蓬场庙小僧欢迎　　　　　虹桥镇土人骇怪

第十一回　东道情殷暂留七宝镇　　　西山夕照急过九里庵

第十二回　商学界代表致欢忱　　　　沧桑感父老谈古树

第十三回　陈家坟采集植物　　　　　大聚观研究昆虫

第十四回　钱氏园主任谈路政　　　　西林塔师弟数峰头

第十五回　孤忠亮节庙祀崇宏　　　　朝令暮更军政腐败

第十六回　容与中流学生荡桨　　　　樊登绝顶教士谈天

第十七回　冒天雨农场团食　　　　　感秋凉赵祠卧薪

第十八回　陟险探幽徘徊赤壁　　　　抚时感势景仰先贤

第十九回　登天马树塔存旧迹　　　　游灵园风雨促行程

第二十回　烈女归魂犹留古树　　　　村童无识竟涸灵泉

第二十一回　冲波浪畅游淀山湖　　　耐饥寒折回朱家角

第二十二回　意拳拳厚待旅行人　　　去匆匆同往轮船埠

第二十三回　走租界巡捕拦途　　　　循旧路学生回校

第二十四回　唱校歌不忘根本　　　　卸行装共乐平安

---

① 剑秋，即钱剑秋，南社社员，时任浦东中学学监。

八月二十六日龙华旅行,诗以纪之示诸生

（韧之）

师弟联翩七十人,相携同渡古春申。

村婆学得新名字,争说今朝礼拜辰。

（是日时为月曜日也）

日晖桥下水潺溪,桥上机声日夕喧。

物质救亡无上策,羞他明理讬空言。

　过日晖桥观日晖织呢厂,晤总理郑苏龛京卿、工程师罗君开轩遍示种种机
器,为言以羊毛制呢,由理而洗,而烘,而捣,而团,而纺,而浆,而烘,而织,而洗,
而缩,而染,而洗,而烘,而压,而刮,而烫,而蒸,而刷,而叠,而包,凡经二十一度
工夫始成,时厂新创未开织。

龙华三月恣春游,人自游春我赏秋。

老衲听明能解事,多烹香茗润枯喉。

相传龙华塔建于三国吴时,寺建于唐时。

寺外一支文笔峰,佳哉文气郁葱葱。

而今诏令停科举,一任荒凉落照中。

龙华塔又号文笔峰,俗谓修之则科场多中式者,今科举废,塔荒矣。

汽笛声中一缕烟,西行直抵五茸边。

须知磊磊钉头铁,尽是江南汗血钱。

自龙华乘沪嘉汽车回,诸生大半皆斯路股东也。

与道非①夜话

世乱交能久,宵长话更深。

只应千里月,照澈两人心。

---

① 道非,即沈砺,字勉后,号道非,南社社员,时任浦东中学教职。

密意倾肝胆，静观无古今。

惊寒虫百万，奈此玉阶吟。

夜话次韧之韵

共君长夜话，沁我柔肠深。

淡薄堪明志，危微证道心。

交情犹见古，世宇倏成今。

容有阳秋在，时时讬放吟。

（君谓我有皮囊阳秋）

和韧之道非

我亦穷愁客，而今百感深。

险夷哀世路，冷暖识人心。

放眼天地小，孤怀空古今。

卅年成梦幻，一一讬清吟。

再步原韵和韧之剑秋

百年梦草草，片语情深深。

吞海剑义胆，悲秋宋玉心。

襟怀犹是否，荏苒到而今。

辗转不成寐，起歌梁父吟。

三叠前韵示韧之剑秋

世味自浓淡，眉痕问浅深。

鱼龙争啸舞，城郭寄肠心。

几许云翻雨，宁殊后视今。

天留我辈在，无病作呻吟。

四叠前韵

窅冥中有物，往来何深深。

世界两斛泪,江山一寸心。
文章观自在,褒贬听来今。
九转丹成候,含毫独笑吟。

五叠前韵

中原残梦殇,抚景客愁深。
孤鹤寥天泪,浮云出岫心。
儿曹偏解事,臣壮不如今。
莫作牢骚语,诗魂入苦吟。

叠前韵道道非剑秋

江月落未落,客愁深更深。
堂堂千载业,磊磊两贤心。
各借诗歌苦,相忘雨旧今。
一声天欲白,匣剑作龙吟。

次韵和剑秋并示韧之道非

（顽盦）

我亦穷愁客,而撄世纲深。
山川多暮气,文字入秋心。
离合复何定,去来安有今。
不堪回首处,留取蟪蛄吟。

六叠前韵和剑秋并示韧之道非

（顽盦）

江湖摇落后,一味感秋深。
勘破虫虫境,相期落落心。
形骸忘自昔,歌哭尚于今。
当世需安石,聊为洛下吟。

依韵和韧之道非剑秋顽盦

（铁樵①）

蟋蟀入庭户，渐知秋已深。

无为摇落叹，应有岁寒心。

逝水悲何极，寸阴惜自今。

天空凉月堕，独立几沈吟。

叠前韵作结

（剑秋）

每到无聊甚，无言见道深。

风尘销侠气，景物感诗心。

眼底人青白，心头事古今。

他年怀旧侣，记取此清吟。

诗成之明日风雨大作，胸膈为塞，因步，原韵成此律

（道非）

缕缕情丝吐，春蚕束缚深。

几回龙虎梦，证出是非心。

猛雨潇潇晚，疑天忽忽今。

明朝观日出，晞发弄幽吟。

作楚囚泣连讅不休过矣因作出世语以当忏悔再垒前韵两律

白莲泾畔住，抵得入山深。

莫问人间世，且求物外心。

回头尘已旧，一瞬迹非今。

濯水柳荫下，游鱼听我吟。

丹鼎有真诀，奈人陷溺深。

---

① 铁樵，即恽铁樵，著名医学家、翻译家，时任浦东中学英文教员。

百年空说梦,三界总唯心。

乔松迹上古,桑榆收古今。

悠然攀碧落,惊鹤吐清吟。

越两日复次前韵

（道非）

倪侃见真宰,微茫其息深。

两忘人我相,一片妙明心。

身外无天地,梦中度古今。

可怜尘垢内,不断蟪蛄吟。

狐兔莽纵横,原田长荆棘。

自悲天宇窄,尚幸月轮明。

孤雁翻飞唤,寒虫断续鸣。

乡关何处是,对此不盛情。

出门

（韧之）

惘惘无言独出门,近重阳节满城昏。

客心淡入黄花影,世味浓分浊酒樽。

谁敢高吟动寥廓,拼将心事付田园。

西风葵叶支□甚,犹恋斜阳一线温。

大风雨渡黄浦口占

（韧之）

多情风更雨,挟我遇前川。

作阵云奔马,排空浪打天。

乾坤争一劫,胆力压孤船。

此是吾家物,鱼龙敢稳眠。

纪念学生诗作

浦东中学非常关心每一位学生,始终将学生视为家庭的一员,后来,有优秀学生史济曜因病在家中去世,学校组织悼念大会,同时老师们也纷纷写诗以寄托哀思。

史生济曜自丁未留学浦东将及二载,学行俱优,
九月初痁大剧,与假回乡里,竟以不起,伤哉,诗以哀之。

（剑秋）

相聚于今刚二载,也曾文字结因缘。

固知元振非凡器,那料颜回不永年。

残月晓窗凄梦断,秋风归路客心萦。

吴山越水成千古,检点行囊意惨然。

题史生济曜遗墨

（顽盦）

黯黯秋欲莫,茫茫陆竟沉。

彭殇同有死,英特最难寻。

贮海留名语,挥戈负素心。

独留片羽在,那不为粘襟。

哭史生

（道非）

遣愁无计苦吟哦,又得史生蒿里歌。

丹桂三秋英已落,黄粱一瞬恨如何。

国殇未详成童锜,早慧原来促子乌。

热泪频年挥洒尽,者番泪点着襟多。

稻孙韧之得首三句足成之

（道非）

我行踯躅秋之野,满地青青见稻孙。

讬足已怜先泽斩,立身犹幸宿根存。

田家风味香秔熟,陇上霜寒小草尊。

数典远追同种谊,一业高出傍昆仑。

远足日记①

（韧之）

丁未八月十五日上午五时十分出发,学生四十二人,编为四队,队置队长一人。职员八人,校役六人。职员学生各校服,大草帽,背鞄,中实校服及衬衣裤各一套,卫生衣一套,薄底布鞋一双,黑袜两双,牙刷一把,身怀小毛巾两条,铅笔、手簿、远足地图、远足规则、远足队员名单各一份,卧毯合装一车,尾而行,校旗道前。队列运动场,唱校歌旅行歌,职员钱君剑秋演讲松江府形势大略讫。出校时,皓月西坠,赤日方升,草际露光,与衣裳争白,村鸡四鸣,如送行也。

图6-3　浦东中学校远足队留影

三十五分,渡浦,职员陈士辛君自沪西来大队。

六时十五分,过大南门外,少憩。

三十五分,过斜桥,少憩。

七时,过日晖港口,卸装,据地坐,越二十分行,自是每行十五分少憩。

八时,至徐家汇高等实业学堂附属小学,沈君叔逵②导入,盥洗已,摄影二张,一,整队;一,散队。职员潘敏之君来入队。

---

① 见《浦东中学校杂志》第一期(1908年)。

② 沈叔逵,字心工,川沙人,是最早使用白话文进行歌词写作的音乐教育家,为学堂乐歌运动做出了突出贡献,开创了中国近现代学校音乐教育的先河,被李叔同称为"吾国乐界开幕第一人"。

十时,饭。

十一时,行。

十二时十分,小憩蓬场庙,自是行三十分,小憩。

一时二十分,过虹桥。

三十五分,抵七宝,李君景馥、杨君培材迓①于市东,导入新民学堂,李君渔生咏泉乔梓款以茶点,观者如堵。

四时,参观明强学堂②,职员马群超、俞子夷两君先以辎重行。

十五分,沿蒲汇塘行,晚风凉甚。

李杨两君之见迓也,相见行礼毕,从容进,曰,"余二人为徐家汇高等实业学堂附属小学学生,奉沈叔逵师命,恭迓。"扬其腕,曰,"请!"导入新民,招待周至。既观明强,巡行全市而西。两君则飒然让立于道左,西指,言,"此为往泗泾之大道。"肃然,举手为礼别去,杨君年十六,李君年十四,为渔生次子,不卑不亢,得交际之道。诸生识之。

六时,过九里庵,大月作黄金色,隐见林表,为高歌以迎之。

七时三十分,抵泗泾,入高等小学,晤戴仲阁、张小斋、陆松筠、杨守一诸君,观者塞途。是日傍晚,承商业体操会会员、养正小学③学生列队出迎,以全队迟到不及,迎俞、马两君而返。

八时,饭。

九时,学生分队登两楼,席地宿。

十六日六时三十分,起,杨君守一馈以面。

八时三十分,至养正,晤其经理吴君燮斋④、教员秦君乐山、陆君松筠,至商会,晤体操会教员李君浩轩,并致谢诸商董。

九时三十分,养正邀余宣讲,为讲"学校教学法之善良与注重体育之要旨"。

十一时,回高等小学,饭毕。张君小斋导余观古银杏树,在同泰酱园后,相传为汉时物,宋元之际旁有古杏山庄,陶九成于是著书,斧斫处有篆书千字题

---

① 迓,指接待。
② 明强学堂,由杨光霖于1905年在七宝镇创办,现为"上海七宝明强小学"。
③ 光绪二十七年(1901)年,由史量才、马相伯、吴雪斋创办了私立养正小学,即现在的松江区泗泾小学。
④ 泗泾米业公会的发起人,首任米业公会会长。民国时期江苏省首届参议员。

旁。云"旧有此四字刊在树,本岁久漫漶,道光癸卯洞庭吴亦重书。"馀三篆苞于新长之树皮,不可见,令土人登树逼窥之,且摹其笔画以告,则"干霄蔽日"四字也。树中空穴,窈以深根,有斜纹一,相传树旧临泗泾,舟行辄曳绕过而因留此迹。今去水数百步矣,同队诸君先余游此,摄影一。

四十五分,行,养正小学生唱歌,高等小学生奏军乐,导游全市,西过关帝庙桥,行礼而别。钱葆珍、俞子夷及陈君处素先行,群超折回校。

泗泾为米业世界,每年市出约值银二百万元,盖由河道宽阔、交通便利,西去朱家角,南去松江,各有二三十里,故一方产米荟萃于是。七宝产棉花,然花市之盛,远不如泗泾米市。则以邻近多小市集,货物四散,又蒲汇塘一段潮落时,舟楫不能畅行,故我国百业衰旺一任之于天,于此可见。

二时四十五分,过卖花桥,自泗泾至此十四里。自此至松城十三里。俗称"南十三,北十四",桥下有小市集,散坐于市南陈家坟,松风谡谡洒如也。潘君敏之杂采植物以去。

四时十五分,小憩于大聚观,观前大树二根,有穴,穴蚁四走数丈外,觅食得之,挟以返回,无失道者。健哉! 此昆虫远足队。

六时,抵松江东门外,自泗泾镇沿北张泾南行,远望九峰,自西南渐移之西北,历历可数。至此,整队入城。

二十分,入云间师范学堂[①],晤陈菊生、雷继兴、唐伯驯、计泗华、朱子寿、吴伯扬诸君。此校旧为方正学祠,继改为融斋书院,继又改为融斋师范传习所,最近乃改今名。

七时,饭毕。集诸生宣布徐家汇、七宝、泗泾各校招待员姓氏。

十时全体登楼,席地鱼贯而卧,甚整。

十七日六时,起。

八时十分,出,观校场至提督署,探操期,入门房,几上杂陈烟具,门者方高卧揭帐,揉眼答称明晨七时三营大合操,凡千余人。问确否? 答确。确既答卧如故。

四十五分,参观华娄高等小学堂[②],顾君立人率学生列队,作军乐迎于门,遍

---

① 云间书院,今松江二中。
② 景贤书院建于 1802 年,1903 年兴新学,改为华娄高等小学堂,现为上海市松江区中山小学。

观，乃出校，旧为云间书院，饶有园景。

九时十分，参观怀新高等小学堂，叶君雨卿导入。

三十分，观试院。

十时，入钱氏后园，只数亩田，亭榭花木，俱结构有致，晤其主人钱君选青。

十一时三十分，观盐铁塘上沪嘉铁道桥，未竣工也。

十二时十分，参观府中学堂①，监督谢君宰平导入。

一时，回云间饭。

二时三十分，游岳庙。

三时，职员侯君仲廉及处素、剑秋以地主之谊，招待游醉白池，款以茶点。侯君未与此行，迳回松者。

五时，上西林塔，全队奋登，无告疲者。北望九峰，与昨景又异。回拟参观城西高等小学，时已课毕，不果入。

六时，回云间。

三十分，饭毕。剑秋集诸生讲徐家汇、七宝、泗泾故事，并方正学历史。

九时，卧。

十八日五时十五分，起。

六时，饭毕。急赴校场观操。场上寂无一人，复至提署入门，无门焉者。方徘徊间，一人自内出，问何事？答"遵昨约，来观操。"曰"不操，不操，他们士兵……（延其音甚长）……都去修路了。"乃折回。

八时，别云间，出西门行。

九时，至秀野桥北下船，雇四艘船，望佘山进发。陈菊生、雷继兴两君别雇船同行。队员或采水草、打水蛇为戏，或吹短笛、扣舷唱旅行歌。天日晴明，九峰若远若近，若凝其明净之妆以迟我者。仲廉、处素、剑秋盛购菱藕，以饷队员。

十一时四十分，过张朴桥访朱君星爱，朱君以吴君叔鳌之绍介，倩其导游者。时已先上山，不晤。

十二时三十分，抵东佘山下，朱君及谢君秋棠在焉。山趾有靖江王庙，中设茶肆，以饮过客，乃假以饭焉。饭及菜，舟子金兰自村间办来者。

一时五十分，登东山绝顶，诸峰毕览，无敢遁者，朱、谢两君一一举其名。回

---

① 府中学堂，今松江二中。

视舟自松城来之水道,曲折可记。山腰,明末隐者陈眉公(继儒)墓在焉。

二时三十分,下东峰,自西山后,丛薄中循曲径登西峰顶,峭然天文台峙焉。出唐君伯驯介绍书,谒司台教士乔君入门,壁悬南怀仁艾约瑟诸人像。乔君导登台,顶为圆形,四周有窗可推,中装极伟大之远镜,设极括,可左右俯仰,旁置椅,下设铁轨,可随远镜所在,左右前后移就之。乔君谓,倾天作云,否则可窥日中黑子,今姑就镜窥之所见,经纬线匀列如棋局作黄色,细点散布作红色。乔君言,黄色之光镜中点灯光也,红点为镜面之尘,欲知现在所指为何度,可从其旁小镜窥之,令窥之,则中现数码字为62。乔君又出恒星图数十幅,谓测星者以其大小定为等差,最大者为一等,今远镜力能测至第十四等星而止。乔君又言,徐家汇台专事测气候,此专测星象,然籍远镜力所能望见彼台自鸣钟之时刻。乔君,日本人,精通各国语言文字,专攻星学,谆谆见教,无些之傲态及倦容。愿诸生他日续学,亦如是。谢别而出,自峰南下,路左右折之,而形折处立碑,镌耶稣种种事迹,使信徒一步一猛省,彼所为提撕诱导之术如是。其周而巧,能无心折?山半遇总司铎谢君、分司铎那君下船,朱、谢二君别去。

四时四十分,过辰山下,不上岸。

五时三十分,抵横云山下,泊舟桥门下(地名),原定借宿张温和公(祥和)祠,相去尚远,天昏欲雨,村人徐润馀殷勤邀留,以房窄不能容,乃假赵氏祠宿焉。

七时,饭于徐氏场,五十余人团坐,作椭圆形,中设长棹,置菜及烛,棹离座可数武。人举一碗饭,菜则鱼卵、渍菜之属,各持箸走取之。方食,而雨亦不复顾。

八时三十分,入赵祠,破屋数椽,地遍铺稻草,纵横错迕而眠。夜半风,雨水渗及余足,群以劳甚,酣睡亦不复顾。

十九日六时三十分,起,阴雨,寒甚。

七时三十分,据地籍稻草而饭。

八时四十分,沿山麓西行,峭壁矗天,其下竹篱、茅舍、渌水绕之,村童牧牛,解其索,绕于其两角放之,使之自由觅草,已则仰卧斩草为戏。村人为言,重阳日咸来此地登高,临时设市场,售农具,岁以为常。入张文敏公(照)祠,牓其堂曰“希范倚山为之,石碑四镌　御赐敕文”。后堂之隅,有石一拳,则山趾也。

九时三十分,上山,山腰有池,半涸,其上为白云禅院。循山脊而东,牧童十余,方围坐,开谈判中,数女儿赤足戴小髻,尤饶天趣。山形甚长,东尽处,渡小溪,为小赤壁。沪嘉铁道工人数十,方于采石钻小穴,实炸药轰焉。顶有小赤壁寺,乡人五六礼佛于其中。

十一时,至张温和祠,题曰:望云山庄。小小园亭惜芜秽不治,读题壁诗,想见当年之盛。自山下至此,约有里许。有危桥一。

十二时,饭于徐氏场。

十五分,下船,大雨,云气满山,祠宇林木不复可识已。

一时,抵天马山,山足有市集,冒雨直至山腰,一废塔,一无名坏寺,不得入,徘徊远眺。诸峰自佘山外,此为最高,而山之长与石壁之奇峭,要推横云。

二时,下舟,至是而山之事毕。

五时,抵青浦,遥见张生家铸、盛生德辉立候东门外桥上,登岸。宋君慕伊导入城,驻积穀仓。

七时,饭。

八时三十分,卧。大厅事支板为阁。五十余人同卧焉。夜半,雨声振屋瓦,游兴锐减。

二十日六时三十分,起。雨甚,余心不死,游淀山湖而后已。

七时,饭。

八时,余访宋君于其家。

九时,游邑庙,参观竞新学校,校后为灵园,郭君叔夷冒雨导游,有亭,有池,有木,有石,烟雨迷离中,但觉一片葱茸秀润之色,迎眸可爱一桥,名"喜雨",我侪雨游,也固宜。

十时,出大西门,舟子方买雨具,小憩城门下,雨益甚。

三十分,下舟。循青溪西行,雨渐止。

十二时,过朱家角,余独上岸,寻重振小学校,校设邑庙,内米业公所,晤其校长张君步蟾,导观所备之驻宿处,偕访陆兰垞君①遇诸道,引至两等小学校,校址为王兰泉先生(名昶,干嘉时人)故宅。访诸、高二君不遇,下舟,食粢饵以当饭。雨复作。

---

① 陆兰垞,青浦名儒,一代名医兼小说家陆士谔之父,广明师范讲习所学生陆灵素之父。

望湖至,是遂鼓余兴,上山。山不甚高,然湖中帆影一一入目,上有三姑祠,再上为淀山寺,壁嵌张洪九碑志。洪九,康熙时隐君子,生平不苟取兴,尝还市客遗金,没,葬此寺,左为竹韵山房,后有杨烈女芳云墓,烈女生明万历时,同里某秀才未婚卒,烈女矢志不嫁,父母欲夺之,遂殉焉。沈初升为构碑亭,诸九成为之记祀言。山有龙渊桥通灵泉、琴石、围经石、藏龙洞。诸胜今不存,存者墓前大银杏二棵,相纠终岁,不花不果,殆烈女幽魂所讬云,同行者集四五人,绕可合抱。寺前古井一,深数丈。寺僧言,旧有二井,各深数十丈,泉通湖。潮来,琤琮有声。今其一以老僧坠死填没,此其一为游人杂投瓦砾深止,此泉亦竭。

三十分,下船。望淀山湖进发。

四时三十分,入湖。快哉!斯游时,天新霁,微风不波,水逾清作惨碧色,断虹倒影以演之,云隙夕阳露半面,似怒射,其目光妒余之行乐者。四望,弥漫汪洋,孤影出没其西岸树一线,若隐若现。

先是舟子屡言,湖有浪,舟小,良险。余辈冒险入,无恙。固知天下事,凭理想不如其实验也,虽然,匪可狎也。

五时,自别港折回,行数里,天昏黑,欲雨,卒无雨。

六时,返朱家角,陆君兰垞导入邑庙东厢楼,预备之驻宿处。

七时,入重振小学校,观者塞途,经理金君梅畦饷以饭,馔丰甚。固辞不获。

八时三十分,卧。是夜,更番值宿。

二十一日六时,起。

七时,金君复饷以粢饵,食已。重振开欢迎会。重振生唱歌已,余致谢词。以队员出,张君步蟾率重振生送至船埠,陆君亦在焉。各行礼,乃别。

四十五分,登裕青公司源源汽船行。

八时二十五分,过青浦。

十时七分,入吴淞,江水渐黄。

二时十五分,抵上海。

五时二十五分,回校。列队运动场,唱校歌。散时,则夕阳西坠,忆出校时情景如在目也。是夜,综集此行所得,以示队员。

是役也,往返七日,耗银百,自校至徐家汇,为里十五;至虹桥,为里九;至七宝,为里九;至泗,为里十八;至松江,为里二十七,皆步行。自松江至佘山,为里

十八；至横云山，为里九；至天马山，为里三；至青浦，为里十二；至朱家角，为里
九；至淀山，为里三；至淀山湖，为里三；至朱家角，为里六；皆小船。自朱家角至
上海，为里百二十七，汽船。自上海至校，为里五，步行。计步行八十三里，小船
行六十三里，汽船行百二十七里，都凡二百七十三里。

是役也，所见若山河湖、城邑、市集、村落、衙署、营房、校场、试院、学校、仓
廒、教堂、祠庙、寺观、道路、桥梁、池塘、井石、田畴、园圃、亭榭、楼阁、花木、古
玩、字画、碑志、墓塔、铁道、桥工、采石工、天文台、望远镜、渔具、农具；所得植
物，水生者，浮萍、槐叶萍、鸭跖草之属；陆生者，石葱、椎桥之属；石生者，石韦、
石耳、藓苔之属。所经风雨、饥寒渴、险阻困乏，皆不甚烈；所闻古今之人嘉言善
行，伙亦。职员同行者马君群超先反，陈君处素管理，星五督队，士辛摄影，俞君
子夷、潘君敏之导采植物，钱君剑秋演讲，顾君志廉司医药，兄济北会计，与余而
十。留守者张君伯初、孟君子铨、龚君守梅、张君秀山，暨马君群超。剑秋且演
其事为小说焉，黄炎培记。

三、学生习作

松江旅行记

朱锦华[①]

九月初十日，吾校诸师率同学八十人，往松江旅行。六时半，早膳；七时起，
行，至南码头渡浦，向沪嘉车站进发，乘火车而往。是日，往松者甚众，车上拥挤
异常，且每至一站，上车者较下车者为多。瞻顾两旁，稻已作黄色，有已刈而倒
于地者，有未刈而茎已枯者，秋风萧瑟，乌鸦乱飞。忽见西南方山岭毗连，其色
黑，巍巍若浦东洋栈之堆积乌煤者然。最高者有房屋数间，同学皆戟手指之。
哗传为佘山佘山云。

九时半，抵明星桥，下车行。有一小儿衣衫褴褛，马师给钱二十文，命为引
导，余窃念同是人也，何故彼如乞丐乎？正思念间，已抵复园。复园者，钱君选
青之家园也。其中景致颇佳，山水草木无不完备，游毕，入东门，至贡院，枯草满
地，东厅房屋已倒，不足观也。出贡院，见高塔一座，同学皆思往观，马师率之
往，入药王庙，至塔下，其形方，凡九层，仰视塔顶，缥缈碧落间。诸同学皆想穷

其胜,马师曰,"不可,年久失修,恐有倾跌处。"忽闻人大呼,曰,"此塔甚坚固。"余闻之精神大振,拾阶而登,至第七层,同学多力不能胜。余曰,"不入虎穴,焉得虎子;为山九仞,功亏一篑,吾不为也。"乃鼓勇而上,至第九层,塔尖已达,周围甚窄,仅容数人。伸首四望,则城郭官室,历历在目。忽觉秽气触鼻,视之,则鸟粪也。余以为不宜久居,乃循梯而下。

少顷,至松江府中学堂。由该校职员引导,参观校舍,午膳毕,游散于校前操场,杨柳数行,空气新鲜,甚乐也。忽闻归队之令,急往整队,离府中学堂。出西门至物产会,途中街道甚狭,拥挤异常。入会场,见天产物、人工物,陈列颇富。既而前进,见各校之绘画、手工等件,亦陈设其间。观毕,出会场,至憩园小饮,时已三时半,遂整队而行。

沿石路南行,抵火车站,已四点十分矣。三十分开车,是时适逢快车,汽车汽笛一声,车行如飞,沿途景物一瞬而过,非若来时之可以注视矣。五时四十分,至上海车站,遂下车列队而行。渡浦登岸,时已天晚,明月东升,步月而返洵可乐也。抵校,则已七时余矣。

山水名胜宜有志说

(己酉上学期)

二年级乙组生　范文澜[1]

癖于游者,世多有之,而名胜之山水,每历久而不发见,曷故哉。亦视其记载有无而已。盖山水之变迁无定,今日林木葱茏,碧流如带,游客接踵,极一时之盛者,一旦时异势易,景物全非,唯有夕阳衰草,樵吟竖唱,几家渔火,数椽茅舍,为山水增其感慨而已。即欲考其旧迹而不得,舍田夫野老外,莫有能举其名者矣。

夫载诸志乘之胜地,虽历千百年,而其名依旧,且踵事增华,愈久愈著,五湖泛棹,思少伯之幽情,岘山摩碑,为羊公而堕泪,山水之灵,宁不感戴乎?昔贤之游踪,骚人之笔墨耶,且盘山虽擅胜景,而名不闻。得拙公之志,居然与五岳抗颜行矣。曹娥区区浙东一江耳,而竟与西湖、莫愁诸湖并美者,亦志使之然也。

蹉夫!沧海桑田,顷刻千变,愿山川之志乘者,并为之记述,庶几后世探奇

---

[1]　范文澜,著名历史学家,中国科学院学部委员(哲学社会科学部),曾在北京大学等多所高校任教。浦东中学校内专设"文澜楼",以铭记范文澜先生的杰出贡献。

之士,犹可想见当时之胜也。

总结点评

光绪三十四年八月十三日(1908 年 9 月 8 日)晚,在自修课时,学校敲钟集会,学生整队,进入大礼堂,由校长黄炎培先生讲述旅游的益处,浦东中学之所以组织旅游的理由,组织到南京旅游计划和相关费用;然后由学监钱葆珍先生讲述旅游对于科学的益处,并介绍南京的一些相关名胜景点。由学生与家属商议之后,确定是否参加南京的旅游。八月二十二日(阳历 9 月 17 日)晚,召集学生在大礼堂开会,由钱葆珍先生布告旅行规则二十条、队长之职五条及游历南京名胜古迹的线路等;又报参加旅行人员中教师有 7 人,学生有 65 人,以及推定的队长、排长等详细安排。八月二十八日(阳历 9 月 23 日)学生从南京旅游归来。晚餐后,学生整队进入大礼堂,由张伯初先生讲述了南京旅游的胜景和收获,也谈到了南京行的缺憾,如缺乏吃苦耐劳的精神,缺少自我管理的能力。然后钱葆珍先生点评这次南京行,认为有些行为有损于学校的形象和学生的德性要求,如在镇江旅馆中有人半夜三更起床唱歌,丝毫不顾及其他人的休息;有人为了一点琐事就相互争吵,看来必须要进一步加强管理。要求有类似问题的同学尽快改正,有则改之,无则加勉,明确提出,在今后的旅行中,不得再次出现类似的问题。

四、校际交流

1908 年 4 月 15 日,龙门师范学校的 20 多位同学穿着本色校服来到浦东中学参观,从大门口进来,先到应接室,等下课后,与各位同学进行交流,一行于在浦东中学校内吃面包作为干粮,午后就回去了。[①]

1908 年 5 月 4 日,全校举行远足旅行会,因徐家汇高等实业学校开运动会,欲往观之。故此次旅行以徐家汇为目的地,九时整,整队于操场,由监学布告外出之规则,及一切紧要之事。宣九点一刻出校,十点抵码头,渡至沪上,休息十分,进发。斯时也,心中又喜又惊,又怒又感。所喜者,今日旅行之可乐也;所惊者,因入于洋人之范围也;所怒者,吾国民之不能保护之权利也;所感者,因洋人轻视我汉人也。至十二时半,始达至李公祠,见李鸿章之铜像,心中又恨,因吾

---

① 见沈秉常《光绪三十四年学堂日记》。

国民未尝受其功德,而巍巍乎,赫赫乎之像,以示威,故可恨也。乃在其中游息,一时,整队到南洋公学观运动,惟观跳远、跳高、赛跑三艺;后至博物院,又至土艺局,二处观毕后,即回来,时已四时半矣。至码头附近,七点;乃渡至浦东,到校时,已七点半矣。乃息十分,晚膳,又息十分,入卧室睡矣。①

1909年九月初十日,附属高等小学职员率生徒旅行至松江观物产会。

1909年十月二十四日,中学职员率生徒至松江观物产会。

1908年四月初四日,龙门师范参观浦东中学校,该校形式完备,精神充足,兼办附属小学。高等生分四级,某教员上地理课,与会淋漓用所当用,以引起生徒之爱国心。初等生八十余人,单级教授。教员某君诚恳朴实之风,现于颜色。上体操课,庄重而不尚严肃,尤合儿童心理。诚小学校之良教师也。中学组织励进社,内分八组,规则完密,师生联络,共图进行,可慕也。设训练室一间,闻之钱葆珍先生云,初次生徒入室,咸凛凛然,后引品行最优、从未犯过者入室,晤谈,遂无。迟迟其行,疑虑莫前者,训练于簿自觉,其功效为较大。云,百数十人师生无一人吃,尤为我校所惭愧,而当警戒者也。②

1908年10月8日下午,忽闻洋号铜鼓之声自远而至,出而观之,是观涛学校③,有鲁家汇镇旅游来此,其学生为可观,步伐整齐,不愧两等学校矣。学生及职员约六十余人,借本校礼堂居住焉。10月9日,早膳后观观涛学校之旅行队出校到申,其学生皆振作精神,且有铜鼓洋号以振起也。10月10日早膳后,闻吹哨子,皆到檐下整队,入雨中操室,小学生后,观涛学生乃行鞠躬礼,黄监督先生奖励,谓,本校与该校之感情,他日学成后之办事更多。黄先生又谓余等曰,此校乃浦东鲁家汇镇之官立学校,该校学生甚为可观,使余等能无愧乎。④

黄炎培校长认为,德育、智育、体育融合的最好教育,就是远足教育,即研学旅行。由学校根据所在区域特色、学生年龄特点和各学科教学内容需要,组织学生通过集体旅行、集中食宿的方式走出校园,采用步行、乘船、乘车等不同交

① 见沈秉常《光绪三十四年学堂日记》。
② 摘自《龙门杂志》,龙门书院,今上海中学。
③ 观涛书院创立于1867年(清同治六年)鲁家汇,后改为观涛学校,今为上海市闵行区浦江第三小学。
④ 见沈秉常《光绪三十四年学堂日记》。

通方式,在与平常不同的校园生活中拓展视野、丰富知识,加深与自然和文化的亲近感,了解社会,增加对集体生活方式和社会公共道德的体验,提升中小学生的自理能力、团队合作、创新精神和实践能力。通过非常严密的计划,融合风土人情、地方文化、教师演讲、老师诗作、学生征文、活动点评等方式,将课堂教学与社会实践有机结合起来,饱览祖国之大好河山,感慨青春之责任担当,忧虑国家之羸弱差距,激发青年之使命责任。不仅符合青年学生的心理状态,将课本知识与现实生活有机统整,更可以从中培养学生的团队合作意识、吃苦耐劳精神、爱国热情,并了解祖国江山、淬炼身心健康等。通过远足教育,有助于学生对于社会的了解,明晰责任,有助于完成自己的人生规划。

第二节　广明师范

一、试教实习

广明师范讲习所的学生,通过近一年的师范教育,已经具有一定的文化基础,开始为期两个月的试教和参观。黄炎培充分发挥自己作为江苏教育会的调查干事和川沙学务公会会长和劝学所总董的优势,组织这些师范生到龙门师范(现上海中学)等学校参观,同时,组织这些学生到震修小学堂、三林书院、川沙小学、惠南小学等学校去实习。通过实习,学生把所学理论与实践操作有效衔接,提高了教育教学能力。与此同时,黄炎培和诸位教师还亲自到各所小学去走访,一方面了解相关小学的办学状况,另一方面,去了解学生的实习情况,尤其是了解其作为一名教员的职业态度和教学方法,同时,也了解和检验其在广明师范所学知识的实用性和有效性。

二、广明师范校友会

自广明师范讲习所毕业的学生,在投身教育之后,黄炎培等依然非常关注他们的教育工作,定期将他们请回浦东中学,让他们汇报成绩、分享经验,提出问题、反思原因,并对他们作进一步的指导和帮助。

黄炎培校长组织校友会,不仅仅为了联谊师生友情,更是将其作为一种学习研究方式，帮助广明师范毕业生们分享各自的教育实践经验和体悟，以更好地适应教育工作，助推他们实现专业持续成长，提高教育使命感和责任感。

第一次校友会

根据孙肖康所写"校友会记言"①

光绪三十三年五月初五（公历 1907 年 6 月 15 日）下午一点钟在浦东中学校召开了第一届广明师范校友会议，参加会议的教师，有黄师韧之（黄炎培）、陈师处素（陈容）、俞师子夷（俞子夷）、陈师星五（陈星五）、马师群超（马群超），参加会议的同学有施大猷、王则行、陆松筠、施汤铭、龚慕军、黄逢庚、瞿初苏、傅锦生、杨应环、龚岭梅、周葭渔、陆步诒、卫申甫、陆秉渊、硕干初、康葆颐、康济民、瞿朗川、蔡颂尧、孙守成。

在会上，首先是毕业的师范同学汇报了自己参加教育工作的状况和心得，然后老师们对大家提出了各种问题，再次，学生就实际教学工作中的困惑各抒己见，进行广泛而深入的研讨。

黄炎培说，"非常惭愧，我自己的学识还不够，需要进一步加强学习；对于处理问题时的利弊权衡，有时候把握不太好；惟有经常参观学习，方能弥补自身知识不足。特别是担任江苏教育会常任调查干事，经常走访，观察学习，让自己受益良多，感悟颇深，愿意向各位建言，供大家参考。第一，老师授课时间不宜过多，每天要花 1—2 个小时来研究学问，研究教学方法；要有开放的心态，每年要有一次机会参观兄弟学校，学他人之长，补自己之不足，这样，无论是在教学方法和办事能力上，更容易有所进步和提高。第二，做事要有耐心和恒心，正如校主杨公斯盛为浦东中学所提校训，于学问，于实业，心无旁骛，专注。人性喜欢动，不喜欢静，朝东暮西，席不暇暖，多年奔走。往往一件事情还没有钻研透，看到有新的内容，马上扔掉，又选择新的内容，这样，惶惶数年，最终一事无成。教育界这样的现象尤其明显，希望大家能引以为鉴。通常来说，我们喜欢热闹，不喜欢冷寂，假如人人都这样，那在一些偏僻的乡村，教育就无法普及，那里的孩子就没有受教育的机会，希望各位一定要注意。"

殷殷期许，让每一位与会的校友连连点头。

---

① 选自《浦东中学校杂志》第一期（1908 年）"校友会记言"。

陈容先生说,"农民种田,必然先清除杂草,然后再种植优良品种;工人制造工艺产品,先琢磨原料,反复构思,再开始雕琢。管理学生同样如此,必须先去除学生的不良习惯,以规程来约束,以命令来发展,但这还不够。然后实行,如果有不遵守的学生,就务必使他们遵守,不能让这种风气蔓延滋长。然后加以训练,以培养他们正确的道德观。可以采取试验的方式,与学生一起制订班级公约,看他们是否能遵守。在严格约束学生行规的同时,平时要用爱心体恤他们,这样刚柔并济,才有可能有效。平时对学生进行训练时,要注意培养其才能,增进其学识,健全其道德。我今年在学校里实验这个方法,先以师生共同制订的规程,来约束、强迫学生的行为习惯,当他们感觉到非常痛苦时,让学生放松,感受到快乐,就稍有进步。多次使用这样的方法,来训练学生,通过严格训练感受到痛苦时,再予以放松,享受快乐。到目前为止,只感受其间的快乐,已经忘记了曾经的痛苦,内心也就舒坦自在了。"

施汤铭校友说道,"在日常教学中,管理班级的难度超过自己的课堂教学。所以在休息时,老师应该和学生一起活动游戏,这样,师生关系就容易和谐,不至于激化矛盾,学生也就会更加愿意听从老师的建议和要求。"

在热烈交流之中,师生约定,明年同日,再行召开校友会,商讨教育问题。

黄炎培校长认为,一所学校如果想要发展,增加学生,大概要注意三个方面。第一,科目宜简单,不能从早到晚都是文化学习,要有学生的体育运动、音乐艺术、动手实验课程的设置;第二,须研究社会心理,作为教师,不能只知道闭门办教育,需为社会发展培养人才,需了解社会需要什么样的人才,要注意培养学生未来发展所需要的能力;第三,须与学生家长沟通交流,了解家长的需求,引导家长对教育的理解,赢得家长的配合,这样的教育,不仅有利于家校合力,更有利于学校社会声誉的提升,吸引更多学生前来学习。

第二次校友会

光绪三十四年(1908年)五月初五,在浦东中学校内,召开了第二次广明师范校友会,因为校主杨公斯盛于此前5天刚刚过世,同学们内心非常哀伤,先到灵堂处鞠躬行礼,缅怀校主,然后继续召开校友会。会议程序与第一次相同,同学们汇报了自己的教育工作的状况和心得,然后老师们对大家提出了各种问题,再次,就学生实际教学工作中的困惑,大家进行广泛讨论。

这次校友会中,因为陈师处素(陈容)于1907年农历十月远赴美国哈佛大学留学深造,无法前来参加。其他四位老师,黄师韧之(黄炎培)、俞师子夷、陈师星五(陈星五)、马师群超(马群超)都前来参加。参加会议的同学有施大猷、张印深、杨应环、傅锦生、施汤铭、王则行、陆松筠、王养吾、蔡颂尧、谢斌兼、金润青、施久之、顾谦初、瞿初荪、龚岭梅、孙守成。

孙守成作为广明师范讲习所的毕业生,因成绩优异,被浦东中学附属小学留校聘用,担任教员一职,故被推举为校友会干事,担任书记员,专门记录各项工作,防止遗忘,对于校友会中老师和同学的相互交流内容,则尽量予以完整记录。

校友蔡颂尧报告说,近期,他在浦东烂泥渡路的蒙养小学任教,这所学校是由企业界的陈桂林先生捐资兴建,仅今年,建造校舍和补贴相关费用,就已经花费三千多银元。这样的精神,实则与杨公毁家兴学、造福一方有类似之处,老师和学生都非常珍惜这样的教育机会,学生认真学习,老师专心教学,学校发展态势良好。

孙守成则说道,"我曾听蔡颂尧说,陈桂林先生就是一个工人而已,但这样捐资创办蒙养小学,可以说是'第二个杨公'。我们身为教员,如果不能热心专注教育,就不感到羞愧吗?自去年黄炎培先生提醒,应该多注重与家长之间的联络沟通,今年浦东中学附属小学的学生数量果然大增。学生增加了,但老师没有注重学生的行为规范,只注重增长其学识,这样的教育有益吗?我一直在思考一个问题,作为一名教员,应该爱校如家,把学生看作自己的孩子,万万不可心不在焉,不负自己所学,这样方能坦然面对捐资创办学校的立校先贤,爱校如家、爱生如己,不是挂在嘴上,而是放在心中,落在行动。蔡颂尧所言,我们应当不负重托,竭尽全力办好学校。"

王养吾报告,他受聘竞存师范任学监,这是清末秀才、地方乡绅黄雅平所创办。其为人"性伉爽,遇事奋进不退",受新学思想的影响,来到得风气之先的上海,"以教育为怀",谋划发展教育事业。他有鉴于"崇明、海门之旅居上海者,艰于就学",于是,经再三考虑,他决定与旅居于此的同乡创设一所名为"竞存公学"的学校,以解同乡子弟燃眉之急。学校于光绪三十二年(1906年)正月正式开办,校舍在美租界文监师路文昌里,后改称塘沽路。

竞存公学①是一所师范学堂,分师范、理化两科。创办之初,效果很好,学生众多。一年后,黄雅平"扩大校制",但因学生减少,加之经费捉襟见肘,所提教育目标遥遥无期,遂与亲朋好友商议,希望借贷维持学校,但无人回应,不得已,回崇明与县教育会商量,也没有好的对策,情急之中,服毒自杀。他想以其兴学受挫而殉难的壮举唤醒世人,因而发出了灵魂的最后一声呐喊。他去世时间是1907年5月31日(光绪三十三年农历四月二十日)清晨,年仅33岁,撇下了家中的妻子陆氏及一儿一女。

王养吾谈及当下竞存师范办学之艰辛,但身受重托,只能全力维持,希望黄雅平先生之死,能换来更多崇明籍人士的理解和支持。

黄炎培先生说,世人做事有三种主义。第一,主观的个人主义,惟利己者是从。第二,客观的个人主义,其尽职也是为了个人而尽职,所以,他尽责的多少,是根据对个人的利益而定。第三,社会主义,不顾奖励,无须考察,竭尽全力而为之。为什么呢?只是为了社会而已。正如王养吾所提的黄雅平先生,就是抱着第三种主义的人,出身名门,又是秀才,龙门书院毕业,为了解决崇明、海门一带在沪旅居者孩子的求学之困,毁家兴学,面临办学经费短缺时,完全可以一关了之,继续自己优越的生活,但他宁愿选择自杀,以唤醒民众,他的心中没有个人,只有对社会的责任和担当。这第三种主义,我希望与在座各位能共勉,不要问能不能做到,但需竭尽全力而为之,必有成功的一天,所谓"山重水复疑无路,柳暗花明又一村"就是这个道理。黄雅平先生以身殉学,今天看到王养吾能继承黄雅平先生的遗志,继续办学,相信先生在九泉之下,会感到欣慰的。

王养吾听后,连连点头。

黄炎培又说,去年我到川沙地区视察当地的教育情况,感悟颇深。但凡学校没有人出资办学的,通常发展比较好;如果有人出资,反而不如前者。乡村地区的小学,原本不需要大资本家,只要按照从前的村馆办学模式即可,大家有钱出钱,有力出力,只要办学方法得当,就可以发展比较顺畅了。曾经看到一所单级小学,星期天也不停止上课,符合当地社会百姓的需求,学生众多,读书非常勤恳。如果人人都是这样,那教育必然会发展。抱着第一个主义,即主观的个人主义,惟利己者是从,我不屑于和这样的人进行交谈。孙肖康所说的情况,与我所遇到的

---

① 竞存公学,今为崇明区竞存小学。

情形相似，需时时提防，以免自己失误犯错，不仅在财经经济上如此，在办事处理上同样如此。孟子云，"生于忧患，死于安乐"，做事当从忧患中着手，等到太平之后而粉饰太平的人，能有多少机会过太平日子，那还需要我们做什么呢？

俞子夷先生对各位校友说，我们已经一年未见，刚才听各位所言，感觉进步很大。去年我们所讨论的，不过是学堂的经费、办学形式，今天所讨论的是教员的职业道德，与去年相比，又进步了。我有一个问题，关于将来如何培养学生，如果学生有一技之长，就可以谋生。但如果没有一技之长，如何才能过上良好的生活？一方面，需要加强其道德方面的教育，培养敬业心和责任感；另一方面，需要教授一些文化知识，为其将来能更好地主动学习奠定基础。

金润青（后来成为民国时期的教育家，曾任吴江区松陵小学校长等职）说道，俞子夷先生所说关于道德这个层面，应该是学校里最重要的内容。但现实教学中，由于学生年龄参差不齐，学业程度差异很大，很难有统一的关于道德方面的教学要求。只有平时加强训练，但又不可以过于严苛，每个人都知道羞耻，倘使横加严词，当众训斥学生，虽然他们敬畏老师，但不能做到心悦诚服。所以，还是需要讲道理，师生之间以平和为重。

黄炎培校长认为，教师从教必须考虑学生未来的生计，这是最重要的。因为我们教育的目的，就是为培养他们未来的生存和生活能力。身为父亲和兄长的，每每希望自己的孩子兄弟将来能功成名就，却不考虑他们的谋生之道。生利日少，分利日多，至无利可分，而国民生计则不可问矣。

故学校应该注重实业教育，日本有实业学校，有实业补习学校，中国此等学校未能多设，应该在小学校内设实业补习科目。目前最重要的办法有两个，第一，培养教员；第二，编定课本。

日本现行的实业课本相当不错，所以我们可以学习、借鉴日本实业教材而编写适合我们中国自身特点的教材。关于培养教员，应该创办、设立实业教员养成所，通过这样的学校，来培养专业的职业教育方面的教师。

黄炎培校长关于加强职业教育的讲话，给广明师范的校友很多启迪。同时，也坚定了他在浦东中学校内，开展职业教育的探索的信心，为后来创办中华职业教育社奠定了重要基础。

第三次校友会

宣统元年(1909年)五月初五,举行了第三次广明师范校友会,黄炎培、陈星五、俞子夷、马群超四位先生都出席,大部分校友都回来参加。俞子夷先生于该年二月,受江苏教育总会的安排,到日本调查单级教授法,四月份回国,回来第五天,就参加了这次校友会,所以,俞子夷先生就与各位校友分享了学习考察报告。整个校友会的活动,由干事孙肖康予以记录。

陈星五先生说,为师者,不在口中说热心,而在胸中化私心;不问名誉之有无,不计功效之迟速,惟当竭力从事,以期尽我诱掖青年之职已。然苟能如是,而名誉功效亦必大著。

陆秉渊说,去年在城东女学教授手工时,苦于不知如何教授,就随时去参观各家洋货商店,仔细观察,并购买部分可以让学生来仿造的物品作为教材内容,自己感觉到非常适用,学生非常喜欢这些流行的物品,教学效果很好。最近在奉贤肇文学堂任教,担心学生缺乏自治力,就要求学生每天写日记,同时记录同学的功与过,借此来予以规诫,这个方法实施之后,学生的品行有了很大的进步。

王养吾说,教学工作应该注重计划性,注重培养学生的计划能力,告诫他们凡事必先计划好,然后开始实施。持之以恒,学生的志向就会更加坚定,目的也就可能实现。

浦东中学教员凌昌焕[①]先生也受邀参加了校友会的会议,他说,家庭教育中,一般而言,父亲严厉,母亲慈祥,这样的严格与慈爱相互作用,对于孩子的成长是非常有帮助的。学校教育同样如此,我家乡有一所小学,正教员对于学生管理非常严格,副教员对于学生很柔和,在这样的学校管理中,学生都能做到动静有常。

孙守成则戏称,教无定法,常研常新,如同走路,每天都会发现新的变化,所以需要我们经常研究。

黄炎培先生说,教育为极苦之事,为政得名,为商得利,而从事教育的,则无名无利,小学教员更是如此。在城市中任教,由于家长比较重视教育,或许有人知晓;在偏远农村任教,极有可能无人问津。如果国家要富强,关键在于小学,所以,小学教员是无名英雄。但我们应该结识政界等相关人士,或许他们可能

---

① 凌昌焕,近现代著名教育家,早期编译者,为南社社员、中华职业教育社社员。

在办教育的过程中，助一臂之力。

去年在校友会会议中，在座各位谈及办学的种种艰辛，劝各位在本乡创办私立小学，用我们的精神来感召，用我们的精神来办学，这样，最终必然有成效。在本乡办学稍微容易些，学生集中在某一乡，老师在教育的管理上与当地的民风习俗相同，而容易得到家长的认同，也更容易成功。如果不是本地的老师，则应该先从研究学生的风俗习惯入手，要有入乡随俗的观念，切不可自以为是，否则事半而功倍，甚至可能一事无成。

作为江苏教育会的常任调查干事，通过调研，发现各地学校普遍不太重视体育课，在竞争如此激烈的当下，怎么可以忽略体育，不注重培养学生的体质和毅力？学校应该竭力培养学生良好的体育运动习惯和能力。

读书的目的，本来就是为了将来能更好地生计，不应该只追求学业成绩。数学应该重视珠算，国文应该注意信札和应用文写作，图画应该注重画图和写生，但当下在各所学校之中，大部分都是相反的，俨然就是科举制度的翻版，只注重试卷上的应试，而缺乏学科知识的应用，尤其是在现实生活中的使用，这是当下教育的一大缺憾。

我现在对于各位在个人办事和教育工作中提一个建议，希望注意一个字"怒"，如果在处理问题时，容易"怒"，那事情就很难成功；如果在教育工作中经常"怒"，那学生很难达到老师教育和训练的效果。这就是所谓"欲速则不达"，愿各位能共同注意避免随意"怒"。

俞子夷先生说，人不出门，就不知道外面的世界如何，没有比较，就不利于进步。所以日本文部省每年都必然会派遣人员前往世界各国调查，以更好地学习和借鉴他国的经验。这次江苏教育总会派遣我等一行前往日本考察，就是这个目的。此行我暂时还没有整理好，但所见所闻与我们中国不同之处非常多，今天就与大家分享。日本的小学通常是六年制，此外，有很多的补习学校，以弥补学校教育的不足。

日本的女生没有中学之说，如果看到高等女学，实际上就相当于中学程度。女学的组织机构非常简便，就一栋校舍，有时候仿效单级教授法开展教学，专门有唱歌、游戏、手工、图画等课程。

日本地方政府非常重视教育，贫民虽然没有家庭教育，但可以进幼稚园，开设的科目也非常简单，放假时间很少，通过幼稚园的教育，来弥补家庭教育的缺失,培养学生的优游涵养,并渐渐地去除不良习惯,养成良好习惯,藉此提高整个国民素质,这是非常高明的!

日本有教员养成所,针对在教学过程中发现有教学经验薄弱的教员,进行有针对性的培养,这是师范院校所无法比拟的。

日本的百姓中也有各种行业,根据不同行业的生徒,开设特殊的夜校,来培养基本的技能和知识。

日本有青年团,开设兵士教育,既可以为打仗做准备,又可以为那些错过读书机会的年轻人提供基本的教育。

关于单级小学教授法,我没有实践经验,还不能真正揭示其功能,但坚信这是有利的,没有坏处。将不同年级、不同程度的学生同时教授,也可以根据各科的程度分别授课,如果单级教授法不行,可以先采用复式教学法。

如果一堂课中的学生为一个年级的,称之为单级;如果一堂课中的学生为两个年级及以上的,称之为多级,倘若一个班级教学中有两种类型的,称之为复式。如果有两种性质,而且有分有合,如果合在一起时,称之为合级。如果学生多,不能实施单级教学或多级教学的,可以采用多级复式教学法,也就是将两组合为一级,或三组合为一级,根据学生对知识的掌握程度,随时调整,由此老师必须时刻注意学生的情况,以保证教学的有效性。

运动场的活泼与教室内的整齐,两者缺一不可。日本的学生基本都符合这两项指标,所以五六年级的学生经常能帮助教员引导,并示范低年级学生的行为举动,也养成了非常好的习惯,平时非常热闹,一旦听到老师的指令,立刻鸦雀无声。

修身课应当注重做法,练习礼节,有礼节则情谊密切,交际之时,饮食之候,尤当重礼节,此外关于道德者,皆宜随时教授。

国文科三年以上,使用质问教授法,授课之前,先让学生朗读课文,找出里面的生字进行提问,然后让优秀学生来回答;有时候用事物来教授,上课时先把事物予以呈现并讲明,然后再讲授字、词、句和段落等。

缀法用清书,学生起草后,将稿件收阅,略加删改,而后发还,有个别很差的,就用蓝字予以特别指教,要求学生自行改正,并认真誊写,称之为清书。

书法不用映写,用旧报纸先写红线,当场用毛笔写字示范,然后要学生临写。第一年的学生先用石笔写,再用铅笔写;第二年的学生才开始使用毛笔。

一年级学生的读法、书法和缀法可以同时教授。教授生字时,宜先用笔临空书写,用手指来引导、示范笔画顺序,等熟练后,再自行书写于石板上。

地理、历史、理科不必专门固定时间,乡土知识随时随地开展教学,所以校外教授、校外运动、远足等事,也宜时时行之。

对于世界地理知识,如割弃土地等,应该经常让学生知晓。

图书废弃之后,可以用毛笔重新写,也可以作为手工课中所用。

校园不必地大物博,在操场或庭院之中,种植一些植物花草,并作为课程资源,如果希望重视农业,可以考虑养殖一些小动物。

教育学生养成国民素养时,不要轻视内外界限,而对于日本,尤其要注意,应时时注意提防,说穿其随时准备侵占中国的险恶用心。

作文、习字的中间,宜间隔体操,体操共六节,每节十六回。学生上课疲惫时就非常适用。

体育课后,适宜多走路和深呼吸,这样就有利于放松。

修身课教材不必多,适宜让学生熟记,应当选择学生喜闻乐见的知识来教授。

提出学堂中重要的宗旨一二条,挑选之后,可以作为校训。

日本特别注重学生的个性教育,根据学生的差异特性而进行培养。

小学教育可以分三步实施:第一步,力求应用;第二步,力求普通;第三步,力求统一。现在日本的统一主义,在提防亚洲国家,学习西方国家。根据这个原则,废私立学校,而改为公立学校,以利于统一的教育。

黄炎培先生又补充道,对于世界地理必须极其注重,诚如俞子夷先生所言,看到日本的现状,我们要留意,谨防日本对中国的觊觎之心。需随时提防日本对中国在军事上、经济上、文化上和资源上等的入侵。

黄炎培校长认为,教师要淡泊名利,入乡随俗,切不可自以为是,宜因地制宜,因材施教,开放办学,善于结识政界、实业界等相关人士,以获得相应支持。学校教育要重视体育,注重培养学生的体质和毅力,养成学生良好的体育运动习惯和能力,为学生的终身发展奠基。

第三节　职业教育思想的启蒙

一、在课程设置中坚持"实用"

黄炎培在广明小学、广明高等小学、广明师范和浦东中学办学期间,着力改革课堂,针对时弊,坚持"学以致用"、注重实效,大力削减经课,增加实用学科,如国文、历史、地理、美术、格致(理科)、图画、唱歌、手工、英文、体育、课外活动等。

二、读书的目的为了生计

黄炎培在 1908 年的广明师范校友会上就提出,读书的目的就是为了生计,这是最重要的;教育的目的,就是为了培养他们未来的生存和生活能力。教育不能只希望学生将来能功成名就,却不考虑他们的谋生之道。学校应该注重实业教育,解决办法有两个,第一,培养教员;第二,编定课本。日本现行的实业课本相当不错,所以我们可以学习、借鉴日本实业教材而编写适合我们中国自身特点的教材。关于培养教员,应该创办、设立实业教员养成所,通过这样的学校,来培养专业的职业教育方面的教师。[1]

三、办学宗旨注重生活教育

黄炎培在 1905 年制订的浦东中学、附属高等小学和附属初等小学的办学规程中明确指出,读书是为了将来从事实业或进习专门学校,在坚持学业的同时,加强道德教育、国民教育,特别注重生活教育,以便学生能与社会需求更有效地适应。

第一条　浦东中学谨遵　奏定实科章程,恭酌办理俾生徒预备从事实业或进习专门学校为宗旨。

第二条　附属高等小学谨遵　奏定章程,以留意儿童身体之发达,于道德

---

[1]　见《浦东中学校杂志》第一期(1908 年)"校友会记言"。

教育、国民教育外,特注重生活教育,并使生徒毕业,得升入本校中学为宗旨。

第三条　附属初等小学谨遵　奏定四年级简易科章程,于道德教育、国民教育外,特注重生活教育,并使生徒毕业,得升入本校高等小学为宗旨。

四、化学工业科的探索

1910年,黄炎培先生辞任校长,担任学务董事,负责教学和师资,同时兼任江苏教育会常任调查干事等职,根据亲眼所见,他发现实业教育和实科设置实在是太少,学生毕业即失业的状况比比皆是,必须要进行改革。中国国力衰弱的原因,在于长久以来对于农业、工业和商业的鄙视,崇尚学而优则仕,黄炎培认为,这是一种错误的思想,必须予以改变,为此,与时任校长朱叔源商议,决定于1913年在浦东中学创办化学工业科,聘请了自德国柏林大学工科毕业的阮尚介(后任同济大学校长)担任顾问。而当时的浦东中学已经声名鹊起,诸多优秀的毕业生考取了清华学校、北京大学、南洋公学、北洋大学等名校。

这种探索在社会上引起了极大争议,很多人认为,培养栋梁之材的浦东中学,不应该开设这样的课程,实则,黄炎培正在进行手脑并举、注重实践的探索。

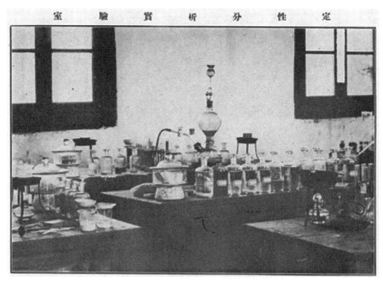

图6-4　定性分析实验室

图 6‑5　定量分析实验室

图 6‑6　制皂实习室

图6-7 制蜡实习室

图6-8 颜料绘料及墨水制造室

五、黄炎培在化学工业科毕业典礼的训辞①

以世界生计之压迫,吾国国民经济力之薄弱,将不可以为国、不可以为人,而教育,乃大注重生活,以普通中学制度之不适于社会汲汲谋生活时之需要,与吾校平时教科稍稍注重理化之趋向,而吾校中学科外,乃有工业科之设。

以方今社会母财之穷乏,大工业之不易提倡,计惟先之,以可大可小者,诱其起兴味,而徐图进行,而吾校工业乃设化学科。今者,吾校化学工业科第一届,且毕业矣,人数虽寥寥乎,吾校之耗金钱,于是科积年统计,人各数百,而学子之所自耗,尚不与。

凡事作始也简,将毕也巨。工业教育进行之种种困难,种种障碍,而吾校遂妄欲竭其棉(绵)薄之能力,以为之倡。在校诸生默抚此意。异日学成,一一施诸用,各竭其力,以为社会倡,则其所获,必不止十百千倍于所耗。

可知,而此至简之纪念小册,虽谓将来至巨事业之导线可也。

请悬吾言,以观其后。
中华民国五年五月四日
黄炎培

六、硬件与设施的实用性

黄炎培在设计浦东中学校舍时,东部校舍为二层楼之洋屋,建于清光绪三十三年七月,建筑坚固,地基高燥,全部分十九间,在楼上为普通教室及物理、生物、仪器、实习等室,楼下为各办公室及图书馆、化学仪器室、实习室、校医室等。

浦东中学非常注重动手实验,根据教学的需要,杨斯盛不计成本,要求黄炎培等采购所需的教学仪器和药品。物理实习室与物理仪器室相毗连,共二大间,至二十年代,仪器室藏历年向国内外购置仪器三百九十二件,化学实习室与化学仪器室亦相毗连,地位、大小与物理室等。药品、仪器室内藏有药品三百五十余种,仪器二千四百二十九件,生物学的标本、仪器有三百十六件。

---

① 摘自《浦东中学化学工业科纪念录》(1916年)。

　　黄炎培校长认为,对于学生的职业意识和生涯规划培养,可以通过各种课程开展教育,如利用远足课程,在亲近大自然、走进社会中逐步了解社会对于人才的要求,尤其是通过校友会,让刚入职的教员更好地理解教育的责任和价值。

　　黄炎培校长认为,教育的作用在于使受教育者"于己具有自立之能力,于人能为适宜之应付",批评教育专重文字、空疏无用、脱离生活的弊病及其恶果,主张"打破平面的教育,而为立体的教育""渐改文字的教育而为实物的教育"。

　　黄炎培先生在浦东中学探索了实用主义的教育思想,即学校教育与学生生活、与社会实际相联系,使学生"养成活学活用所得事项于实地之精神""养成活用知识技能于实地之习性",并在浦东中学率先践行了"普职渗透",在抓好文化知识教育的同时,注重培养学生的动手能力。而化学工业科的实践与探索,为后来中华职业教育社的成立和中华职业学校的创办,奠定了重要的基础。

第七章

优质学府，近代榜样

——"君子辈出"的显赫成效

浦东中学的校友中，除著名的政界精英之外，还有科技、人文、艺术、体育、经济、军事等社会各界名流，更有几十位革命烈士。他们都具有"勤朴"的文化底色。

浦东中学是一所普通而又神奇的学校,百余年的学校文化始终得到传承。自清光绪三十三年开办至今,校名未变,校训"勤朴"未变,校标未变,校箴"克己互助"未变,传唱百年的校歌未变,训育标准未变,曾历战火摧毁,依然回到原址,校址未变。

第一节　学校文化

一、"勤朴"校训

校主杨公斯盛积一生之感悟,与黄炎培、顾次英等老师共同商议,在 1907 年 3 月 21 日,亲自颁布了"勤朴"校训,提出希望所有学生做到两个字,"一是勤,勤于学习,勤于健体;二是朴,是奢华的对立面,简朴,朴素,更重要的是'于学问,于实业,心无旁骛,专注'。"他在结束语中总结到,"外国人讥笑中国人为东亚病夫,因为中国人没有做到'勤',外国人嘲笑中国人为纨绔子弟,因为中国人没有做到'朴'。"时至今日,这样的校训依然熠熠生辉,具有时代价值。所有的校友都牢记了"勤朴"校训,很多从事教育工作的校友,也传承和迁移了"勤朴"精神。如爱国华侨、教育家司徒赞校友在印度尼西亚创办了"华侨公立巴城中学",并担任校长,该校的校训就是"勤朴",得到了黄镇大使(杰出的外交家,"将军大使",艺术家,曾任外交部副部长、中共中央宣传部第一副部长、文化部部长、中顾委常委等职)的充分肯定。

二、"克己互助"校箴

浦东中学的校箴"克己互助",由著名心理学家沈履于 1924 年提出,他根据学校在办学之初,由黄炎培校长提出的诸多行规要求,针对学生存在的诸多自私自利、自我中心的现状,明确提出,"孔子曰,'己所不欲,勿施于人',西方哲学家的观点在于，'个人之自由，不能建立在影响他人之基础之上'，曰'克己'；'长慈幼，强扶弱，才者辅不才，能者济不能，迨为人类共存之道'，曰'互助'。"这样的校箴时刻警醒着浦东中学的学子：心中要有大局观，心中要有家国情怀，不能只图一己之私利，要学会相互尊重，善于帮助他人。

三、八大训育标准

浦东中学根据黄炎培校长在创校之初所提出的行为规范要求，经过不断完善和总结，最终确定为"浦东中学学生修养标准"，用八个词语对学生提出八个方面的要求，每个要求后面罗列了两个例子，故亦被称为"八大修养标准"，以便效仿。

（一）浦东中学学生是互助的

举两个例来说明：

1. 不只顾自己，能扶助他人。

2. 尊重他人之人格和权利，不作损人利己之事。

（二）浦东中学学生是谦和的

举两个例来说明：

1. 对于师长、朋友均有相当的敬礼。

2. 平时言语温和，不作喧嚣暴厉之声。

（三）浦东中学学生是勤俭的

举两个例来说明：

1. 勤勉学业。

2. 不浪费时间、金钱和精力，并能充分利用机会，作有益身心的事。

（四）浦东中学学生是勇敢的

举两个例来说明：

1. 主持正义，嫉恶如仇。

2. 勇于改过，不狂妄自是而文过饰非。

（五）浦东中学学生是整洁的

举两个例来说明：

1. 服装、言行、思想都整洁。

2. 起居习惯有审美的布置,无不整洁的表示。

（六）浦东中学学生是友爱的

举两个例来说明：

1. 视同学如兄弟。

2. 对于他人时能加以原谅。

（七）浦东中学学生是快乐的

举两个例来说明：

1. 常抱乐观的态度,不作悲观厌世之想。

2. 虽遇极困难的境地,仍能不减其心中之快乐。

（八）浦东中学学生是忠实的

举两个例来说明：

1. 凡属分内应做的事,无不尽心竭力去做。

2. 言语诚实,不欺诈骗人。

四、校徽

浦东中学校徽自学校创办之初,使用至今,不仅以砖墙和泥刀来昭示校主杨公是上海滩营造业一代宗师,也意味着浦东中学真正修砌国家所需的人才大厦。现将校徽内容诠释如下：

图 7-1　浦东中学校徽

坚持德智体美劳均衡发展,秉持勤、朴、诚修养,追求自由、平等、博爱,注重家庭教育、学校教育、社会教育合力,强调个人、民族、国家协调统一。

脚踏实地,齐心协力,万丈高楼平地起,共同支撑起浦东中学的发展,勇担民族复兴和国家发展之重任。

五、校址

浦东中学最初的校址是由黄炎培等人选定,确定在浦东六里桥,随着学校声誉远扬,不断壮大,至 20 世纪 20 年代,学校占地面积达 200 多亩,因杨斯盛小名叫"阿毛",浦东中学被六里当地人称为"杨阿毛大学"。

1931 年"九一八"事变后,日寇就时时准备侵占上海。次年发动了"一·二八"事变,浦东中学经常受到日寇炮弹的袭击,学生数量锐减。1937 年 8 月 13日,日军以租界和停泊在黄浦江中的日舰为基地,对上海发动了大规模进攻,同时,出动大批战机轰炸上海的文化高地,商务印书馆、上海大学、同济大学等被轰炸,而浦东中学则被夷为平地。

为赓续文脉,学校全力维持,于同年 10 月在浦西东湖路继续办学。抗战胜利后,校方向国民党政府提出迁回原址,但国民党忙于内战,无暇顾及。直至中华人民共和国成立之后,学校方于 1951 年 7 月,经上海市人民政府教育局批准,终于回迁至原址,并于 1956 年改为公立学校,注重培养工农子弟,坚持文化学习与劳动教育并举的教育方式。

第二节　杰出校友

浦东中学是中国惟一培养过国共两党领导人的中学,如原中共中央政治局常委、在遵义会议上当选为中共中央总书记的张闻天,抗战时期中国重工业建设的奠基人、全国政协原副主席钱昌照,台湾地区的中国国民党原主席蒋经国及其胞弟蒋纬国上将等。

这是一所大师辈出的学校,如让中国在世界上挺起脊梁的著名物理学家、"中国核武器之父""两弹一星"功勋、国家科技进步特等奖获得者王淦昌院士,"北斗导航之父""两弹一星"功勋、国家科技进步特等奖获得者陈芳允院士,他们又是让中国科技腾飞的"八六三"计划的四位发起人之中的两位,为今天中国的高科技发展起到了关键性的作用。如古生物学家、地层学家、中国古脊椎动物学的开拓者和引路人、中国古哺乳动物学研究体系的缔造者、第一位获得罗美尔—辛普森奖章("古脊椎动物学诺贝尔奖")的中国人周明镇院士，"中国人造石油之父"赵宗燠院士，"旧国学传人，新史学宗师"、著名史学家、学部委员范文澜，"中国大地测量学奠基人"夏坚白院士，"中国变质地质学奠基人"董申保院士，"航天光学遥感专家"、国家科技一等奖获得者龚惠兴院士，语言学家、荣誉学部委员周定一，台湾地区的世界水稻大王张德慈等。还有一批国家一级教授，如中国土木工程学会理事长、结构工程专家、教育家顾宜孙，中国植物数量遗传学的开拓者、教育家马育华，文艺理论家、文艺教育家何洛，神经生理学家、神经解剖学家、心理生理学家和医学教育家朱鹤年，太平天国史研究的奠基人、史学家罗尔纲等。

　　还有诸多在各个领域作出了开创性贡献的校友，如被李岚清副总理誉为"现代会计学宗师，职业教育之楷模"的立信会计创始人潘序伦，"爱国歌曲之王""一代音乐宗师"黄自，"中国法学第一翁"、著名法学家芮沐，"中国城市规划教育的奠基人之一"、摄影艺术家、城市规划教育家金经昌，"中国微生物领域的先驱"、教育家朱宝镛，"杰出的人民教育家"、科普作家、原教育部副部长董纯才，"中国国际电台创始人之一"林定勖，"中国机械工业奠基人之一"支少炎，"中国第一任法语学会主任委员"、翻译家、法语教育家何如，中国第一辆大型公共汽车设计制造者之一的孙家谦，清华大学汽车专业第一位系主任、中国第一个汽车专业的创建者宋镜瀛，流行病学、公共卫生学专家和教育家、中国流行病学的先驱和奠基人之一何观清，著名丝虫病防治专家、国家专家组组长、国家科技进步一等奖获得者孙德建，著名医学家、儿科专家叶培，著名医学家、内科学家、肿瘤专家叶馥荪，培养了14位院士和"中国居里夫人"吴健雄、居里夫人惟一的中国物理学博士、中国核物理教育的奠基人施士元，著名无线电与自动控制技术专家、国防科工委科技进步特等奖获得者、"长征一号"运载火箭控制系统负责人、航空航天部有突出贡献的老专家沈家楠，主持设计和研制了中国第一台双水内冷发电机的电机专家寿俊良，著名遗传育种学家萧辅，著名染整专家、教育家王菊生，著名纺织科学家蒋乃镛，贯通中西的哲学家、哈佛大学博士、中国第一位将《道德经》翻译成英文的黄方刚，著名水利专家、水利工程专家黄万里，现任哈佛大学研究生院院长孟晓犁等。

　　这是一所诞生于国家危难、民族存亡之际的学校。抗战期间，大批有志之士云集于浦东六里桥，为了国家和民族，有奔赴延安、苏联的共产党员，有报考黄埔军校、筧桥航空学校的将士，他们中很多人献出了自己年轻而宝贵的生命，截至目前，发现校友中有40余位烈士，如"左联五烈士"之一的红色诗人、中国现代革命文学的先驱、中国左翼作家联盟发起人之一殷夫，"左联"执行委员、工农兵文学委员会主席、左翼作家胡也频；井冈元戎何挺颖，曾参加"北伐战争""秋收起义""南昌起义"，亲自指挥了"黄洋界保卫战"，"三湾改编"中，根据他的带队经验，毛泽东提出了著名的"把支部建在连上"；闽北起义、南宁兵变、百色起义的领导人之一，红军第七军政治部主任，中国共产党武装斗争的先驱陈昭礼；两广农民运动前驱，中共在广西的早期组织者和领导人之一邓拔奇；黄炎培次子、哈佛大学经济学硕士、民盟中央组织委员会委员、经济学家，为稳定金融，防止国民党政府偷运黄金，而在上海解放前夕，被国民党杀害的黄竞武……

在抗日战争中，校友中诞生了一批正面抗敌的将士，如名列民政部公布的"第二批在抗日战争中顽强奋战、为国捐躯的600名抗日英烈和英雄全体名录"的王家让少将、在南京保卫战中牺牲的李鼎烈士、韦永成中将、侯俊少将、参加淞沪抗战和武汉会战等的冯士英少将。浦东中学有20余位校友报考航空学校，成为飞行员，如在重庆空战中牺牲的张明生烈士、重创日军航母的彭德明烈士、飞虎队员钟洪九等；有一批唤醒民众的音乐家、作家、剧作家、媒体文人，如创作了大量抗战音乐的著名音乐家黄自，著名诗人、作家卞之琳教授，左翼作家万迪鹤，左翼剧作家廖左明，《申报》总经理、新闻教育家马荫良等；有在抗日战争中起到中流砥柱作用的革命家和革命志士，如时任中共中央总书记张闻天，曾任苏皖边区政府主席的革命家李一氓，青年领袖、曾任共青团中央书记和中顾委委员的冯文彬，曾任新四军第五军第四师政治部主任、监察部常务副部长的王翰，曾任晋察冀军区副参谋长、外交部副部长兼中纪委委员的曾涌泉，右江革命根据地创始人、革命家雷经天，革命家、文学家和书法家马识途，抗战烈士周达明等；有为抗日而潜伏于日寇与汪伪政府中的地下党员，如被誉为"东方佐尔格"的袁殊等；有在海外积极筹措资金、组织华侨机工的爱国校友，如司徒赞在东南亚筹集了五千万港币和抗战物资，并组织华侨机工到滇缅公路运送物资，如庄世平在香港和东南亚筹集资金、购买各种战略物资等；有为抗日而加速生产、确保战争物资供应的政界人士、企业家，如民国时期重工业奠基人、国民资源委员会委员长钱昌照，国民党仅有两位荣获抗战"青天白日勋章"的文职官员之一的庞松舟，抗战时期中国航空事业的奠基人钱昌祚，抗战时期电信产业的重要奠基者沈家桢等；有在英国一个人在一年内作了 600 场演讲，为中国人民的抗日战争和世界反法西斯战争作出了独一无二的贡献，被英国官兵亲切称为"不带枪的战士"的著名翻译家叶君健；著名经济学家祝世康于 1930 年 5 月在瑞士日内瓦召开的第十四届国际劳工大会上，向世界人民揭露了日本帝国主义在华的暴行，得到与会各国代表的声援，日本代表因而抗议退场，引起国际舆论重视；有在战火硝烟中维系文脉，坚持办学的学者，如曾任唐山交大校长的顾宜孙教授、西南联大物理系主任叶楷教授、法律系芮沐教授、外文系卞之琳教授、总务长沈履教授，同济大学的夏坚白教授，南京中央大学物理系系主任施士元教授，浙江大学物理系教授兼系主任王淦昌教授，充分利用科技研制抗日的相关设施设备的昆明清华无线电研究所助教陈芳允⋯⋯

　　这是一所与诸多民主党派有着千丝万缕联系的学校。民盟、民建、中华职教社的创始人和首任主席为黄炎培先生；叶君健为民盟中央常委，操震球曾担任民盟中央委员会委员、顾问，叶浩为民盟中央委员；民建之中，也有诸多浦东中学校友，如曾任民建中央副主席的黄大能、曾任民建中央常委的王艮仲等；宓逸群为民进的最早 26 位创建者之一，董纯才为民进中央参议委员会副主席，陈穗九为民进中央常委，荣誉学部委员周定一为民进中央学习委员会委员；钱昌照为民革中央副主席；祝世康曾参与农工民主党的创建；李士豪为九三学社创建的 16 位理事之一，王淦昌院士曾担任九三学社中央委员会名誉主席，九三学社中央常委周明镇院士，九三学社中央委员夏坚白院士，九三学社中央委员赵富鑫⋯⋯

　　这是一所在中国近代史上无法回避的学校，为了社会的自由、平等、公正与法治，校友们积极投身至波澜壮阔的反帝反封建和爱国学生运动之中，辛亥革命、广州起义、八一南昌起义、秋收起义、百色起义，井冈山、遵义、延安、西柏坡、古田，两弹一星、改革开放、一国两制等，都有浦东中学校友的足迹和贡献。大批校友献出了自己的一生，为了国家的富强、民主、文明、和谐，奋斗终生，有的则甘愿隐姓埋名。

　　这是一所为中国教育事业作出了重要贡献的学校，同时也为东南亚一带的教育发展作出了不少贡献。不仅在基础教育阶段有大批从事教育工作的知名校友，同样，校友中还有一批曾担任过大学校长和副校长者，现罗列部分如下：

　　如曾任同济大学校长、武汉测绘学院院长的夏坚白院士，曾任中原大学（现中南财经政法大学的前身）校长的范文澜，曾任唐山交大校长的顾宜孙，曾任晋察冀军区电讯工程专科学校(现西安电子科技大学的前身)校长的曾涌泉,曾任华东政法大学首任校长、上海社会科学院首任院长的雷经天,曾任北京外国语学校(现北京外国语大学)校长的浦化人,曾任大连大学(现大连理工大学)校长的李一氓,曾任东北教育学院(现沈阳师范大学)首任院长、中央教育行政院长的董纯才,曾任云南丽江师范学校(现丽江师范高等专科学校)校长的张正东,曾任国立唐山工学院(现西南交通大学)院长的顾宜孙,立信会计学院创始人潘序伦校长,曾任上海外国语大学校长的戴炜栋,曾任西南师范学院党委书记兼副院长、成都电讯工程学院党委书记、中国人民大学党委副书记兼副校长的孙泱,曾任长春地质学院院长的董申保院士,曾任浙江农业大学(现浙江大学)副校长的萧辅,曾任中央党校副校长的冯文彬,曾任无锡工业学院(现江南大学)第一任教学副校长的朱宝镛等。

这是一所为中国外交事业作出重要贡献的学校,诸多校友献身于外交事业。如张闻天在中华人民共和国成立之后,先后担任驻苏联特命全权大使、外交部副部长、常务副部长,面对欧美国家封锁敌视的外交困境,不断开拓中国外交的新局面,奠定了我国外交事业的诸多基础,丰富和发展了新中国的和平外交思想,为开创新中国外交的新局面做出了杰出贡献。朱良,曾任中共中央对外联络部副部长、部长等职,为中共中央对外联络架起了桥梁。李一氓,曾任世界和平理事会常务理事、书记,驻缅甸大使,国务院外事办公室副主任、中国人民外交学会副会长、中国人民保卫世界和平委员会副主席,"文革"后,任中共中央对外联络部常务副部长、顾问等职。陈鲁直,先后担任驻印度大使馆、巴基斯坦大使馆秘书,驻丹麦大使兼驻冰岛大使,联合国秘书处职员,中国联合国协会理事,中国太平洋经济合作全国委员会副会长,全国人大常委会外事委员会顾问等。黄金祺,外交学家,外交学教育家,多次担任毛泽东、刘少奇、周恩来、陈毅等党和国家领导人的英、法两个语种的口译工作。曾涌泉,历任驻苏联使馆公使衔参赞、驻波兰大使、驻民主德国大使、驻罗马尼亚大使、外交部副部长、外交部顾问等职。王志良,外交官,曾任中国驻孟加拉国使馆一等秘书等职。张永彪,曾任中国驻英国大使馆教育参赞,国家教委督导司司长、国家督学等职。

这是一所为中国电影事业做出了重要贡献的学校,著名戏剧家、电影艺术家、左翼作家、早期进步戏剧事业的奠基者之一廖左明,于1934年,就和曹雪松编导的无声电影《王先生的秘密》《王先生过年》。1935年,廖左明编剧,吴文超导演,推出有声电影《难姐难妹》《年年明月夜》。1937 年,廖左明编导的有声电影《母亲》等剧,为我国系列剧之始。著名电影事业家郑用之,是中国电影制片厂首任厂长,1936 年拍摄了百灵庙抗日大捷的纪录片,抗战开始后,拍摄了抗日故事片《保卫我们的土地》《热血忠魂》《八百壮士》《最后一滴血》等,形象生动地宣传了抗日救亡,在全国引起了极大的轰动。1996 年,上海电影制片厂照明工程师晏仲芳因发明电影特效闪电灯系统,获得第 68 届美国奥斯卡技术成就奖,那也是中国电影人第一次获得奥斯卡技术奖。著名导演谢晋为我国社会主义文艺事业繁荣发展和人民群众思想文化建设作出了突出贡献,被誉为"助推思想解放、拨乱反正的电影艺术家",荣获改革开放 40 周年"改革先锋"、美国电影艺术科学院外籍院士。著名电影音乐作曲家、中国电影音乐学会副会长葛炎获得"中国百年电影音乐特别荣誉奖"。

大批杰出校友用自己的实际行动,践行着校主杨公斯盛"毁家兴学、为国育才"的目标,致力于"教育救国、实业救国"之梦想。而浦东中学的校友身上又时时刻刻体现出校主所立"勤朴"校训之精神,"勤奋＋专注",心系国家,把自己的工作做到极致,淡泊名利;体现出校箴"克己互助"的特质,将自己之发展始终与国家之命运相融合,将个人之工作与自己之使命相结合。

浦东中学校友有很多共性的特质,如爱国之情,心系祖国,始终将国家的命运视为自己的使命,为了国家和民族的命运,抛头颅洒热血,因此孕育了大批革命家、抗战英雄和革命烈士;如敬业之心,兢兢业业,干一行爱一行,专注于自己所从事的事业,因此多人成为行业的专家与领袖,在很多领域诞生了大师级校友;如诚信为本,言必信,行必果,将诚信视为自己的生命;如友善待人,无论从事何种行业,始终坚持严以律己,宽以待人,取之于社会,回报于社会,淡泊名利,不计个人得失,很多人像校主杨公斯盛一般,散尽万贯家产,节俭朴素,淡泊名利,惜时如金,奉公廉洁。如杰出侨界领袖庄世平,将市值超过 1000 亿港币的一手创办的香港南洋银行和澳门南通银行全部捐赠给国家;华裔美籍科学家、实业家、佛学家、国际航运巨子沈家桢,为弘扬佛法,在纽约捐赠数千万美元,建成北美规模最大的佛教寺庙院,成为世界著名的佛教圣地和游览胜境;日籍华人企业家、慈善家、作家张宗植,与时任教育部长蒋南翔商议后,将自己多年积蓄,连同养老金和住房等,无条件捐赠,在清华大学设立"一二九奖学金"基金,在中国科技大学设立"张宗植奖学金、奖教金"基金,帮助和鼓励优秀人才的培养。

第八章

开创实教，海派流芳

——筑基"实"教育大师思想

　　黄炎培先生与蔡元培、陶行知、陈鹤琴等同列为近代中国的十大教育家，其提倡与笃行的"实"教育是开创之举，也是"海派教育思想"的筑基代表。

第一节　规则录要

黄炎培通过规范而严谨的规章制度,坚持以学生发展为中心,让教员专注于"学生第一"的原则;学生必须尊重教员,遵守校规;师生共同为了学校发展而努力,成立浦东中学励进会;发挥教员和生徒的作用,开办平民教育,开化民智,唤醒民众。

一、私立浦东中学校职员服务规则

第一章　总纲

第一节　分全校事务为教务、舍务、庶务三部。

第二节　监督兼各附属小学校长,主持全校事务。

第二章　教务部

第三节　教务部置教务长一名,教员若干员,每级置主任教员一名,第一附属初等小学、第二附属初等小学各置主任一名。

第四节　教务长协助监督掌理本校及各附属小学教务,综覆科目,配当时程,考察成绩。

第五节　教员担任教授,悉系专聘,不兼他校职务。

教员有特别事故,不能上课,应自请人代理,如为时甚暂,得告教务长,转商他教员代理。

教员有受教务长之商嘱,代理他教员教课之责。

教员于每学期开学前,应按所定学程,编为教授细目,交教务长。

教员上课,必按生徒临席簿点名,课毕,记教授事项于教授簿。

每周书记员誊送教授周录,教员检印。

考试毕,教员评定分数,列表盖印,送交教务长。

第六节　各级主任教员职务如下:

一、检查本级教室之整洁;

二、司本级教室坐位之编定及更动;

三、会同监学选出级长;

四、考察本级生徒之个性,而随时就事训练之;

五、会同各职员商定生徒行评;

六、作本级日志。

第七节　附属高等小学各级主任教员职务如下:

一、每日检查教室之整洁;

二、司本级教室坐位之编定及更动,若两级合并之教室,与监学协商定之;

三、注意本级生徒规则之实行;

四、会同监学,选出级长;

五、注意本级生徒之学业、操行,而时时诱导训诫之;

六、考察本级生徒之个性,而随时就事训练之;

七、会同各职员,填写本级生徒性行检查表;

八、会同各职员协定生徒行评;

九、注意本级生徒之课业用品,并司发卖;

十、检查临席簿,并注意本级教员代课或欠席,及因故休业等项,分别注明教授草案。

第八节　附属初等小学教员均兼监学。

第一附属初等小学主任教员受校长之委托,主持所规定之教务,有所改良,随时与校长、教务长协商行之。

第二附属初等小学主任教员受校长之委托,主持所规定之教务、舍务、庶务,有所改良,随时与校长、教务长、庶务长协商行之。

第三章　舍务部

第九节　舍务部置监学二员,一驻中学,一驻附属高等小学,其初等小学监学以教员兼之。

第十节　监学注意生徒风纪执行规则:

监学掌生徒功过簿,随时分别登记。大过则报告监督及教务长,退学者与监督协商定之,并报告教务长及各教员;

礼堂会集及出入整队,一切秩序,监学司之;

监督注意生徒起居之整洁与否,逢大扫除日,监督视校役之扫除卫生。生徒患病轻者,移住病室,延医诊视;重者,知照家属领回,均监学司之。

监学掌生徒辍业簿、出舍簿,假满不到者,通讯诘问。

监学每周检查生徒临席簿,一学期终,综计各生徒受业、辍业时间,报告教务长,列表报告家属。

一学期终,监学协同各教员稽核各生徒品行评定等次,报告教务长,列表报告家属。

生徒购买物品不适当者,监学有禁止之责。

监学有协同庶务员约束校役、厨役之责。

监学得以便宜,兼任教务。

第四章　庶务部

第十一节　庶务部置庶务长一员,会计员、图书、仪器管理员若干员,校医若干员。

第十二节　庶务长协助监督稽查、督理本校及各附属小学庶务。

第十三节　会计员掌收支银钱登记账簿,每周将日流簿送监督、庶务长检阅其特别开支及支数,较巨者,必先得监督或庶务长之允可。

会计员于每学期前,开拟预算表,每月造月报表及月计比较表;每学期终,造一学期决算表,均送监督、庶务长核定。

会计员按月致送各职员俸金,并发给校役工资,每周核给厨役膳费。

会计员经收学生所纳各费,并掌握取物簿,核结支数,盈余发还,不足通知补缴,每学期终,报告生徒家属。

第十四节　庶务员掌修整校舍,除随时检视修整外,每学期全体检视修整一次,一学期终及大扫除日,各行大扫除一次。

庶务员掌采办物品,其可常用及储藏者,编号登记,并随时保存整理之,兼掌代办学生用品,以时发给。

校中药品,均归庶务员管理。

来宾到校参观或访视职员、学生,均有庶务员应接,并分别通知。

庶务员掌取发信件。

庶务员掌管仆役、厨役等,督饬从事,视其勤惰,分别奖惩,并随时检查食品丰洁与否,有所进退报告庶务长。

庶务员掌大门锁匙,每夜必周巡一次。

第十五节　书记员掌缮写印刷。

书记员记载各部大事于日记簿。

簿籍文件由书记员收掌而保存之。

第十六节　图书仪器管理员管理图书、仪器、标本,列为目录,编号题签,并随时检视,每学期终,图书必晾晒一次,仪器、标本必拂拭一次,有所添备,如式编入目表。

职员所用图书、仪器,如式记入,取用记,由管理员按簿点发职员,盖印取用,期满或一学期终,由管理员按簿点取,管理员盖印。

各种日报由图书、仪器管理员逐日检齐,月终装订成册而储备之,杂志并归管理。

第十七节　以上各员职掌其应兼任或相助为理之处,由监督、庶务长以便宜定之。

第十八节　校医掌疗治学生疾病及关于卫生事项,有疗视者撮记病状,以治病记,以备检核。

第五章　职员会

第十九节　每周必开职员会一次,以监督为主席,监督不到,以教务长为主席,会期及细则于每学期第一周开会公定之。

二、浦东中学及附属高等小学生徒规则

(一) 总规则

一、同学相处必和爱;

二、起居容服必朴雅整洁;

三、公物勿易定处,毁失必认赔;

四、勿污墙壁,损花木;

五、勿为危险及无益之举动;

六、课业外,勿看无益闲书;

七、会亲友,必于应接室;

八、有事见职员,必行敬礼;

九、勿直接使唤校役购物。

(二) 教室规则

一、上课、退课均听号钟,上课先教员入,退课先教员出;

二、教员就坐、离坐，均行敬礼；

三、勿越位乱次；

四、教员宣讲时，勿接问；

五、质问必先举手，得教员许可，而后起立质问；

六、教员普通之设问，欲对者，必先举手，得教员许可，而后立对，教员命之对者，不必举手；

七、同坐生勿问答；

八、有所质问或应答，必庄肃；

九、同坐生勿戏侮取笑；

十、唾涕勿至地，承以巾；

十一、课业用品勿忘带；

十二、非课业切用品勿带入；

十三、非经教员许可勿出；

十四、勿营课业以外事；

十五、黑板勿得擅书；

十六、将上课及课毕时，桌上勿置器物（课桌无抽屉者不在此例）；

十七、公私器物各宜整洁；

十八、必从级长或值日生之规劝；

十九、来宾参观，教员行礼者，亦必行礼。

（三）级长及服务规程

一、每级置正副级长各一人；

二、注意本级教室内之整洁与否；

三、本级有辍业者，于教员临点时报告；

四、司本室门之启关；

五、传达职员之言于同级生；

六、正级长离职，必以职务交于副级长代之。

（四）教室值日生服务规则

一、每级轮置值日生一人；

二、上课前、退课后拂拭、整理本室内之器物；

三、用笔墨时，为同级生注水；

四、司窗之启闭；

五、必从级长之规劝。

（五）卧室规则

一、起卧必听号钟；

二、榻位必依编定次序；

三、所携物品必受监学之检查；

四、行礼除卧具外，勿过三件，以榻下能容为度；

五、衣服、卧具、器物随时整洁，置于有定处；

六、帐褥被单以白色为宜；

七、溲便器勿携；

八、非切用物器勿携；

九、贵重物勿携；

十、勿谈话；

十一、卧后一律熄灯；

十二、早起，将蚊帐撤卷之，临卧放下；

十三、唾涕必于痰盂；

十四、晨起盥洗，必依次序；

十五、必从室长之规劝；

十六、暑假、年假，所携物品概勿留校。

（六）卧室长服务规则

一、每室置正副室长各一人；

二、注意同室生规则之执行；

三、注意本室内整洁与否；

四、同室生依时起，卧室长司之；

五、司本室门之启闭；

六、同室生有患病者，达于监学；

七、传达职员之言于同室生；

八、传达同室生之言于职员；

九、正室长离职,必以职务交于副室长代之。

（七）自修室规则（中学独用）

一、室内必整洁;

二、勿延外客入谈;

三、勿置放食物;

四、勿谈笑戏谑;

五、自修时,勿出;

六、自修时,勿越位乱次;

七、自修时,勿高声谈论;

八、自修时,勿营课业以外事;

九、必从室长及值日生之规劝。

（八）自修室长服务规则（中学独用）

一、每室置正副室长各一人;

二、注意自修人数,划记表上,俟监学查时面呈;

三、注意室内整洁与否;

四、同室生有不规则之举动,得规劝正之;

五、司室门之启闭;

六、传达职员之言于同室生;

七、传达同室生之言于职员;

八、正室长离职,必以职务交给副室长代之。

（九）自修室值日生服务规则（中学独用）

一、每室置值日生一人;

二、随时拂拭整理本室内之器物;

三、必从室长之规劝。

（十）食堂规则

一、鸣钟后,列队入,勿迟勿乱;

二、坐位必依编定次序;

三、每席齐坐,举箸;食毕,同起;

四、当食,勿谈笑;

五、骨殼勿弃于地；

六、进食宜细嚼，每餐须费时十分时以外；

七、食毕，盥洗必依次序。

（十一）告假规则

一、因事或病告假、辍业，向监学陈明理由，俟许可，填书告假簿，乃得辍业，假满注销；

二、如有特别事故告假出校，须由家属或保护者或保证者具亲笔盖印之告假书声明事由，酌予出校；

三、例假日出校，无须由上条所开三项人具亲笔盖印之告假书；

四、非告假回家，不得外宿。

三、通告录要①

一 重订日曜日出校规则

本校向章，每间隔三、四周，由家属或保护人或保证人寄到告假书，许学生于日曜日出校一次，兹因通信频繁，不无窒碍，特将明年中学生日曜日出校规则重订如下：

凡间隔一周或两周之日曜日作为例假，定期宣示后，许学生自行告假出校，惟无论有家属或亲友在上海，总须当日出校，当日回校，当日不回，即作为自行退学。如父兄于子弟日曜日出校不甚放心，请开学前通函预告，自当特别约束，否则一律办理，惟通常出校仍以接到家属或保护人或保证人告假书为凭。

戊申十二月中学

一 劝勿轻告假

学生程度渐进，课程亦密，非有不得已事，勿为告假。假归事毕，嘱令赶速到校，以重功课。日曜日非逢例假，亦以不出校为宜。学生年幼，往返不甚放心，来领亦多周折。

乙酉二月中学及高等小学

一 劝慎带食物

本校为注重卫生、节省靡费起见，常嘱诸生勿带食物来校，即带来，只准充

---

① 选自《浦东中学校杂志》第二期（1909年）。

饥之品，若糕饼类，此外勿带食品，有须调以水或和以糖者，若牛乳、米粉类，人众，不便。且调食费时，亦宜勿带，请注意。

乙酉二月中学及高等小学

一 劝服用朴素

本校开办时，校主杨先生特定勒"勤朴"两字为宗旨，本校常以此为训诸生，布衣清洁胜于华服多多，一切物品勿求华美，今年新制操衣已改元色土布，学生洗面喜用牙粉、香皂之类物，虽甚微，亦是耗费。现只准用细盐擦齿，区区之意，欲使童年皆知朴实，则长成无奢荡之忧，且学生费用省去一分，即父兄担负减轻一分，尚请于家教时注意此层，以辅学校之不及。

乙酉二月中学及高等小学

一 重订纳费办法

本校向章，每半年各生应纳仆费银壹元，所纳膳宿费，有因辍学退学扣算给还者，兹重订办法如下：

（九）仆费一概不收；

（十）膳宿费概作半年算，无论开学迟到，年暑假早回，及中途退学，均不扣算给还。

即从乙酉下半年起实行。

乙酉六月中学及高等小学

疾病预防注意事项

作为江南水乡，夏天蚊虫较多，有的学生出现了脚肿的疾病，面对这样的状况，沈杏苑医生与日本校医一起研究发现，用酒精九分和樟脑一分之溶液，常于患处摩擦，慢慢地就会自动消肿。而对于没有出现这样疾病的同学，则在洗脚水内添加苍术、樟脑、红花等，也可以起到预防的作用。[1]

黄炎培校长认为，通过兼容并包地学习优秀学校的管理经验，坚持依法办学，依章办事，并转化为符合学校实际的可资操作的务实做法，并形成规范而严谨的规章制度，简洁明了，实用有效，便于教员、学生和家长根据规则，有效、有

---

[1] 摘自《龙门杂志》。

序实施。

四、部分表式①

黄炎培在办学过程中,非常注重相应资料的积累,尤其注重对各种数据的统计,以便更好地为今后的学校管理提供科学依据,现提供当年的部分表式如下:

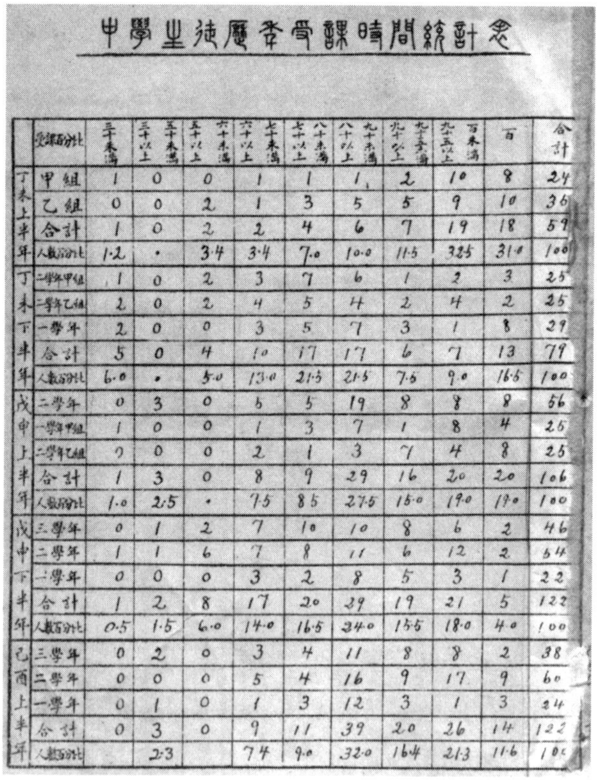

图 8-1 中学生徒历年受课时间统计表

---

① 摘自《浦东中学校杂志》第二期(1909 年)。

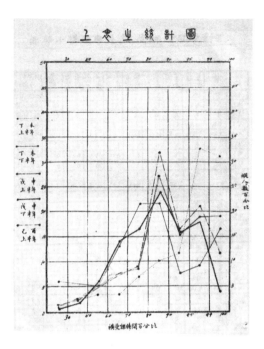

图 8‑2　上年之统计图

图 8‑3　高等小学历年生徒受课时间统计表

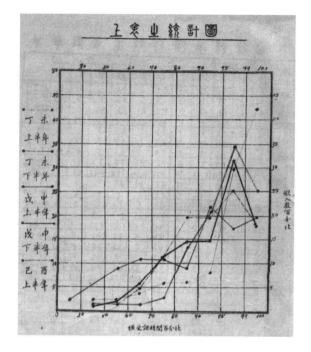

图 8‑4 上年之统计图

图 8‑5 中学历年生徒行评学评统计表

图 8－6　中学历年生徒行评及学评统计图

高等小學歷年生徒行評學評統計表

		行評						學評					
		最下	下	中	優	最優	合計	最下	下	中	優	最優	合計
丁未上半年	三四學年	0	0	6	20	12	38	0	1	20	4	11	36
	一二學年	0	1	6	22	3	32	0	1	16	6	4	27
	預科	0	0	4	12	1	17	0	1	8	3	4	16
	合計	0	1	16	54	16	87	0	3	44	13	19	79
	人數百分比	•	1.1	18.4	62.1	18.4	100	•	3.7	55.7	16.5	24.1	100
丁未下半年	三學年	0	1	2	5	6	14	0	1	5	3	0	9
	二學年	0	1	6	3	5	15	2	1	10	1	1	15
	一學年	0	2	8	3	4	17	1	3	13	0	0	17
	合計	0	4	16	1.1	15	46	3	5	28	4	1	41
	人數百分比	•	8.7	34.8	23.9	32.6	100	7.3	12.2	68.3	9.8	2.4	100
戊申上半年	三學年	0	1	8	7	5	21	0	0	8	2	9	19
	二學年	0	0	11	9	2	22	0	0	18	2	1	21
	一學年	0	2	18	9	3	32	2	2	21	3	4	32
	合計	0	3	37	25	10	75	2	2	47	7	14	72
	人數百分比	•	4.1	49.3	33.3	13.3	100	2.75	2.75	65.3	9.7	19.5	100
戊申下半年	四學年	0	3	8	5	4	20	0	0	4	9	6	19
	三學年	0	1	16	7	3	27	6	5	5	8	3	27
	一二學年	0	2	24	13	2	41	8	10	11	6	6	41
	合計	0	6	48	25	9	88	14	15	20	23	15	87
	人數百分比	•	6.9	54.5	28.4	10.2	100	16.2	17.2	23.0	26.4	17.2	100
乙酉上半年	四學年	0	0	9	9	3	22	0	4	3	4	6	17
	三學年	0	0	12	10	2	24	1	2	7	3	3	16
	一二學年	0	3	24	12	2	42	4	5	11	7	1	28
	合計	0	3	45	31	7	88	5	11	21	14	10	61
	人數百分比	•	3.4	51.1	35.2	8.0	100	8.2	18.0	34.4	23.0	16.4	100

图 8－7　高等小学历年生徒行评学评统计表

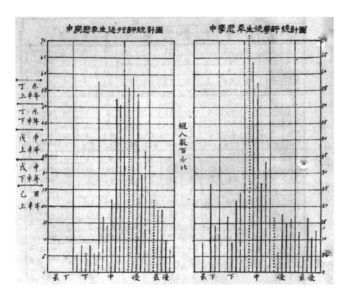

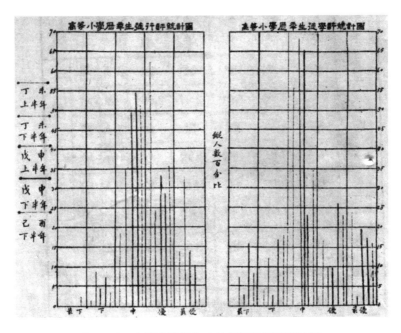

图 8-8　高等小学历年生徒行评及学评统计图

歷年生徒動態統計表

			丁未上半年	丁未下半年	戊申上半年	戊申下半年	己酉上半年	己酉下半年
中學	新入學	人數	62	15	48	40	26	23
		百分比	100.0	19.0	45.3	33.3	20.6	19.1
	轉學	人數	0	21	22	24	21	39
		百分比	·	26.6	20.8	19.7	16.7	32.5
	退學	人數	2	11	12	20	29	6
		百分比	3.2	13.9	11.3	16.4	23.0	5.0
高等小學	新入學	人數	46	11	43	22	23	27
		百分比	52.9	23.9	57.3	25.0	37.5	26.4
	轉學	人數	22	6	15	8	14	16
		百分比	25.3	13.0	20.0	9.1	15.9	15.6
	退學	人數	1	4	2	5	14	2
		百分比	1.1	8.7	2.7	5.7	15.9	1.9

图 8-9　历年生徒动态统计表

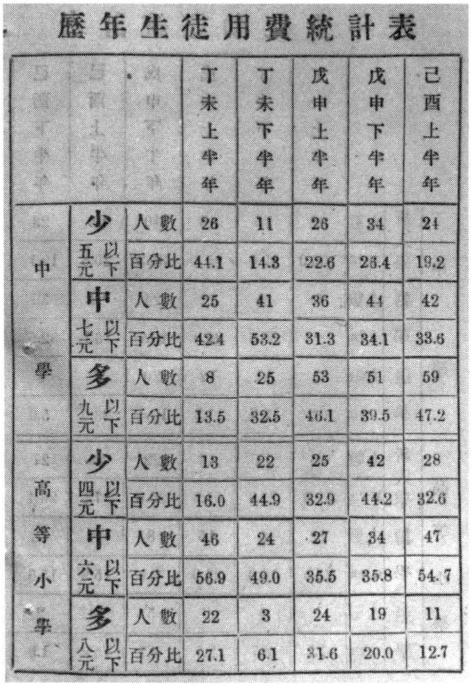

歷年生徒用費統計表

			丁未上半年	丁未下半年	戊申上半年	戊申下半年	己酉上半年
中學	少 五元以下	人數	26	11	26	34	24
		百分比	44.1	14.3	22.6	26.4	19.2
	中 七元以下	人數	25	41	36	44	42
		百分比	42.4	53.2	31.3	34.1	33.6
	多 九元以下	人數	8	25	53	51	59
		百分比	13.5	32.5	46.1	39.5	47.2
高等小學	少 四元以下	人數	13	22	25	42	28
		百分比	16.0	44.9	32.9	44.2	32.6
	中 六元以下	人數	46	24	27	34	47
		百分比	56.9	49.0	35.5	35.8	54.7
	多 八元以下	人數	22	3	24	19	11
		百分比	27.1	6.1	31.6	20.0	12.7

图 8 - 10　历年生徒用费统计表

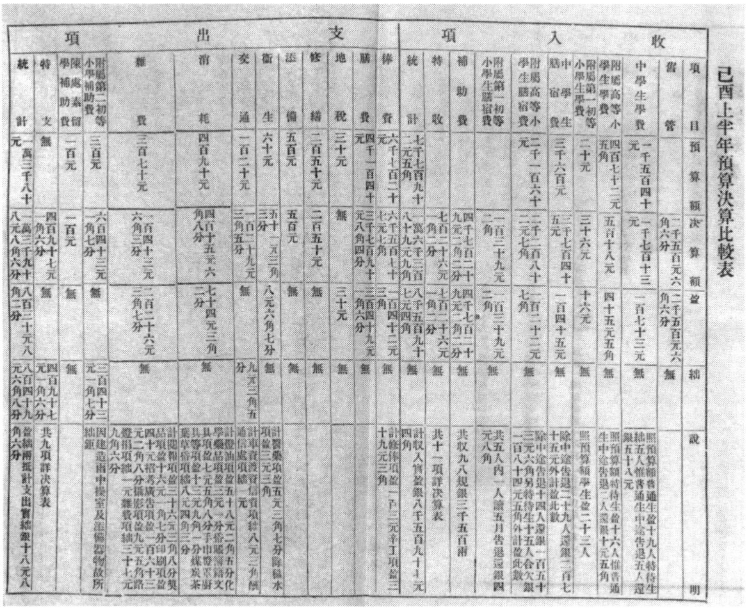

己酉上半年預算決算比較表

	項目	預算額	決算額	盈	絀	說明
收入項	舊管		二千五百元六角六分	二千五百元六角六分	無	
	中學生學費	一千五百四十元	一千七百十三元	一百七十三元	無	照預算額普通生益十九人特待生絀五人惟普通生中途告退五人還銀五十八元
	附屬高等小學生學費	四百七十二元五角	五百十八元	四十五元五角	無	照預算額特待生益十六人惟普通生中途告退二人還銀十元五角
	附屬第一初等小學生學費	二十元	三十六元	十六元	無	照預算額學生益二十三人
	中學生膳宿費	三千六百元	三千七百四十五元	一百四十五元	無	除中途告退二十九人還銀二百七十五元外計益此數
	附屬高等小學生膳宿費	二千一百六十元	二千二百八十二元七角	一百二十二元七角	無	除中途告退十四人還銀一百五十三元六角另特待生十五人合欠銀一百八十四元五角外計益此數
	附屬第一初等小學生膳宿費		一百三十九元二角	一百三十九元二角	無	共五人內一人讀五月告退還銀四元八角
	補助費		四千七百二十九元二角二分	四千七百二十九元二角二分	無	共收九八規銀三千五百兩
	特收		一百二十六元一角二分	一百二十六元一角二分	無	共十一項詳決算表
	統計	七千七百九十二元五角	一萬六千三百八十九元九角	八千五百九十七元四角	無	計收入實盈銀八千五百九十七元四角
支出項	俸給	六千七百二十元	六千五百七十七元七角	一百四十二元三角	無	計餘俸項盈一百三元辛丁項盈三十九元三角
	膳費	四千一百四十元	三千七百九十八元八角四分	三百四十一元一角六分	無	
	地稅	三十元	無	三十元	無	
	修繕	二百五十元	二百五十元	無	無	
	添備	五百元	五百元	無	無	
	衛生	六十元	五十一元三角三分	八元六角七分	無	計醫藥項盈五元三角七分除稿水項益三元三角
	交通	一百二十元	一百二十九元三角五分	無	九元三角五分	計車資渡資信費項絀八元三角五分通信處項絀一元
	消耗	四百九十元	四百十五元六角八分	七十四元三角二分	無	計燈油項盈五十八元二角五分文化學藝品項盈三元一分紙簿籍具項盈七元五角八分手巾燈罩廚具等項盈十三元九角一分煤炭茶葉草紙項絀八元四角三分
	雜費	三百七十元	一百四十三元六角三分	二百二十六元三角七分	無	計閱報項盈三十六元三角八分製品項盈十六元角七分印刷項盈四十元招考廣告項盈一百六十三元二角八分攝影項盈九元五角路燈招項絀三十七元九角六分
	附屬第二初等小學補助費	三百元	六百四十三元一角七分	無	三百四十三元一角七分	因建造兩中操室及添備器物故所絀鉅
	陳處素留學補助費	一百元	一百元	無	無	
	特支	無	四百九十七元一角六分	無	四百九十七元一角六分	共九項詳決算表
	統計	一萬三千八十元	一萬三千九百十八元八角六分	八百二十元八角二分	八百四十九元六角八分	盈絀兩抵計支出實絀銀十八元八角六分

图 8 - 11　己酉上半年预算决算比较表

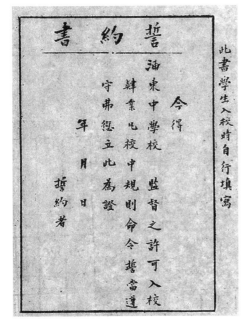

图 8-12　誓约书　　　　　　　　图 8-13　入学保证书

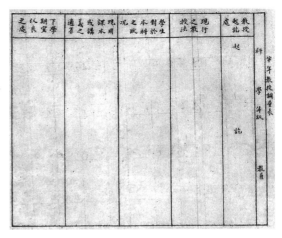

图 8-14　备注表　　　　　　　图 8-15　半年教授调查表

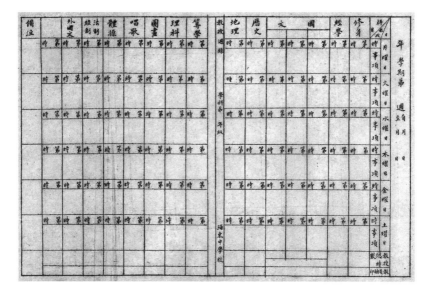

图 8‑16　教授周录

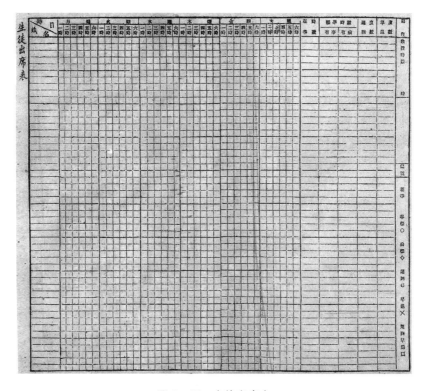

图 8‑17　生徒出席表

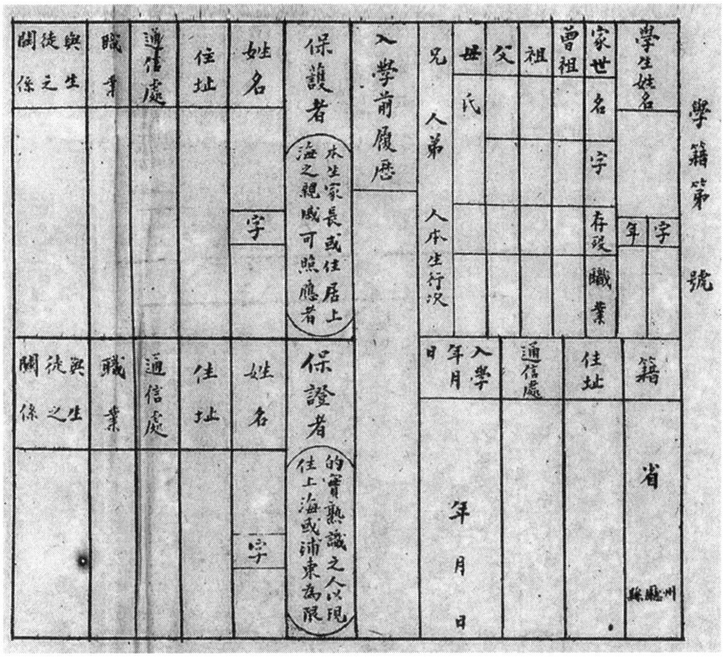

学籍第　号

学生姓名　　字
省
籍　　州县

家世　曾祖
　　　祖
　　　父
　　　母氏
名　字　存殁　职业
住址
通信处

兄弟入本生行况
入学前履历

入学　年月日
　　　年月日

保护者（本生家长或住居上海之亲戚可照应者）　字
保证者（的实熟识之人现住上海或浦东为限）　字

姓名
住址
职业
通信处
与生徒之关系

图 8-18　学籍登记表

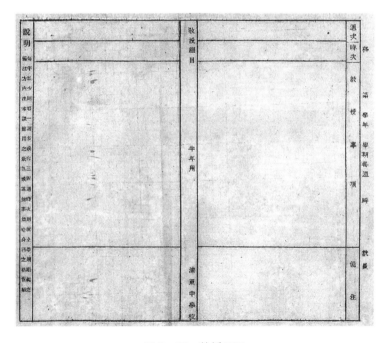

图 8-19　教授细目

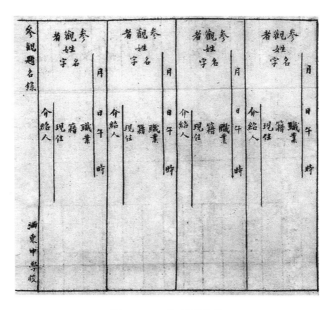

图 8‑20　参观题名录

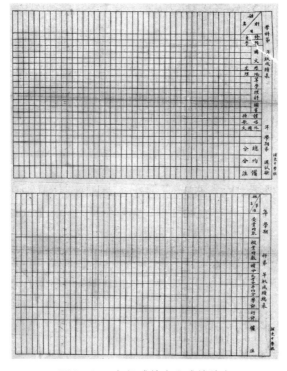

图 8‑21　年级成绩表和成绩总表

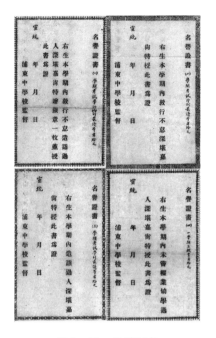

图 8–22　名誉证书

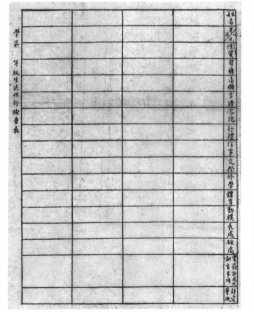

图 8–24　生徒性行检查表

图 8–23　成绩报生表

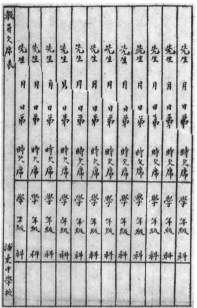

图 8–25　教员欠席表

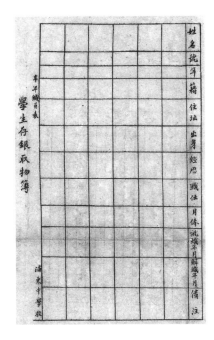

图 8–27　学生存银取物簿

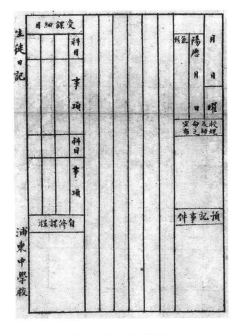

图 8–26　生徒告假表

图 8–28　生徒日记

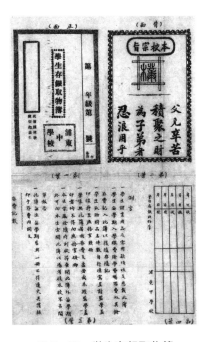

图 8–29　学生存银取物簿

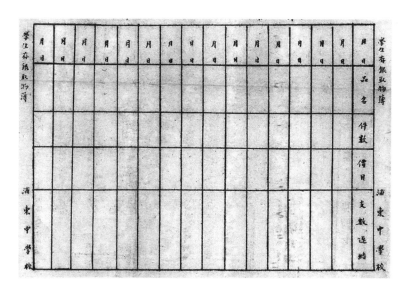

图 8-30　学生存银取物簿

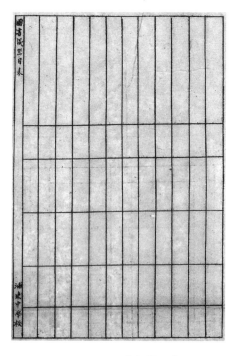

图 8-31　图书仪器目表

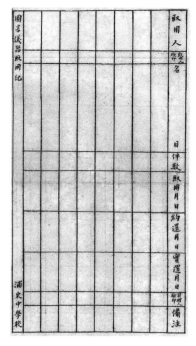

图 8-32　图书仪器取用记

图 8‐33 教授成案

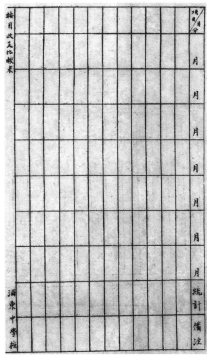

图 8‐34 按月收支比较表

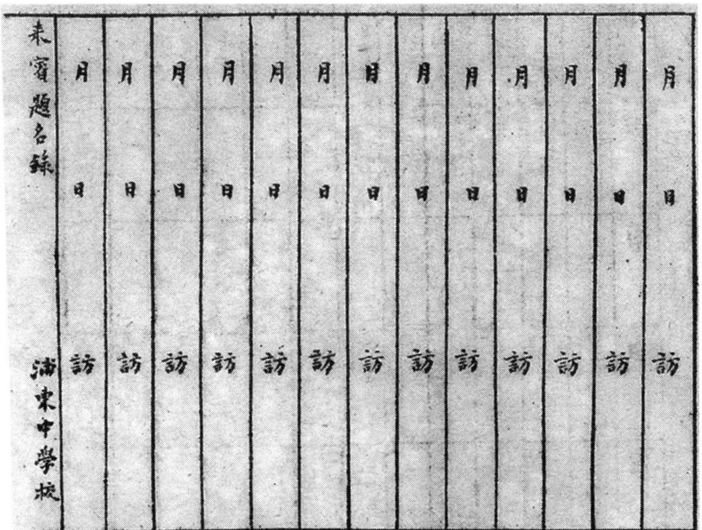

图 8‐35 来宾题名录

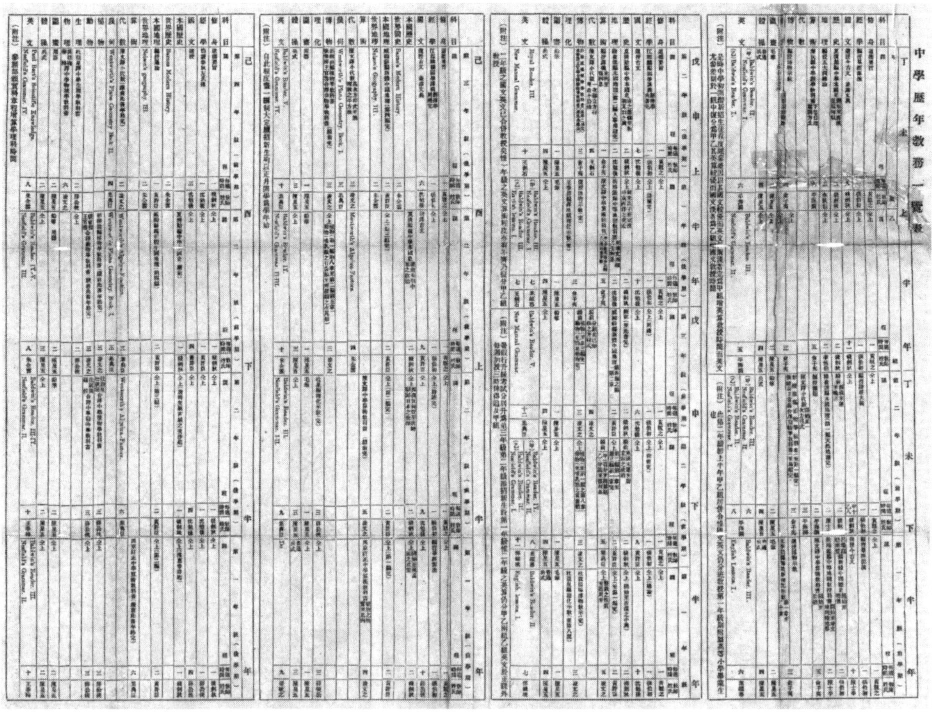

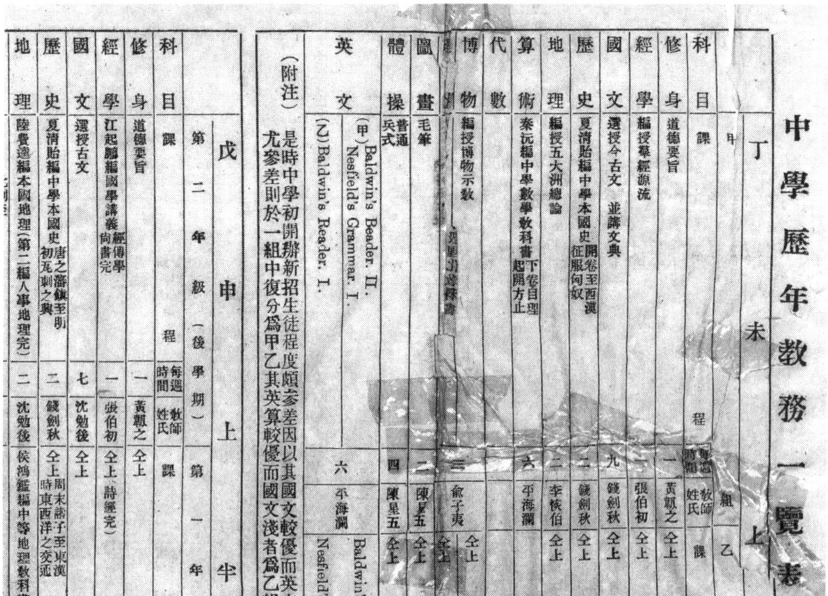

图 8-36　中学历年教务一览表及局部放大(1907 年—1909 年)

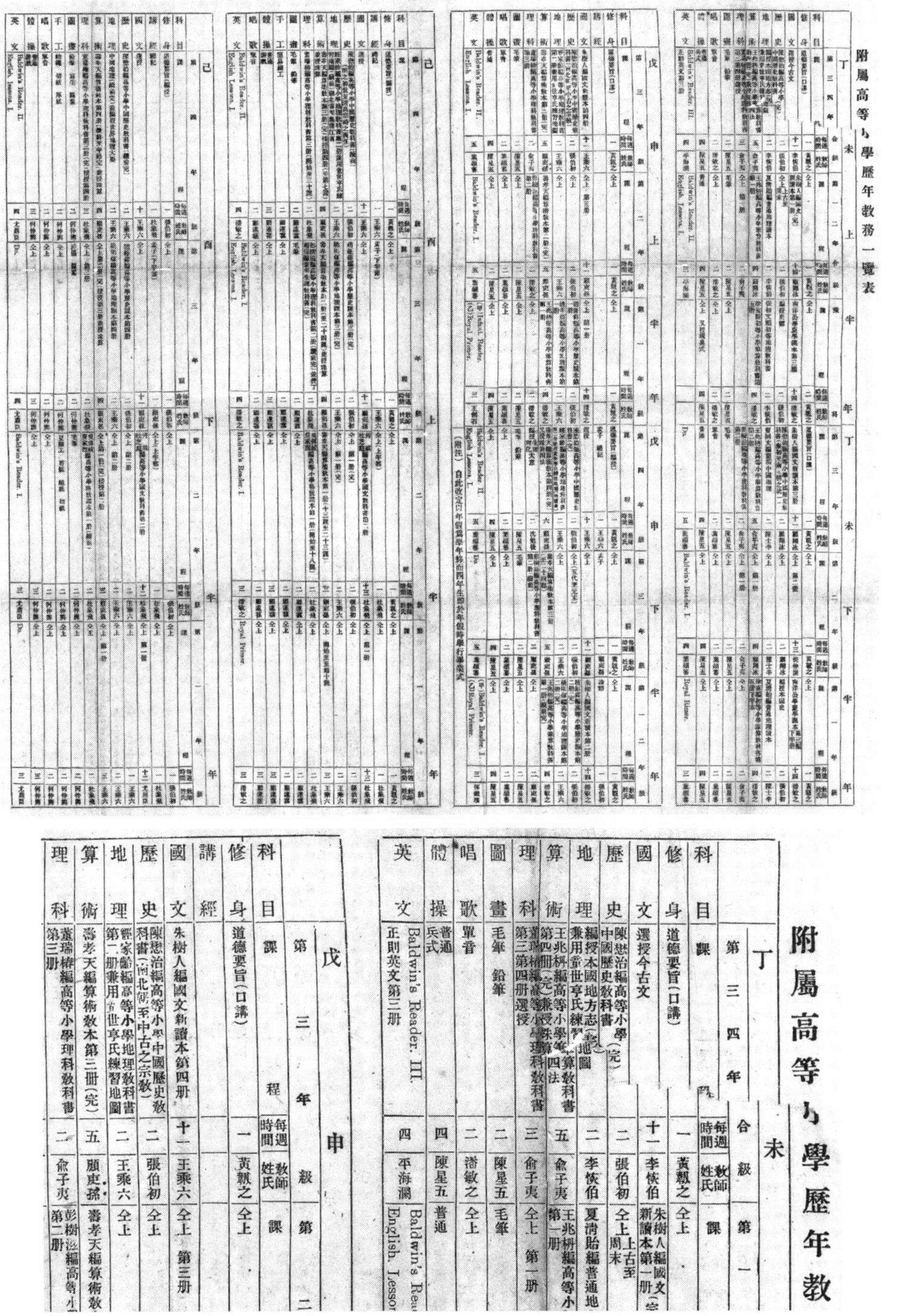

附屬高等小學歷年教（務一覽表）

丁未 第三四年合級 第一

科目	課程	每週時間	教師姓氏	課
修身	道德要旨（口講）	一	黃覲之	仝上
國文	選授今古文	十一	李恢伯	朱樹人編國文新讀本第一册（完）
歷史	陳懋治編高等小學中國歷史教科書（完）	二	張伯初	仝上 上古至周末
地理	編授本國地方志（參地圖）兼用晋世亨氏練習地圖	二	李恢伯	夏淸貽編普通地
算術	王兆枬編高等小學算教科書第四册（完）兼授珠算四法	五	俞子夷	王兆枬編高等小 第一册
理科	董瑞椿編高等小學理科教科書第三第四册選授	三	俞子夷	仝上 第一册
圖畫	毛筆 鉛筆	二	陳星五	毛筆
唱歌	單音	二	潘敏之	仝上
體操	普通兵式	四	陳星五	普通
英文	Baldwin's Reader. III. 正則英文第三册	四	平海瀾	Baldwin's Rea English Lesson

戊申 第三年級 第二

科目	課程	每週時間	教師姓氏	課
修身	道德要旨（口講）	一	黃覲之	仝上
講經				
國文	朱樹人編國文新讀本第四册	十一	王乘六	仝上 第三册
歷史	陳懋治編高等小學中國歷史教科書（由北宋至中古之宗教）	二	張伯初	仝上
地理	鄒家齡編高等小學地理教科書第二册兼用晋世亨氏練習地圖	二	王乘六	仝上
算術	壽孝天編算術教本第三册（完）	五	顧吏孫	壽孝天編算術教
理科	董瑞椿編高等小學理科教科書第三册	二	俞子夷	彭樹滋編高等小 第二册

图 8-37　附属高等小学教务一览表及局部放大（1907 年—1909 年）

黄炎培校长认为，在日常办学中，要注重相应资料的积累，尤其是各种数据的统计，实施基于数据的管理和评价；要善于将很多日常管理工作流程化、表格化，这样有助于依托科学依据，提高管理效能。

第二节　创办川沙学务公会和劝学所，造福家乡

黄炎培在担任广明小学、广明师范讲习所和浦东中学校长的同时，始终关心家乡川沙地区的教育状况，注意到当时的各所义学由于缺乏统一的规范和要求，办学层次不一，办学效果参差不齐。光绪三十一年（1905 年），著名士绅叶传棠、浦东著名中医师沈杏苑、师范教育家杨保恒等与黄炎培一起商议，集资扩建义学，改名为"震修小学堂"（现浦东新区第二中心小学）。这是一所四年制初等小学，未来也可以更好地为浦东中学附属高等小学输送人才。学校聘请教育家张景苑任校长、黄炎培为首任校董，由此成为一所名校。

为了更好地发挥现有学校的功能和作用，光绪三十一年（1905 年），在江苏学务总会成立后不久，黄炎培与黄琼、潘守勤、陆逸如、张伯初等人联名向川沙厅署呈文，要求准予成立学务公会。"为学务公会立案禀川沙厅文"①如下：

敬禀者，窃办理学堂，为目前至要之政。吾川土瘠民贫，素无公款，一时筹费，实非易易。欲求城乡各镇，到处设立，抑又为难。然使因噎废食，何以重学务而期普及？于是学会之设，不得不亟亟也。江苏全省，业经设立学务总会，各厅、州、县公会公所，亦皆次第兴办，而吾川阙如。伏查川境，除城中高等小学堂外，其余初等小学共有一十二处。若无学务公会，不惟编制互有参差，且恐教科未能划一。势必各学堂自为风气，漠不相联。职等爰于正月初十日，开全境学务公会，公议会章，分划学区，用投票法，各区分举议员，全体投票公举会长、副会长、议长、副议长、经济部总干事各职员。查通州、泰州、太仓等处，设立学务公会公所，均经地方官长颁发印记，邻邑上海，亦已援案请发。拟请仿照办理，文曰《川沙全境学务公会信记》，以昭信守。所有会长黄炎培、副会长黄琼、总理全会事务；经济部总干事潘守勤、顾懿渊、陆家骥，筹划全会款项。关系重大，未

---

① 原载《川沙县志（卷九·教育志）》（1906 年）。

便率尔。并请仁宪各给照会,以昭慎重而专责成。为此将公会章程、职员名单,分别钞折呈送,环请俯赐通详立案,实为公便。

川沙厅署左念慈收到禀文之后,认为"绅等热心教育,深堪嘉尚,所拟试办章程,亦尚妥洽",于是批复同意立案,任命黄炎培担任会长、黄琼担任副会长,并颁刻印章一枚。会址设在川沙小学校内。

学务公会作为地方上的一个教育团体,"辅佐官厅,分划学区,经划学务,对于全境各学校,有考核指导之责。"其宗旨为"联合城乡经划学务,多培养师范以植根本,广兴小学以期普及"。学务公会把全境划分为十九个学区,南九和北九两大学区加横沙①学区。并推举陆炳麟②为南九学区议长,潘其恕为副议长;张志鹤为北九学区议长,陆逸如为副议长。

光绪三十一年(1905 年)十二月,按照江苏省署的意见,开始筹设川沙劝学所,翌年劝学所正式成立。由江苏提学使毛庆藩发函,任命黄炎培为视学员兼劝学所总董。这是川沙厅署建立的第一个教育行政机关,办公地点设置在西城邑庙内(今川沙镇西市街)。川沙地区原来的十九个学区的划分不是非常合理,有的学区学生数偏少,有的学区学生数量偏多,而学生数量过多的学区,对于学务公会的工作推动不利。黄炎培、陆炳麟、张志鹤、陆逸如等人重新制订了章程,按照三四千户划分为一个学区的原则,将川沙全境分为东南、东北、西北、西南以及本城五个学区,每个学区分别选举产生劝学员 1 名、学董 3 名。

学务公会和劝学所成立之后,黄炎培与诸位议长、副议长等带头走村串乡,劝说地方乡绅多办学校。光绪三十一年(1905 年),龚路南街王文澄在张志鹤、陆逸如的影响下,将原计划开设的私塾改为新制学校,创建一所文明小学,定名为私立明强初级小学③,并邀请黄炎培书写校名。

清光绪三十三年(1907 年),顾路当地由邑人陶如增、张禹德自筹资金创"私立文明小学"。初期校舍借用镇西浜"礼耕堂",后在黄炎培的支持下改为公立小学,增设高年级,改名惠北高等小学④。

---

① 横沙岛,原属川沙县,1958 年划归宝山县,2005 年划归上海市崇明县(现崇明区)。
② 陆炳麟,川沙人。光绪十六年贡生,光绪十八年,拔取松江府一等第一名,先后六居优等,三取古学。旋任川沙学务公会南九区议长、议员。1921 年(民国 10 年)任川沙县公署第三科主任。1936 年(民国 25 年),编修《川沙县志》,任修志局主任。
③ "私立明强初级小学",即上海市浦东新区龚路中心小学。
④ "惠北高等小学",即上海市浦东新区顾路中心小学。

光绪三十三年正月二十四（1907年3月8日），浦东中学校正式开学，黄炎培受聘担任监督（校长）一职，考虑到时间和精力有限，为更专注于浦东中学的日常管理工作，黄炎培辞去总董一职。川沙劝学所总董及厅视学之职务由东北区劝学所张志鹤接任，并将劝学所地址搬迁至川沙县至元堂。历任劝学员承前启后，继往开来，使得川沙地区的教育事业蓬勃发展。

在学务公会和劝学所工作期间，尽管黄炎培等是兼职，但他谨遵蔡元培先生关于"中国国民遭到极度痛苦而不知痛苦的由来，必须以办学来唤醒民众"的思想，肩负振兴民族、开启民智、发展家乡的责任，在办好现有学堂的同时，竭尽全力，广泛而深入地开展劝学工作。他们与各学区的议长、劝学员等深入街坊村宅，边调查，边宣传，边劝导，耐心细致地向广大民众解释只有教育才能兴邦，只有教育才能自立的道理。

学务公会和劝学所要求原有的私塾根据清政府颁布的《奏定学堂章程》进行改良，大幅减少经学课程，增加实用学科，如国文、历史、地理、美术、理科、图画、唱歌、手工、体育、课外活动等课程。由于当时川沙地区一共就只有1所小学堂和9所义学私塾，有的地方学生数量不少，但没有学校，他们就动员地方乡绅出资，创办学校，争取做到"每个孩子都有机会读书，每一个乡都开设学校"。当然，创办学校需要经费、校舍、设备、师资等各项条件，黄炎培等广泛动员工商界和实业界人士捐资助学，师资不够，就依托广明师范讲习所，开展师资培训。

通过长期努力，至1926年，川沙全境的公立、私立学校达到55所（大批私塾还未统计在内），这与学务公会刚成立时只有1所小学堂和9所义学私塾相比较，真正实现了突飞猛进，不仅起到了开化民智的作用，更为川沙地区的经济发展、社会发展培养了大批人才。

黄炎培先生认为，优质教育不能独善其身，而应该充分发挥示范引领作用。他充分利用任职浦东中学校长和江苏教育会常任调查干事期间的优势，为解决教育资源严重不足的问题，与诸多教师一起，发起创办了川沙学务公会和劝学所，规划教育设置，协调教育资源，劝说地方乡绅，广泛兴办学校，注重实用教育，改革课程设置，为川沙地区的教育发展起到了非常重要的作用。

第三节　纪念杨斯盛

感激于杨斯盛几次救命之恩,感怀于杨斯盛对于自己教育理想和信念的理解与支持,感动于杨斯盛"捐产兴学"的义举,尤其是处置家事中,明确规定"家人不得干预校务",让黄炎培觉得杨斯盛是一位伟人,一位影响自己一生的挚友。一方面,他决心全力以赴办好浦东中学校,以不辜负杨斯盛的期望和周边百姓的期待;另一方面,他觉得,应该为杨斯盛撰写纪念文章,让更多的人了解、知晓杨斯盛先生,传承其毁家兴学、为国育才的精神。

为此,他组织学校内的老师和同学分别撰写纪念杨公的文章,同时,将自己的文章送至报馆和文史馆。

浦东中学创办人杨斯盛先生言行记①

呜呼! 先生逝矣。世人所震惊而崇拜之者,徒以毁家立学故,而不知生平嘉言善行,多卓卓可传于世。即其立学也,自创议逮成立,其间层累曲折,弥见苦心硕画。其对校诸生挚爱之,虽其子弟不若。盖先生于教育、于凡公益事业雅具热心宏愿,初非浪掷金钱博隆誉者。炎培朝夕伺先生,又被命经理先生所手创之浦东中学,虽不文乎,安可无所记述,以示校诸生,且播诸世,俾咸有所风乎。

先生字锦春,斯盛其名。川沙之青墩镇人。早失父母,无力读书,乃业圬。年十三,至上海。浮沉十余年。善为人解纷难,所至魁其群。三十后,稍稍有所蓄。然至殁日,核所有,未逾三十万金耳。岁甲辰(1904年)先生营别墅于租界蔓盘路,既成,命炎培及顾君冰畦、张君伯初筹设广明小学。明年(1906年)六月先生乃言曰:"教育为救时唯一方法,斯言良信。余蓄志毁家十余年,始欲毁诸慈善业,立川沙家祠将广置田为赡族计,顾念董理往往无善法,子孙一不贤,祭田墓木,纠纷无已时。今以立学校,方无憾。第余不学,校务以委君等,经济余任之耳。"乃决意捐十万金,先于广明小学旁设师范讲习所。后乃办中学及他小学,购地筑舍,数阅月事初就绪。一日先生谓炎培曰:"事大危,内之家人,外之

---

① 该文摘自《浦东中学校杂志》第一期(1908年)。

戚友族党，无不訾余为狂，为中蛊。苟余志稍不笃，且为所动，君等其好为之嬉。"明年（1906年）四月，学使唐公景崇莅校，盛奖先生，谓热心所未尝见。无何，有人自京师介某君驰书索先生行历，谓将乞部臣上奏，行且得上赏。先生笑曰："办学乃以博青紫耶？"命炎培婉词谢之。不数月而唐公请奖之奏书腾中外矣。是年冬，师范生毕业，先生赠词，谆谆以计较束脩为大戒。谓，苟教员一计较束脩，必大增生徒学费。无力者就学益不易。坐是教育无普及望，于心安乎？丁未（1907年）正月，中学开办，先生特悬"勤朴"两字为宗旨，以训诸生。自是始业休业，凡有会集，必登堂演讲，特注重生计，而归本于爱群爱国。抑不惟以训诸生而已，月必一召集六里桥乡民，与之讲谋生之难，读书之必要。盖先生以艰难劳苦为生涯，又出之以血诚，故一临坛，辄不觉其言之沉痛切挚而动人也。

先生故多病，貌清癯，若不胜衣者。尝谓炎培曰："余于校务无他憾，但憾未能悉免诸生学费。苟天假余年，以余工业商业上之基本之名誉，岁入且巨万，势必悉以付吾校及其余公益。"盖先生比年以来遇公益事，益醉心若狂。岁乙巳（1905年）秋，滨海大风潮，淹杀居民无算，先生倡义募巨金为之赈，且修筑海塘以善其后。持捐册语其同业曰："捐金最多者例首列。余愿出三千金。第余必以力迫君等列名余之先。"卒募成二万数千金。土木工业之筹款立公所，兴学校也。某夕，先生大宴同业于沪北酒楼，召炎培往为之演说，先生从而风劝之。时喘疾大作，先生且喘且语，且呕血。同业大感动。集成开办费二万金。江浙路事[1]起，先生开公所，遍召同业，敦请名人演说，复力疾亲登台，风以大义，语愤烈，喘益急，力不能支，则坐而言，其忘身殉义类如此。去年（1907年）冬，南码头居民为路政局抽渡捐闹事，集众至数千人，毁捐局及诸董事屋，官督兵至，毁官舆，且与兵抗，势汹涌不可解。时先生养疴六里桥别墅，闻警，飞舆往，登高阜，挥使散。众谓："苟先生命亦，复何言"，一哄去。翌日，先生开宣讲所，大集乡民，责其无状，晓以利害，众意大解。先生以为抽捐兴路政，大善事，乡愚不知，为可怜耳。是宜先予以利，乃集同业捐万金，筑洋泾、董家渡、六里桥南诸路，惠行人，释众惑焉。今春（1908年），先生病发益数且剧，犹语炎培曰："苟体少强

---

① 江浙路，即沪杭铁路，1905年，江苏、浙江两省商绅分别集资成立铁路有限公司，商定以枫泾为界，分别修建枫泾至杭州段和枫泾至上海段铁路。由于国力羸弱，为了国家主权，杨斯盛带头购买相应股票，以示支持。

也，当亟了诸事。明春，约数同志为日本游，西医谓余病不远游，且不已。"后益剧，自知不起，亟亟理家事，惨然呼炎培近榻语曰："余固知吾校基本金六万之未足支也，冀天多假余年，俾力少纾，将有所大拓。今已矣，余死，君复安从募金者，则且勉倍囊数，冀余死后支此校者之苦少减耳。第中学诸生学费当少减。余浦东人也，浦东诸生学费当益减。君乎，其偕诸校董勉持此校哉。"遂以四月三十日①午前十一时二十分长逝。悲夫，悲夫，临殁犹谓校中黑板宜改良也。悲夫，痛哉！

先生不多识字，仅能阅普通信札。然吐属恂恂儒雅。年三十后，令友人授之读，暇则琅琅背诵，事颇为人所艳道。能操英语，识欧美人颇多，尤与英人阿摩尔思善，先生尝谓交阿二十九年，凡余所为，其大者无不咨以行。阿君子人也。德人麦顿思者，初与先生共经商，后失业返国。一日，先生忽遇之道，为状良困，立出银五百两饮之。其笃旧如此。又绝爱才，工商界人，苟有一艺长，辄受之资，俾有所营以自见。或且贷与之，使为己资本以共享利。若是者不一见焉。先生与人谈，无疾言遽色，出入进退有定处，衣履整洁，未尝见纤尘，虽病亟，不改常度。论事先沉思，思定，直截下断语，无少疑滞。富于记忆力，道数十年前事历历不爽。善综核，于商工业凡有计画，精确无伦。其治家财也，囊无私蓄，日有所需，必咨守藏者而取之，且一一笔之。与人约，不失时。从善如流，嫉恶如仇。殁前数小时，族子某入省，叹曰"已矣。余全不复能警汝矣"。独自以失学故，遇士流，敬礼倍至，多曲恕。

先生家产三之二既捐入本校，自余若创建南市医院，若改筑严家桥，以及浦东西各学校，各会社，多有所资助。有己出资而以他人名名者，川沙之青墩，上海之六里桥。所为公益业，慈善业尤巨。殁前一日，命以横沙田数百亩捐入浦东题桥市课勤院，以宗祠田租给族子弟学费；嫂二、弟一，咸给养老金。遗其子孙者十之一耳，惟训后人无男女必入学读书。储巨金以劻之，着为遗训以垂之。呜呼！胜传家满簏金矣。

炎培之识先生，以癸卯（1903 年）三月。时方筹创川沙小学，慕先生益声，踵门请，先生慨然立出三百金。是夏有南汇之狱，偕顾君张君流寓海上，先生阴资之使东游，返，复馆之家。计自纳交先生六年之间，昕夕讨时事，或上下今古，臧

---

① 此为阴历，杨公斯盛于公历 1908 年 5 月 29 日过世。

否人物,兴之所至,辄夜分不倦。于校务,凡炎培有所建白,靡不从。以先生之明,而于校用出纳,从勿屑屑较。亲逾骨肉,而尊为上宾,先后如一日。以炎培不才,犹被信而礼如此,弥觉先生之待人诚且厚,而先生固自负营工商数十年,友辈从无有负余者。

尝窥先生平其得力处于明、决二字。遇是非利害,灼然立辩,无所惑,其眼光之远,其脑力之锐,皆大过人。乃复行之以毅力,不局于方隅,不囿于成迹。平居自语,凡事想到必做到,殁前一日犹以此语人。盖观其所建筑,浑朴而坚久,可想见其为人矣。

凡右所记,务详实,无文饰,不敢文,亦不待文也。

戊申(1908 年)五月　黄炎培谨记

黄炎培校长认为,杨斯盛先生白手起家,独立自强,是中国营造业的先驱,用自己的勤奋、智慧、诚信和质量,成为鲁班精神的传人;以善于提携、乐于助人、宽宏包容的伯乐眼光,帮助川沙、绍兴和宁波帮营造业发展,成就了上海滩营造业的辉煌和中国工匠的骄傲;以博爱互助精神,相继在多地受灾之后捐款,为家乡修路架桥,推动成立沪绍宁水木公所的成立;以国家主权独立为己任,出资购买沪杭铁路的股票、修筑沈家弄路;以教育救国为梦想,毁家兴学,创办了浦东中学,这些精神应该予以传承和发扬,不仅应该进入清国史馆立传,更应该让社会所熟知和广为传播,让更多的企业家承担起社会责任。

第四节　女生教育

黄炎培校长始终认为,男女平等的关键,在于解决女生的学习机会和就业机会,为此,他在女生教育上也千方百计进行了有效探索。

爱国女校

南洋公学"墨水瓶"事件之后,蔡元培创办了爱国女学,这是蔡元培与各地革命人士进行联络与接洽的重要场所。蔡元培在《自写年谱》中写道:那时候,我以女学作为革命党通讯与会谈的地点。各教员中,既有挚友,又有部分南洋公学的学生，黄炎培也曾短暂任教。其中的部分教员一直秘密往来于金、衢、严、处等地，运动会党，劝他们联合起来，待时起事。而绍兴又有一批秘密党，则为嵊县王君金发、祝君绍康所统率，而主动的是徐君伯荪（锡麟）。俞子夷也回忆说，当时往来爱国女学的革命人士"难得有间断的日子"，他印象较深的除上面所述的陶成章和徐锡麟之外，还有黄兴、秋瑾、赵声①等人。

开群女学

在清光绪年间，川沙小学堂是不招收女生的，川沙地区没有一所女学。为了倡导男女平等，给女孩子提供学习机会，以更好地掌握自己的命运，经过家庭商议，尤其是得到了堂兄黄洪培②（字济北）的支持，黄炎培决定在内史第家里开办一所女学，只招收四邻女生，开设的科目与川沙小学基本相同，也与男生共同参加分组速算比赛和演讲会等活动，取名为开群女学（开群是堂兄黄洪培夫人的名）。由于川沙小学堂与内史第距离很近，隔路相望，仅百米左右，黄洪培、黄炎培和张志鹤都在开群女学免费兼课。他们经常在古城墙脚下，组织开群女学和川沙小学堂的男女生开展各类竞赛，这不仅丰富了学生的课外学习内容，更倡导了男女生之间的平等文化。

开群女学对推动地方文化，改变"女子无才便是德"的封建旧思想，推动男女平等，起到了很好的示范引领作用，开创了川沙地区教育的先河。

城东女学任教

黄炎培的挚友杨白民是一位近代艺术教育家，很早就对教育事业情有独钟，认为中国近代之所以衰败，就是因为教育落后。光绪二十七年（1901 年），他自费赴日本考察教育，专门研究女子教育。回国后，于光绪三十年（1904 年）春节后，在南市区竹行弄自己的家里辟出一地充作学校，创办城东女学，向女学生提出"莫耻以倚人以生""惟学然后能自立"，提倡男女平等，鼓励女子走向社会。他钦佩于黄炎培的学识，仰慕于其独立之精神，邀请刚从日本归来的黄炎培担

---

① 赵声，民主革命党人。1905 年秋后，任江阴新军教官。不久辞职，任广西巡防营管带。后回南京任 33 标 2 营管带，后升为标统。他秘密传播革命思想，外联同志，积极策动反清武装斗争。领导广州两次起义均遭失败，他忧愤成疾，于 1911 年 5 月 18 日在香港病逝。民国元年（1912 年）被南京临时政府追赠为陆军上将。

② 黄洪培，曾任浦东中学会计兼庶务员，在当地与人合营毛巾厂，曾任川沙城区参议员和自治公所总董等，后任川沙县参议、副议长、副局长、局长等职。一代音乐宗师黄自的父亲。

任教职,教授国文。

黄炎培欣然应允,似乎找到了上一年在内史第举办开群女学的梦想。

杨白民家里钱不多,就这样白手起家,把仅有的一所住宅作为校舍。而黄炎培则更穷,流离颠沛之中,毫无积蓄,但是,他把自己的妻子和两个妹妹送到城东女学就读,用来抵充自己的教师工资,鼓励自己的妻子和妹妹要学习知识,学会自立。

杨白民与黄炎培成为一生的好友。当杨白民过世后,1924 年 12 月 14 日下午,城东女学召开追悼会,黄炎培以自己的亲身经历,赞颂杨白民的历史功绩。并亲自撰写《杨白民先生墓志铭》,历数了杨白民初创城东女学、筹措办学经费、管理教学事务、倡导男女平等、提倡独立自主、要求女儿继承父志、病重期间仍心系城东女学等场景。

浦东中学

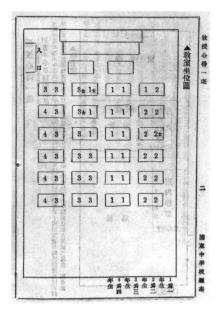

图 8-38　附属初等小学座位图

黄炎培在浦东中学校创办之初,就顶住社会舆论的各种压力,在附属初等小学实施男女同校,培养男女平等的意识。[1]

从浦东中学附属初等小学的教室座位图中可以看出,男女同校,24 位学生中,有女生 4 位,男生 20 位,其中一年级学生 16 位,二年级学生 11 位,三年级学生 16 位,四年级学生 5 位。

学校基于学生的学习能力进行编排,从而更好地挖掘和培养学生的学习潜力。

黄炎培校长认为,男女平等的首要条件,就应该创造男女平等的学习机会。具有了一定的文化基础,女性方有机会与男性之间平等沟通和交流。在清末光绪年间,他顶住各种压力开办开群女学,并率先垂范,送自己的夫人和妹妹到城东女学学习,尤其是于 1904 年在广明小学

就实施了男女生混合教学,1905 年的广明师范中就有女生陆灵素等,于 1907 年在浦东中学的附小继续探索实施男女生混合教学,开当时教育之先河。不惟如此,他在城东女学任教期间,还将已经生了两个儿子的夫人和妹妹送去上学,以抵充讲课费。

第五节 家庭教育

黄炎培深知,教育不仅仅是学校的事情,更是家庭的事情,有些时候,家庭教育的重要性要超过学校教育。

为此,他极其注重家庭教育,如利用开学之初,家长们送孩子来报到时,召集家长开会;利用学期结束,展示学生作品时,召开家长会;平时通过书信函牍,教给家长以正确的家庭教育观。借此赢得家校合作,给予学生正确教育和引导。

如他曾给家长演讲"理想的家庭"[①]:

家产宁无有,有则自置,非传自祖父。

居宅朴雅而整洁,入其门有歌声、琴声、书声,无诟谇声、叱咤声、喧笑声、博具声。无庭、沟、厨、井种种之臭味,而亦无脂红、粉白种种之香味。

入其室,几案、琴书、壁镜、盆花、茶瓯、砚匣、地毯、唾盂、尘拂皆备,而不必华。有定所,而未尝杂。窗隙无积尘,奥隅无积秽,杯足无积垢。

男子必毕业中学,女子必毕业小学,男子既成年,莫不执一业,女子非育子女、非主家事、非老亦莫不执一业。丧葬、婚嫁概除繁文,新礼式可采者,采之。未尝为子女储婚嫁钱,嫁弗用妆奁,婚费由婚男自备之。

僧人、道士、三姑六婆,禁勿使入门,岁时不废祭事,而不用纸锭纸钱。

起卧食息必有定时,子女洒扫有定职,常日以外,必定时为大扫除。

必设男女厕所,必设浴室。

衣服朴雅而整洁,即有陈旧,无绽裂即勿置华服,必备礼服。

出门非有急事、非远道、非携重物,勿乘车。

---

① 此文为选录,原载《教育杂志》第一年第二期(1909 年)。

食品不必丰，必洁。

客至款以茶，不以烟。妇女能应接，能咄蹉办肴馔。

浣濯、炊爨、缝纫，即不能不佣人，而绝不加叱詈。量入以为用，一年之终预算明年度之出入，一年之始，决算昔年度之出入。苟四分其所出，则衣、食、住各占其一，教育占其一，卫生与游历占其一，而储备金占其一。

改良家庭，为方今教育界男女所咸注意，然欲改良之，必先悬良者以为的而壹向职，爰作此文，供研究焉。

浦东中学教员凌昌焕先生也受邀参加了校友会的会议，他说，家庭教育中一般而言，父亲严厉，母亲慈祥，这样的严格与慈爱相互作用，对于孩子的成长是非常有帮助的。学校教育同样如此，我家乡有一所小学，正教员对于学生管理非常严格，副教员对于学生很柔和，在这样的学校管理中，学生都能做到动静有常。

黄炎培校长认为，一所学校如果想要发展，增加学生，大概要注意三个方面。第一，科目宜简单，不能从早到晚都是文化学习，要有学生的体育运动、音乐艺术、动手实验课程的设置；第二，须研究社会心理，作为教师，不能只知道闭门办教育，需为社会发展培养人才，需了解社会需要什么样的人才，要注意培养学生未来发展所需要的能力；第三，须与学生家长沟通交流，了解家长的需求，引导家长对教育的理解，赢得家长的配合，这样的教育，不仅有利于家校合力，更有利于学校社会声誉的提升，吸引更多学生前来学习。[1]

第六节　平民教育

为了更好地回报桑梓，普及文化知识，黄炎培利用业余时间，组织部分师生走乡串巷，普及知识，唤醒民众。

浦东中学正式开学后，随着学校工作的逐步理顺，漂亮的校园，高耸的礼堂，琅琅的书声，喧嚣的操场，彬彬有礼的学子，络绎不绝的名家，在六里桥一带

---

[1]　选自《浦东中学校杂志》第一期（1908 年）"校友会记言"。

成为标志性的风景。但是,作为这样一所私立学校,斯盛路上进出的学生,大部分是坐着黄包车的有钱公子,而来上课的老师中,西装革履的归国留学生风流倜傥,长袍马褂的老夫子满腹经纶,金发碧眼的洋人教师满口英文。对于绝大部分当地百姓而言,对学校只能是羡慕仰望,却不敢踏进半步。

立志为家乡办教育的杨斯盛,面对这样的状况,就经常与黄炎培商议如何更好地吸引当地孩子入学读书。黄炎培认为,根据自己的观察,孩子们都希望有机会入浦东中学求学,关键问题,还是在于家长的观念和经济收入,如果家长们,尤其是作为族长能重视教育,加之在学费上予以相应的减免,应该可以让更多的孩子前来读书。当务之急,就需要对当地百姓进行教育,普及基本的教育常识,使他们认识到教育事关孩子未来的就业、家庭的幸福和宗族的发展等。杨斯盛听后,连连点头。

杨斯盛先生就在浦东中学的大礼堂召开宣讲大会,把当地百姓邀请入校,黄炎培校长登台讲述教育的作用和价值,劝说各位家长送孩子入校就读。各位百姓安静地聆听。

黄炎培说道,我们各位百姓为什么贫穷,因为自己的就业能力不足,基本上就是务农,而没有能力外出经商和任教,原因是什么,就是受教育不足。一江之隔的沪西,是十里洋场,洋人飞扬跋扈,是他们比我们聪明吗?不是,而是因为他们受教育的程度要远超我们数十倍,由此,他们就显示出要比我们聪明,实则是因为他们受教育程度高的缘故。目前,清政府羸弱,根源在于我们百姓受教育程度太低了。

杨公毁家兴学,创办浦东中学校,放弃沪西的黄金地段,选择六里桥,就是希望为家乡办教育,普及知识。为了鼓励我们当地孩子来校读书,实际上,浦东中学附属初级小学的收费是相当低的。我们所考虑的是,只要能把孩子培养好,有了文化,将来,整个宗族就会有知识分子,就有改变整个家庭的机会和条件,将来孩子就会有更强的能力适应社会,更好地就业。

立志于唤醒民众的黄炎培,牢记蔡元培先生的厚望,为普及教育而努力,更为六里当地百姓的觉醒发挥作用。他深知,仅仅一次演讲是远远不够的。为此,他就和教员张志鹤,广明师范毕业生兼附属小学教员孙肖康、王则行等,各自肩扛小黑板,每周定期分别来到各个村庄,召集男女老幼,从识字开始,讲述清朝政府的羸弱,洋人的飞扬跋扈,关键原因在于知识的缺乏,讲述国家振兴,关键在于国民觉醒,需要全体国民共同承担责任等。

这些知识分子用通俗易懂的话语来讲述国民素质和教育的重要性,尤其是杨公毁家兴学的重要影响,当地百姓在倾听中,终于将内心给唤醒了。大家纷纷想办法把孩子送到浦东中学来读书,争取能多接受这些先生的教育,并从各个方面理解和支持学校的发展。

与此同时,浦东中学附属初等小学在招生时,每年给六里地区的孩子一定的减免费名额,鼓励家长送孩子来求学。后来,随着学校的发展,浦东中学学生在老师的帮助下,创办了平民夜校,由高中部的学生自筹经费,自行购买和编印教材与读本,利用周末和晚上时间,免费为当地百姓进行文化普及,为开化民智起到了非常重要的作用。

黄炎培校长认为,学校应该开放办学,不仅需要培养好现有学生,还应该承担一定的社会责任。应该充分发挥教员和生徒的作用,开办平民教育,免费普及知识,开化民智,唤醒民众。

图 8 - 39　平民夜校师生合影

图 8-40　学生自治会代表大会全体摄影

图 8-41　学生自治会干事会全体摄影

第七节　和谐师生关系

第 一 条　本会之设,基教育之趣旨,鍊生徒之心身,冀发扬本校之学风之
　　　　　敦厚,师友之情谊。

第 二 条　本会定名为浦东中学校励进会。

第 三 条　本会会员分两种。如下:
　　　　　甲　正会员　以本校生徒充之
　　　　　乙　特别会员　以本校职员充之

第 四 条　本校职员及生徒均须入会。

第 五 条　本会内容分十三部,如下:
　　　　　道德部、言语部、美术部、卫生部、音乐部、运动部、远足部、射猎
　　　　　部、赛船部、树艺部、贩卖部、新闻部、会计部

第 六 条　本会职员分五种,其员数如下:
　　　　　会长一人;副会长二人;部长:每部一人或二人(如一部事繁,得
　　　　　以便宜增设部长);干事长一人;干事员:每部二人以上(得以一
　　　　　人兼二部或三部之干事员)

第 七 条　职员之任选,如下:
　　　　　会长:本校监督任之;
　　　　　副会长:教务长及庶务长任之;
　　　　　部长:特别会员中互推任之;
　　　　　干事长:监学任之;
　　　　　干事员:由正会员互举开列当选者,由会长同部长、干事长分别
　　　　　择任各部干事。

第 八 条　职员之责任,如下:
　　　　　会长统理本会事务;
　　　　　副会长辅佐会长,会长不在校时,有代理之责;
　　　　　部长整理本部事务;
　　　　　干事长协同部长,指挥其本部干事员;

干事员受部长及干事长之命,处理其本部之事务。

第　九　条　部长级干事长,每半年一任,连被推选者得连任。

第　十　条　本会别设协赞员,推本校附属小学职员任之。

第十一条　本会正会员每月纳会费银一角(以银角计),特别会员每半年纳
　　　　　特别捐银无定额,均于大会时缴纳。

第十二条　本会经费,以会费及特别捐充之,不足得加募,特别捐各部,并
　　　　　得以便宜征去维持费。

第十三条　本会经费预算,经职员会之协议,得会长之认可,而后决定。

第十四条　本会于每学期终,制取支决算表,报告全体会员。

第十五条　本会现银之保管,会长任之。

第十六条　本会会期分三种:

　　　　　本会于学期开学后第二日曜日行之;

　　　　　职员会于每月第一土曜日下午行之;

　　　　　特别会无期。

黄炎培校长认为,良好的师生关系是提高学生学习兴趣,提升教学效果的重要基础。浦东中学校励进会在校长的领导下,共同组织了 **13** 个部,师生共同参与到学校的各项活动和课程之中,根据教育之趣旨,锤炼生徒之身心,有利于师生平等氛围的营造,有助于师生关系的融洽,有利于培育敦厚的学风和师友的情谊。

第八节　教育国际化

黄炎培作为清末举人,从小就在中国传统文化的熏陶之下成长,深谙中华优秀传统文化的精髓,也知道四书五经等传统经学的局限性。南洋公学特班由中外师资执教,非常注重教育的国际化和中西文化的交融。他认为,"中国的教育要告别传统的科举制度,改变人才培养模式,就必须坚持'洋为中用,以我为主'的原则。"

首先,在广明小学、广明高等小学、广明师范和浦东中学的课程设置中,非

常重视英语,从初级小学就开设英语,这在当时中国人办的学校中是非常少见的。至于到了中学,对英语的重视程度更加凸显,每周达到8—9节课。随着学校的发展,后来又开设了德文课、法文课和日文课。

其次,在学校规章和管理上,黄炎培充分利用自己曾到日本避难的学习机会,借鉴日本的中小学管理方法,融合中国自己的传统方式,最后制订了融合中日两国不同制度优势的、符合学校自身特点的规章制度。

第三,在师资招聘上,黄炎培极其重视具有国际视野的教师团队。如1904年,在创办广明小学过程中,他聘请的志同道合、水平非常高的好友张志鹤、顾次英、刘钟龢、杨杏南四位教师,全部曾到日本留学和参观研究;1905年聘请的青浦的陆守经(字达权),是南洋公学中院毕业生,就在广明小学任教期间,他翻译出版了英国人祁尔的著作《(最新)中等欧洲地理教科书》一书,后来考取复旦公学,随即于1911年参加了第三批庚款生的考试并被录取,在美国威斯康星大学攻读政治学,并获得博士学位。1905年在创办广明师范过程中,他邀请了陈庆云、王臻善担任教职。陈庆云(字星五),上海人,南洋公学毕业,民国时期曾任九福制药公司经理,自行筹资开设正德制药厂等;王臻善(字超人),上海人,曾任美国国家地质局技师、国民政府农商部经济地质局技师等职。1906年,黄炎培邀请了陈容担任学监。陈容后赴美国哈佛大学、哥伦比亚大学学习,归国后再次担任浦东中学教职,后相继任南京高等师范学校学监兼教授、教育部编审、交通大学(北京)学监、中国大学校务主任、北京协和医科大学教授等职,为中华职教社发起人之一。俞旨一(字子夷),吴县人,南洋公学毕业,同盟会会员,先后到美国和日本等地学习考察,后来成为著名教育家。在创办浦东中学过程中,他不仅继续邀请了如平海澜等留学归国学子,还邀请了日本校医上原宇佐、留日多年的校医沈杏苑等。此外还有多名南洋公学毕业生来校任教。后来,又有近十位庚子赔款留学归国人员及日籍教师、德籍教师、丹麦籍教师、美籍教师来校任教。

第四,学校非常注重拓宽师生的国际视野,曾邀请著名教育家杜威、英国诗人华尔德,以及蔡元培、季新益、聂云台等来校讲演。

第五,黄炎培非常注重教师的"行万里路,读万卷书",鼓励教师出国学习考察。陈容先生赴美国哈佛大学学习期间,用书信的方式,介绍美国的政治、教育;俞子夷先生赴日本、美国学习的时候,撰写文章,与师生进行分享交流。还有部分教师在浦东中学工作多年之后出国留学。如陆守经先生在广明师范任教，后考取庚子赔款，赴美留学，获法学博士。如张铭鼎先生在浦东中学任教期间，考取德国柏林大学，后获哲学博士等。

第六，浦东中学非常注重培养学生的国际化视野，鼓励学生积极报考国际名校。黄炎培先生的四个儿子相继留美、留英，侄子黄自也留美。

为了更好地鼓励和支持优秀毕业生出国留学，至 1920 年，黄炎培与众多校董商议之后决定，学生只要考取世界名校，在有人担保的前提下，根据学业成绩，每年资助三百大洋，直至毕业为止。由此，一批优秀学生依靠资助在世界名校获得了硕士和博士学位。

黄炎培校长认为，教育国际化必须坚守、传承中华优秀传统文化，有爱国之心、报国之志。浦东中学学习西方国家的科学精神和先进技术，在课程设置上予以规划，相继开设了英文、日文、德文和法文。在师资上，注重实效，从开办之初聘请日籍校医，后来相继聘请日籍、美籍、德籍教师等，坚持以留学归国人员为主。教师出国考察、学习，将相关心得以书信、文章等形式予以分享、反思。邀请名家入校讲座，开阔视野。设置奖学金制度，鼓励学生报考世界名校等，从而培养了大批具有世界眼光、中国灵魂的务实人才。

第九章

仰表壮志，不息自强

——"史筑校品"的特色探索

　　百年浦中，筚路蓝缕，历任校长一如既往践行其"实"教育。曾经的中兴之路为"文革"所断。改革开放后，浦东中学便注意抓住机遇，以黄公炎培等先贤的善举为表率，载德自强，将校史资源转化为教育资源和课程资源，培养学生的职业意识，提升学生的动手能力，传承革命基因与红色文化，培育家国情怀和责任担当，开创了以史学素养为基座的特色发展新途。

第一节　历任校长薪火相传践行"实"教育

随着学校的发展,历任校长始终秉持黄炎培先生提出的"重理不轻文"的要求,逐步发展为"重理工,强实验;重文史,强医哲"。学校通过设置不同类型的课程,来满足学生的不同需求。针对准备继续求学深造的学生开设文科班和理科班;目标不明确的学生则进入普通班学习;高中毕业即准备就业的学生,则进入职业班(有师范科和商科两类);因单科成绩较弱,无法报考高校的学生,则进特别班补习,学校通过加强其薄弱学科帮助他们考入心仪的高校。

在具体课程设置方面,理科除数学、物理、化学必修以外,数学有高等代数、解析几何、立体几何、微积分,理化有高等物理、高等化学等科目作为选修,教材多系英文原版;文科除国文必修外,有阅读、修辞、作文、应用文、中国文学史、文学概论、文字学等科目作为选修;外语除英语必修外,有德文、法文及英文阅读、修辞、作文、应用文、英文文学史等科目作为选修;社会科学中除中外历史、地理、时事等科必修外,有政治学、哲学概论、伦理学、人生哲学、法学通论、社会学、经济学、商业概论、商业实践、簿记学、银行学、心理学、教育学、教学法,以及珠算、打字等作为选修。众多选修科目的设置,使学生根据个人兴趣爱好,有充分选择之余地,为学生提供探求广泛的知识领域,也为培养和发挥学生的智慧和才能创造了良好条件。

学校极其注重学生的动手能力,建立了物理、化学、生物等实验室,其中仪器设备、标本药品,一应俱全,并有专职人员管理。另外,学校还有画室、木工教室等。学校突出了理论与实践、知识与技能、普通教育与职教教育并重。学校有百年系列实验课程,如蜡烛制作、肥皂制作、墨水制作、颜料制作、糨糊制作等,还有定性实验室和定量实验室等。大量的实验,培养了学生良好的科学意识和严谨的实验操作。

为使学生书写端正,继承书法艺术,学校还设置书法课,按照年级高低,分设正楷、行书、草书及文字源流。

学校还把医学常识和性教育作为必修课程,这在当时是一种大胆尝试和革新,引领了时代新风尚。

第二节　不忘办学初心,回迁浦东办学

浦东中学在六里桥的校舍于 1937 年 8 月 13 日在日机轰炸下被夷为平地,被迫迁至浦西东湖路继续办学。抗战胜利后,张嘉寿校长提出把浦东中学迁回原址办学,但因国民党政府忙于内战,物价飞涨,民不聊生,遂难以实现。

图 9-1　1949 年 5 月,浦东中学学生上街游行,庆祝上海解放(前排右一为陶银骠)

中华人民共和国成立后,张嘉寿校长始终牢记杨斯盛"毁家兴学",为家乡农村子弟办教育的目标,为了满足六里桥附近广大农民和工人子女求学的迫切要求,向上海市人民政府教育局提出申请,提交详细的复校计划,要求回迁至原址办学。

经过努力,申请于 1951 年 7 月获批,先在浦东中学原址六里桥办浦东中学分校,由政府出面,将占用杨斯盛故居的百姓予以清退。第一学期初一年级招生即达 103 人,教职员为 11 人。1955 年,学校由私立改为公立。1956 年陈毅市长颁发聘书,聘张嘉寿为校长。由此,浦东中学真正面向工农子弟,培养社会主义事业的接班人。

学生数量：在浦西时总计 300 多人，到 1952 年为 346 人，1953 年为 466 人，1954 年为 577 人，1955 年为 849 人，1956 年为 910 人，1957 年为 1005 人，1966 年时达到 1862 人。通过国家给予的减免学费政策和人民助学金，工农子弟的孩子从 1934 年的占 5.1%，发展到 1951 年的占 52%，到 1956 年的占 76%，工农子弟学生比例显著增加。

第三节　牢记教育使命，坚持学用结合

在当时的浦东中学，学生基础参差不齐，在张嘉寿校长的统筹协调之下，老师们没有抱怨，而是改变自己的教学方式，降低教学难度，全力以赴，有的老师任课有 3—4 门，最多时，每周上课达到 30 课时。

图 9-2　师生劳动

为了培养农村所需要的人才，学校除了依照现行学制设置课程外，又增加了农业教学，强调"教育与生产劳动相结合"，并开设农业实验场，将学校原有的西部操场八亩三分五厘土地全部改为农田，成立生产劳动组，进行勤工俭学。课余时间，学生在试验田里种植水稻、棉花、蔬菜等，既培养劳动能力，又改善师

生伙食①。

在紧张的学习和辛苦劳动之余，学校始终坚持良好的传统，开展文娱、体育活动，每年"五一""十一"都要举行歌咏比赛、文艺会演等。学校有田径、篮球、体操、足球、射击、自行车、游泳等校队，在各级比赛中获奖无数，培养了大批"一颗红心，两种准备"的学生，有的成为干部、教师、医生、工程师，有的成为当地工农生产的骨干，有的应征入伍，有的支援边疆建设。浦东中学为培养建设祖国的年轻一代，做出了自己的贡献。②

图 9-3　适龄学生入伍留念(1956 年)

至 20 世纪 80 年代，学校坚持勤工俭学，创办校办厂。校办厂生产的滤色片广受欢迎，于 1983 年荣获上海市经委优秀新产品奖，于 1984 年荣获中华人民共和国经济委员会新产品金质奖，同时，校办厂荣获川沙县先进集体称号。

① 选自《浦东中学在六里桥原址复校初步计划草案》。
② 选自《上海市浦东中学校史　征求意见稿》(1984 年 11 月)。

图9-4　学生在学工

第四节　传承文化精髓,创建史学特色

始建于清光绪三十三年的浦东中学,由杨斯盛"毁家兴学"创办,目的就是"为国育才",由此大师辈出,成为一所影响中国近代发展史的学校。

在各级政府大力支持下,校园校舍近几年经过全面改造,一所融历史传统和现代元素于一体的新浦东中学屹立于南浦大桥之左,校园中处处洋溢着典雅、大气的史学文化氛围。

当下,学校正在全力创建史学素养特色高中,对学生进行"树历史观念,学先贤榜样,养勤朴品性,立远大志向"的自我培育。

一、文化寻根,史学底蕴

在浦东中学办学历史中,有一批教育家相继在浦东中学任教,积累了丰厚的文化底蕴和立德、治教的经验。其中包括著名国学大师钱基博,前清举人黄炎培以及钱葆珍、秦锡田等一批中国传统教育背景下的学者大儒,更有一批海

图9-5　今日之浦东中学

外留学才俊,如自哈佛大学和哥伦比亚大学毕业的陈容、哈佛大学硕士朱庭祺、密歇根大学博士樊映川、自康奈尔大学毕业的计大雄、密歇根大学双博士查良鉴、自威斯康斯大学毕业的叶元龙等留学归国人员投身到浦东中学的教学中,中西合璧,相得益彰。学校曾有"北南开、南浦东"之称誉,为中国革命和建设输送了如张闻天、王淦昌、陈芳允、范文澜等一大批英才,在诸多领域都有大师级校友,为教育部首批评选的中国名校(见1992年辽宁大学出版社出版的《中国名校(中学卷)》)。学校在培养目标、课程设置、师资建设、教学改革、学生自治管理、学分制管理等各方面都有鲜明的历史建树,被我国现代教育家吕型伟先生称为"中国近代教育的一座宝库"。学校现在是"浦东新区爱国主义教育基地""浦东新区文物保护单位"等。为配合中考改革的需要,2019年,学校被确定为初中生社会实践基地,将有大量的学生来校参观学习。

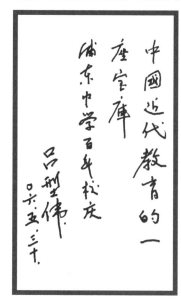

图9-6　吕型伟题字

　　近年来,学校通过各种渠道,收集、整理、研究浦东中学史料,学习校友精神,研读党史和中国近代史,从而坚定对党和教育事业的信心,进一步理解吕型伟为浦东中学题写的"中国近代教育的一座宝库"寄语的价值,提高师生的文化自信。2014年起，学校连续多年开展了"寻找浦东中学校园"之"淘书乐"活动、"读书乐"活动、"荐书乐"活动和"捐书乐"活动，师生共同创建了"浦东中学校友文库"，并请百岁校友，革命家、文学家、书法家马识途题词。

二、环境改造，史学氛围

学校历来重视在校史资源基础上的环境建设，注重对校史资源优势的充分开发和利用，始终着力推进具有史学特质的校园环境建设。目前的校园内，反映历史名校史学文化底蕴的景点以及书画布置、宣传廊展示等和谐地融溶于校园的自然环境。学校建筑以著名校友名字命名，如斯盛楼（纪念上海滩营造业一代宗师、校主杨公斯盛）、炎培楼（纪念杰出教育家、首任校长黄炎培）、闻天楼（纪念中共早期重要领导人张闻天校友）、文澜楼（纪念学部委员、史学大家范文澜校友）、淦昌楼（纪念中国原子弹之父、"两弹一星功勋"王淦昌校友）和世平楼（纪念著名爱国侨界领袖、银行家庄世平校友），以及后续将要命名的昌照楼（纪念民国时期中国现代工业奠基人、全国政协原副主席钱昌照校友）、仲芳楼（纪念奥斯卡电影技术成就奖获得者晏仲芳校友）和德慈楼（纪念荣获多个院士称号的张德慈校友）。教学大楼内悬挂著名校友的巨照，以及以前辈著名校友题词或信函为内容的名家书法作品和意境幽雅的国画佳品，为师生创造了一个文化气息浓郁、校友精神感召、景观清幽雅致、心情感怀致远的史学环境。特别值

图9-7　世平楼

得瞩目的是杨公斯盛造像、杨公斯盛墓、增涛池、革命烈士纪念碑、五卅纪念碑、炎培亭、校箴石等历史人文特色景点。

图9-8 碑廊

学校正在积极创建博物馆式校园，校园的每个角落弥漫着深厚的史学文化韵味和浓浓的爱国之心、敬业之情，其浸润作用和教育功能无所不在。近年来，学校将蔡元培、胡适等诸多大家为学校的题词修建成碑廊，让学生可以随时触摸历史，感知名家对学校的期许；于"九一八"事变80周年之际，修筑和平广场，铸就和平纪念钟，传承"不忘国耻，永祈和平"之志；修建了万里桥，传承著名水利工程专家黄万里校友的科学精神和卓著贡献；建成了屋顶花园，以铭记江苏吴县严赓雪校友一辈子扎根新疆，献身林业建设和林业教育的

奉献精神；建成小品景致溯源访梅，以铭记创始校董之一张访梅和浦东中学辉煌时期的领路人朱叔源校长，饮水思源；在文澜楼内建成了喷泉池，以铭记大批水利工程专家对于国家水利事业的贡献。

图9-9 "一带一路"各国教育部官员来校参观

把各个会议室以校友命名。如纯才阁，纪念杰出的人民教育家、科普作家董纯才，并在会议室内展陈了董纯才的大量著作；如君健阁，纪念著名作家、翻译家叶君健先生；如芳允阁，纪念"两弹一星功勋""863"计划发起人之一、"北斗导航之父"陈芳允院士；如平书阁，纪念浦东中学创始校董、上海地方自治第一人、上海光复领导人之一的李平书；如经纬堂，纪念校友蒋经国、蒋纬国，牢记两岸统一的使命和责任等。

为了更好地协调学校文化，相继将原来的围墙按照杨斯盛故居的建筑风格进行改建，拆掉并改建了校训墙，不仅在建筑风格上更加协调，更在内容上呈现了"勤朴"校训的原文、学校的"八大修养标准"等。将已经生锈的传统的金属宣传栏改建为古朴雅致的砖砌宣传栏，把学校图书馆建成典雅、传统的风格，成为学校最美的地方。同时，将图书馆的每间教室以校友和名师来命名。如"潜庐"，以纪念曾任浦东中学教职的著名国学大师钱基博先生；如灵素阁，以纪念校友、南社社员，我国传播马克思主义的巾帼先驱陆灵素；如千木

图 9 - 10 千木斋

斋，以纪念革命家、文学家、书法家马识途（马识途在浦东中学读书期间，曾用名马千木）；如汲古斋，以存放学校内的古籍，如清末的百衲本的《二十四史》、民国时期的《万有全书》，以及百年前学校的部分书籍等。

为更好地培养学生的动手实践能力，根据史学素养特色高中创建的需要，学校相继建成了融合历史和未来的史学创新实验室、地理创新实验室、古色古香的书院式图书馆、碑拓装裱教室、炎培书画院、TI 数理创新实验室、AI 机器人创新实验室等。

在上海市档案馆、浦东新区档案馆等部门支持下，学校正在积极创建"上海市浦东中学校史博物馆"（馆名由百岁校友，革命家、文学家、书法家马识途先生题），坚持以"勤朴、爱国"作为布展的灵魂，未来将成为与上海各所高校合作交

流的文化平台（上海交大、复旦、同济、上音、华东政法、上海财大、上外等）；将成为上海文化（海派文化、红色文化、江南文化）的一个窗口，浦东文化的一个基地；将成为民盟、民建、九三学社、农工民主党、民革、民进、中华职教社等的教育基地；将成为长三角一体化进程中的一个历史文化地标，成为浦东新区的一个文化地标，成为"文教结合"的重要资源库，最重要的是成为浦东中学创建史学素养特色的重要课程资源和教育资源，真正实现"让文物活起来"的目标。

三、课程为魂，精神传承

随着课程改革的实践步伐，校本课程建设在浦东中学已经渐成气候，拓展型、研究型校本课程在各年级实施多年。尤其是在挖掘丰厚校史资源的基础上，学校已经形成了一些具有"探史"特色的校本课程，如挖掘校训内涵的《勤朴》限定拓展课程，"寻找浦中校友，学习校友精神"系列德育课程，"寻访浦中校友，感悟校友精神——浦东中学史学素养之'寻史体验'"研究型课程，直接与深厚校史相关的《中国近代大事记与浦东中学》《近代中外建筑赏析——品杨斯盛故居》《追寻校友足迹，认识微生物》《读校史　讲校史》《两弹一星——校友王淦昌》等短课程，另还有诸如《中华民俗初探》《老上海风情》《"家门荣光"之传统文化探究》《影响历史的人物》《〈史记〉导读》《传记类文言阅读》《古文选读》等支持史学素养培育的众多其他校本课程。这些课程的开发与实施，都为特色学校的建设提供了内涵支撑。

学校以寻史体验系列、问史探究系列、鉴史求真系列和论史明理系列四大课程群，在基础型课程、拓展型课程和研究性学习中有效实践，以学习新课程标准为契机，开发和编写具有史学素养特质的校本课程标准和校本材料，通过史学知识点、校史融合点和实践操作点（即五步方法论：立问题、找依据、辨真伪、深探究、出结论），将史学素养融合在日常教学和行政管理之中。在校史融合点上，由于在中国近代史和中共党史上，诸多大事记中皆有浦东中学校友的身影和事迹，让学生带着对校友的情感来学习，可以更好地培育对学校的认同感、归属感和自豪感，提高学习效率。根据高考改革，学校开展了基于校史的研究性学习，将传统开学入学教育中的校史教育，转化为研究性学习，从而保证学生更充分地学习和研究校友事迹。

图 9‑11　根据校主杨公事迹,学生自编、自导、自演微电影《业精于勤》

四、活动载体,牢记使命

学校每年坚持举行开学纪念日爱心义卖活动,以传承校主杨公斯盛"毁家兴学"的慈善精神;每年开展清明祭扫活动,以纪念校主杨公和诸多烈士校友;每年开展"九一八"纪念活动,牢记民族屈辱史,祈求和平之志;每年在国家烈士纪念日组织祭扫活动,牢记为国家和民族牺牲的 40 余位校友,以及诸多革命家校友;继续开展"踏着先辈的足迹——寻访校友"的活动,以感悟校友的成长足迹和革命业绩;基于校史和校友事迹,学生自编、自排、自演,开展微电影拍摄等,将红色基因和革命传统教育融入平时的教育活动之中;和周边小区合作,开展口述史记述,从历史中感悟时代的发展和当下的使命。

五、史学素养特色

(一) 史学素养内涵解读

按照"素养即知识与能力之结合"的含义,所谓"史学素养"即"史学知识＋史学能力"之意。在当前对学科核心素养的研究中,对历史学科的核心素养,上海在 2013 年提出的模型包含三个要点:

第一,"寻史求真"——知晓人类文明进程中的重大史实,用史学的基本术

语把握史实;

第二,"释史求通"——习得收集史料并汲取信息的主要方法,习得基于史实探究历史的基本方法;

第三,"鉴史立德"——以史为训,具有因时因势、健康理性的价值观,以史为范,具有以人为本、和谐共处的价值观。

近来又有学者提出史学素养应由五个方面组成:

"时空观念":在特定时间和空间中对事物进行观察、分析的观念。

"史料实证":对获取的史料进行辨析,并运用可信史料努力重现历史真实的态度与方法。

"历史理解":将对史事的叙述提升为理解其意义的理性认识和情感取向。

"历史解释":以史料为依据,以历史理解为基础,对历史事物进行理性分析和客观评判的态度与能力。

"历史价值观":对历史的事实判断与价值判断的辩证统一,从对历史真实和历史意义的追求中凝练出来的价值取向。

综合上述两者的精髓内涵,结合浦东中学的办学历史,按照"大道至简"的原则,我们对史学素养的理解是:遵循"以史为鉴、面向未来"的通则理念,以"了解昨天,把握今天,开创明天"的态度,突出"勤朴"和"克己互助"核心,学文化、养身心、修品行。"史学素养"的校本内涵界定就是:树历史观念,学先贤榜样,养勤朴品性,立致远志向,并将之落实在每天的行动之中。

(二) 史学素养与核心素养的关系分析

由北京师范大学专家团队主持的国家课题所提出针对学生发展的核心素养,是引导学校教育的方向标。核心素养的结构成分是"三个方面、六大素养、十八项要求"。其中文化基础方面是"人文底蕴""科学精神";自主发展方面是"学会学习""健康生活";社会参与方面是"责任担当""实践创新"。

以此对照和指导,我们提出的"史学素养"——

就文化基础而言,即要"传承历史厚底蕴,史学求真重科学";

就自主发展而言,即要"勤学勤习求真知,身心愉悦能致远";

就社会参与而言,即要"以史为鉴有担当,借史发展促创新"。

按此思路,以史学素养培育落实核心素养任务可以说十分相关和一致,选择史学素养为学校特色发展之路，能增强我们在教育作为上的高度自信。

（三）史学素养培育路径设计

为了实现学生史学素养的发展目标，需要科学、合理地设计其培育路径。这个路径就是：课程体系为主渠道，文化浸润为大背景，资源建设为"催化剂"，评价激励为推动力，整合推进学校史学素养培育机制形成，支持史学素养目标达成。

课程体系要对照国家课程方案，发挥各类课程和不同学科对史学素养培育的功能，细化标准、完善结构、优化实施、强化系统。

文化浸润要发挥校训导向作用，挖掘以校训为核心的教育功能，以"校风""教风""学风"为载体，不断增强学校软实力建设。

资源建设要注重多轨并行互动，在设施设备资源、文化景观资源、指导人力资源的联动开发与整合利用上实现制度化和优质化。

评价激励要建立平台导向机制，对学生史学素养发展过程、实践成果展示，教师探索途径、研究成果等，都建立相应的平台和指标的导向。

（四）教师专业目标

在"史学素养"特色学校建设的过程中，通过以培育史学素养为核心的校本研修、外出学习及自我修炼等途径，使教师群体适应教育发展的新形势及学校"史学素养"特色发展的新需求，能全面理解本学科的育人功能，成为善于发现本学科的史学价值，挖掘学科在培育学生证据意识、求真精神、探究方法和论述方略等"史学素养"的结合点的自觉探索者，努力进行教研实践探索，成为具有支持特色学校建设能力的特色教师。

（五）学生培养目标

培养"勤勉朴实、奋发向上、和谐发展"的，适应时代发展需要的一代新人。"勤勉"是指"勤于学习，勤于健体，勤于实践，勤于反思"；"朴实"是指"淡泊名利，专注事业，淡定坚韧，求真务实"。同时，对照史学素养培育要求，经过在校三年的系统学习，学生要树立"了解昨天，把握今天，开创明天"的为人理念，培养"做最好今天，为明天负责"的奋发向上的生活态度；要夯实"勤朴"校训和"克己互助"等精神文化引导下的"史学素养"，自觉投入"树历史观念，学先贤榜样，养勤朴品性，立远大志向"自我培育，从而成为"学文化、养身心、修品行"自觉践行者,成为特色鲜明、综合素养得到和谐而全面发展的新型高中生。

（六）完善学校课程体系

学校史学特色课程建设整体图谱　学校课程的整体建构要明确指出特色高中建设的要求。根据上海市教委课程方案和特色高中课程建设的双重要求,学校所勾画的课程图谱如下图所示:

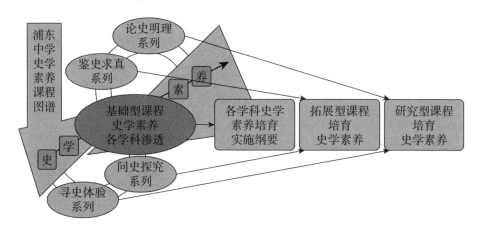

图 9 - 12　浦东中学史学素养课程图谱

基础型课程发挥特色功能——学科课程校本实施纲要

为发挥国家课程实施中的校本特色,各学科要结合高考改革和学校课程领导力项目,基于单元或模块化教学的需要,探索"细化学科课程标准",研制基于史学素养的《各学科课程标准校本实施纲要》。研制的成果要根据下表指标来体现:

浦东中学各学科课程标准校本实施纲要

学科:

年级	单元 （或模块）	课程标准内容 （主要指"内容要求"）	校本实施要求 （联系学情）	特色落实 （史学素养要求）

史学特色课程群——四大系列的开发

支持特色高中内涵发展的关键之一，就是学校"史学特色课程群"的建设。学校将在原有校本课程群的基础上，针对特色要求进行梳理完善和补充开发，尤其是在课程图谱的指引下，拟建设如下表的四大系列、十六门科目的史学素养培育特色课程群：

课程类型	具体科目及其要义	实施建议
寻史体验系列 （研究型课程 A 层）	《书库寻觅》校友文库体验	两门选一
	《线上会史》借互联网学史	
	《校友访学》采访校友纪实	两门选一
	《行走研学》社会实践考察	
问史探究系列 （拓展型课程 A 层）	《博物问究》博物场馆活动	两门选一
	《课文探源》课文背景研究	
	《家门荣光》家谱修习探究	两门选一
	《方志选习》本乡土志分析	
鉴史求真系列 （拓展型课程 B 层）	《考古概说》介绍考古研究	两门选一
	《正鉴野史》野史真伪考证	
	《定律验证》实验验证定律	两门选一
	《学科史略》探寻发展规律	
论史明理系列 （研究型课程 B 层）	《史海梳理》历史分类研究	两门选一
	《史料解析》史料价值分析	
	《学研法则》史学方法研究	两门选一
	《思维方略》史学思想探索	

上述各科目在开发中需要先设计方案再具体研发。方案主要指标包括"指导思想""课程目标""科目结构""单元设计（每一单元含教育价值、学习过程、核心概念等）""实施保障"等。这是特色课程建设的品质标志。

课程实施"史学素养"特色价值取向

上述各特色科目的实施，都需要强调对史学素养培育的价值取向。具体而言，要突出历史价值的二重性：求真与致用。求真，就要在历史研究中寻找历史的真相，而不是编纂记载真实的历史，重点是要用科学的方法研究历史；

致用,则需结合学校与学生的发展,面对现实问题而寻找为我所用的启迪,甚至警示之义。由此而对照上述界定的"史学素养"内涵指引课程的校本有效实施。

（七）探索史论特色的课堂模式

"史学素养""四有课堂五步教学"模式的打造

"四有课堂"——根据"两纲"进课堂的要求和"知识与技能、课程与方法、情感、态度和价值"三维目标的教学要求,结合浦东中学丰厚的校史文化,2016 年上半年学校提出了"有的、有效、有趣、有魂"的"四有"课堂。"有的"即强调教学的针对性,"有效"即强调教学的有效性,"有趣"即强调教学的多样性,"有魂"即强调教学的育人性。我们将以"四有课堂"为标准,构建浦东中学特色课堂评价模式。

"五步教学"法——"立问题""找依据""辨真伪""深探究""出结论"。"五步教学"是由史学研究的一般规律迁移延伸到课堂教学中的教学模式。它符合"四有课堂"的标准,同时也潜移默化地促进学生"史学素养"的形成。我们将基于"五步教学"模式设计课堂教学,打造"史学素养"特色课堂。

"四有五步"模式如下图示:

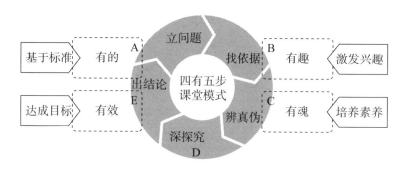

图 9－13 "四有五步"课堂模式

（八）科研引领,促"TIMES"特色课程建设

1. "TIMES"内涵界定及史学素养特色课程的五大特征

我校以 2020 上海市教育科学研究一般项目《特色高中史学素养下的"TIMES"课程建设的实践研究》(已立项)和 2018 区级科研课题《特色高中"TIMES"史学素养课程建设的实践研究》(中期)这两个龙头课题为引领,不断

深入研究特色高中"TIMES"史学素养课程的建设。

基于素养的课程建设体现了教育的"以人为本"的思想,把素养与课程结合是把教育前沿与学校特色融为一体,这是课程的一种创新。它有利于促进学生的个性发展,也有利于教师专业能力和学校领导能力的提升。

基于上述分析,结合浦东中学的办学历史,我们对史学素养特色课程的内涵理解是:在时代的发展观念("TIMES")中,关注学生的求趣(Tradition,文化传承)、求真(Identification,实证求真)、求德(Morality,德情铸魂)、求实(Explorations,实践探索)、求解(Solutions,归纳解决)。"TIMES"课程五大特征是由史学素养的内涵而衍生出来的,且学校将以"TIMES"课程作为主要抓手,以三类课程和德育活动为载体,培养学生的史学素养。

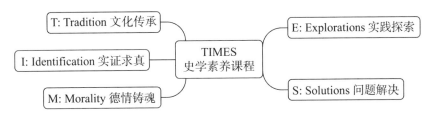

图 9-14 TIMES 史学素养课程

2. "TIMES"特色课程的建设

(1) 基础型课程中渗透史学素养培育。为发挥国家课程实施中的校本史学特色,各学科根据史学素养在基础型学科中渗透的三个维度,探索"细化学科课程标准",研制《各学科课程标准校本实施纲要》,在课堂中进行史学素养的培育及养成:

① 史学知识点:学科史、本课历史文化背景、关联文史知识、文化传承和理解、经典赏析等;

② 校史融合点:校友资源及校史资源在课堂上的有机运用,充分发挥百年文化精髓的育人功能和知识功能;

③ 实践操作点:基于问题的教学法——史学素养"五步教学法":"立问题""找依据""辨真伪""深探究""出结论"。

(九) 时代召唤

2017 年 2 月,中共中央办公厅、国务院办公厅印发了《关于实施中华优秀传统文化传承发展工程的意见》，文件中指出，"加强中华文化研究阐释工作，深入研究阐释中华文化的历史渊源、发展脉络、基本走向，深刻阐明中华优秀传统文化是发展当代中国马克思主义的丰厚滋养，深刻阐明传承发展中华优秀传统文化是建设中国特色社会主义事业的实践之需，深刻阐明丰富多彩的多民族文化是中华文化的基本构成，深刻阐明中华文明是在与其他文明不断交流互鉴中丰富发展的，着力构建有中国底蕴、中国特色的思想体系、学术体系和话语体系。加强党史国史及相关档案编修，做好地方史志编纂工作，巩固中华文明探源成果，正确反映中华民族文明史，推出一批研究成果。"

学校在历史上与国共命，历经坎坷，在相当长的一个时期内的办学水平与层次与其曾有的盛誉差距较大，经历了较长的"中落"阶段。目前，浦东新区作为我国现代化建设的前沿阵地，肩负着先行先试、总结经验、示范辐射的重任。特别是新区被国家批准为"全国综合配套改革实验区"、被教育部批准为全国"基础教育阶段现代学校制度建设国家实验区"和教学评价模式与评价机制探索的实验区之后，更肩负着率先实现教育现代化的新使命，这为浦东教育创造了前所未有的发展机遇。

2019年9月3—4日，浦东新区教育大会隆重召开，发布了《浦东教育现代化2035》（征求意见稿），明确提出了"打造浦东德育系列特色品牌。传承和弘扬浦东优秀历史文化基因，挖掘浦东本土名人的精神内涵和育人价值，定期举办'张闻天系列思政精品课研讨会''黄炎培教育思想论坛''傅雷家庭教育思想研讨会''浦东开发创新创业杰出人才事迹宣讲会'等研讨内容，用本土历史名人和当代杰出人才的思想和事迹滋养时代新人，培育师生的浦东精神和浦东情怀。""加强浦东现代百年教育的传承与创新。挖掘浦东中学、高桥中学等40多所百年老校的历史积淀、文化传承和发展历程，成立'浦东百年老校传承与发展联盟'，实现处于不同层次的百年老校在特色发展与品牌打造方面的资源整合、优势互补和共建共享。创建'浦东教育博物馆'，推进浦东教育珍贵文物、档案的保护与宣传，启动浦东教育史研究。成立'长三角百年老校传承与发展联盟'，开展与长三角各城市百年老校的交流与合作。"

图 9 – 15 学生参观张闻天故居

经过不断努力实践,浦东中学在史学素养的特色方面展现出具有课程体系、文化环境、资源配套、校本研修、育人成果等系统特征;对浦东、上海及长三角等区域层面的一批历史老校能发挥一定的示范启示作用;特色办学经验在梳理基础上形成一定的辐射影响力。

浦东中学将以史学素养特色创建为契机,在传承历史名校文化基因的同时,呼应时代需求,培养具有红色基因、全球视野、创新思维的社会主义事业的接班人。

历史名校要改变"中落"局面,实现"浴火重生",在国家倡导高中多样化、特色化发展的政策驱动下,只有走特色发展之路。浦东中学的特色选择必然要基于百年老校的特色基础做文章。由厚实校史引发对学生史学素养培育,是学校特色建设和发展的最佳选择。

结　语

　　1910 年,饱含着深情的黄炎培,为了学校的稳定和发展大局,毅然离开了一手创办的浦东中学。在这里,黄炎培进行了各种各样务实的教育改革实践与探索,不仅注重学生的学业成绩,也注重培养学生的精神世界和体育精神;不仅注重理性知识,也坚持实践运用;不仅注重教师的专业成长和校本研修,也注重学生的自主学习与合作研究;不仅注重为高校输送人才,又致力于学生就业需要的相关实业科课程的建设,由此逐步形成了职业教育的思想,播种下职业教育的种子,形成了黄炎培"实"教育的基础。

　　黄炎培卸任校长后,仍长期担任浦东中学校董一职,经常回校做报告,定期参加校董会会议和各种活动,如化学工业科的开办、名家报告的主持、爱国学生运动的主导等,他积极建言献策,引进资源,共谋发展。在历任校长和教师努力下,终于使得浦东中学声誉鹊起,至 20 世纪 20 年代,享有"北南开,南浦东"的盛誉,更是吸引了东南亚一带的诸多学子奔赴浦东六里桥,一圆求学之梦,成就一代历史名校。

　　直至 1927 年 4 月 12 日,蒋介石在上海发动了"四一二"反革命政变,大肆屠杀共产党员、国民党左派及革命群众。面对有着良好革命传统的浦东中学,同年 9 月,国民党政府强行将原有的校董会成员全部撤换,黄炎培也由此被迫辞去校董一职。

　　但是,他始终关心和支持浦东中学的发展,一有机会,就参加校友的相关活动,帮助学生成长;参与学校的各项活动,献计献策,牵记终身。

　　中华人民共和国成立之后,黄炎培在担任全国人大常委会副委员长和全国政协副主席期间,在收到了浦东中学的信件之后,尽管日理万机,依然于 1959

年4月和5月两次给浦东中学写信。

其中有一封信的内容如下：

浦东中学负责同志们：

前接来信要求我提供校史资料，曾于四月三日先复，谅收到。我为了人大和政协的大会，会前会后还有很多回忆，过去腾不出时间，直到昨天才抽暇检出一篇"杨斯盛先生言行记"，加上序言。还就我所记忆，写了一篇浦东中学校史纲要，一并寄奉。但已超过了你们的完稿期了。很抱歉！

我有几个问题，希望一一开示：

（1）现在浦东中学改为市立，是哪一年改的？旧校董张继光先生有联系吗？

（2）校舍就旧址新建的呢？还是就旧址后面杨斯盛住宅改用？

（3）校有多少学生？设多少班？曾否设专科？

（4）浦西原来也有浦东中学，是否归并？

（5）现校长姓名？

统乞师复。此致

敬礼！

附两件

黄炎培

1959年5月7日

在浦东中学的创办和早期办学，乃至辉煌的岁月中，都留下了黄炎培先生深刻而清晰的教育思想和坚实的办学印迹，凸显了其"实"教育思想，开创了海派教育的先河。

正是黄炎培先生的远见卓识、殚精竭虑、锐意创新，才出现了名师荟萃、教改实验、薪火相传、人才辈出的胜景，为一代名校的声名远播奠定了坚实的基础！

尤为珍贵的是，黄炎培等先辈播种下的爱国、革命、科学、革新、敬业、诚信、民主、自治的种子，在杨公斯盛"毁家兴学"义举和"勤朴"校训之丰沃土地上萌芽生长、抽穗拔节，由此培育了大批杰出人才，使得浦东中学在中国近代发展史上留下了浓墨重彩的一笔。

后　记

　　曾经有一位好友问我，"作为浦东中学首任校长黄炎培先生，他在创办浦东中学时，究竟做了哪些工作，由此奠定了浦东中学辉煌的基础？"询问了多位前辈，都说不清楚；查阅了黄炎培的相关传记，几乎都提及了黄炎培在浦东中学的办学，但就具体内容，也就寥寥数语。

　　这个"谜"一直困扰着我，作为浦东中学的传承者，如果对于黄炎培先生这样一位著名教育家在创校过程中的情况不甚了解，实则感觉有愧，尤其是担心在日常工作中不仅没有传承教育家办学的文化精髓，反而把这所历史名校文脉的"经"给唱歪了。

　　这些年，始终抱着惴惴不安的心态，一方面，做好当下，面临上海高考改革的挑战，必须全力以赴地研究政策，加强学习，探索新路，思考高考新政之下的学校发展之路，因为这是学校生存发展的前提条件；另一方面，传承文化，通过各种渠道，收集浦东中学的相关史料，利用业余时间，学习、研究这些史料。在学习过程中，看到著名教育家吕型伟于 2006 年 5 月 30 日为浦东中学的题词，"中国近代教育的一座宝库"，不由想起二十多年前，多次聆听吕型伟先生在各种教育论坛上，面带微笑，平缓地说，"搞教育的人，要学点教育史，善于站在先辈智慧的肩膀上办教育，这样，我们就可以少走很多弯路，更重要的是，对于自己的办学也就会更加理性和科学。"

　　回味着吕老当年的话语，让我深思：浦东中学究竟是一座什么样的教育宝库？

　　"钱学森之问"引起了社会各界对教育的反思。

　　而通过研究浦东中学丰厚的校史文化，可以发现，黄炎培校长创校之初所奠定的爱国之志、报国之心，以及大量爱国学生运动，始终陪伴着学生的成长，在名师荟萃的浦东中学校园内,教师学识高深,倾心竭力,学生尊敬师长,勤学苦读,师生平等,互尊互谅,成为一代名校,更重要的是,浦东中学的学生专注学业,但更兼怀天下,将自己的个人成长与国家命运始终融为一体,将个人的青春和激情与民族的存亡联系在一起,把这份责任融入学习之中、工作之中和时代大潮之中,由此,更多的书生成为国家栋梁和民族脊梁。

二十世纪二三十年代,浦东中学享有"北南开,南浦东"的盛誉,这是一批教育家校长和名师共同努力的结果。作为一名教育工作者,我始终将学习视为自己的一种生活方式,先后到英国和美国参观、学习和培训,曾担任上海惠灵顿外籍人员子女学校的理事,又先后参加了上海市首批名校长高级研修班、教育部第39期全国高中校长研修班、第四期长三角名校长高级研修班、上海市教委与英国大使馆文化教育处组织的"领导力"项目、上海市教委首批外籍人员子女学校伙伴研修项目(在上海协和外籍人员子女学校参加为期三个月的伙伴研修)、浦东新区第二期名校长培养工程、哈佛辩论项目、卡耐基培训等诸多项目的学习,先后自费参加了美国杜兰大学商学院、复旦大学商学院、上海中欧工商管理学院等部分EMBA课程的学习,试图学习、借鉴和迁移企业管理经验,始终把根据学校的不同办学基础更好地办学,作为自己的奋斗目标。长期以来,在习惯于向欧美国家学习,向教育专家学习,向国内同行学习,向企业学习的同时,发现自己缺少了向历史学习和向历史上的教育家办学深度学习的机会。

这是一个难得的学习和研究历史名校办学的机会。如果说,一所学校培养的学生中有几位杰出人物,或许有其自身的偶然性;但如果一所学校培育出了一批杰出人物,其背后必然有这所学校教育的规律性,而这份必然性则是我们教育工作者应该学习、研究和传承的教育价值。

历史是最好的老师。为此,这些年来,我几乎每天晚上沉浸在泛黄的校史资料中,钻进了一个非常陌生的领域,学习繁体字、查找姓名、学习近代史、研究办学实践,从历史背景中揣摩当时的教育实践,慢慢地对于清末民国时期浦东中学的办学实践有了初步的了解,终于发现,民国时期大师辈出的浦东中学,确实有太多值得我们当下教育工作者学习和研究的内容。尤其是很多教育实践,如对于学生的家国意识、责任担当、自我管理的培养等方面,对于教师的同伴互助、校本研修、专业成长,对于课程改革、学分制管理、动脑动手并进、实科的探索实践等,百年前黄炎培先生在主持浦东中学时期的教育管理经验,对于当下的办学依然具有参考价值。

作为浦东中学的现任校长，把黄炎培先生早期在浦东地区的教育改革和实践进行收集、研究和梳理，这是一份使命和责任，这是一种文化自信。我从中感受到黄炎培先生的哲学思想、人文精神、价值理念、道德规范、文化底蕴和管理思维等。

2018 年 9 月 25 日，纪念黄炎培先生诞辰 140 周年座谈会在北京人民大会堂江苏厅召开，随后在召开的黄炎培职业教育思想研讨会上，我作为嘉宾发言。基于史料，我讲述到黄炎培在创办浦东中学的过程中，从注重优异成绩和升学教育，逐步探索实科教育，创办化学工业科，并逐渐形成了职业教育思想，得到了与会专家和领导的充分肯定，这坚定了我撰写此书的信心。

面对着学校转型发展的重任，如何传承教育家办学精髓，实现学校的特色发展？习近平总书记在 2018 年全国教育大会上强调，要全面贯彻党的教育方针，培养德智体美劳全面发展的社会主义建设者和接班人，把立德树人融入思想道德教育、文化知识教育、社会实践教育各环节，围绕立德树人设计教学体系、教材体系、管理体系等，并强调要促进普通高中多样化有特色发展。2019 年 6 月 19 日国务院办公厅颁布了《关于新时代推进普通高中育人方式改革的指导意见》的文件，这是新世纪以来国办出台的第一个关于推进普通高中教育改革的重要纲领性文件，明确细化了关于推动普通高中特色发展的要求。上海市教委提出普通高中多样化办学，推动高中错位发展、特色发展和可持续发展，促进高中教育从"分层发展"向"分层与分类相结合"方向转变。

面对这样的历史机遇，如何创建特色高中？是另起炉灶，选择一个新的学校特色，还是基于学校历史，通过研究、总结，并在此基础上进行有效探索？这成为我前些年的痛苦选择，因为如此丰厚的校史文化，舍弃任何一个，都让我觉得愧疚、难舍。我最终选择创建史学素养特色高中，走一条别人没有走过的路，将丰厚的校史资源转化为教育资源和课程资源，既做好历史名校的文化传承，又在坚持文化自信的同时，与课程改革、核心素养、课堂教学、学校文化、社会实践、管理方式等目标有机融合，以史为鉴，做好当下。

浦东中学校舍于"八一三"事变中，被日寇战机夷为平地，学校于同年十月在沪西东湖路继续办学，赓续文脉。抗战胜利后，学校向国民党政府提出迁回原址，但因国民党忙于内战，申请未果。中华人民共和国成立后，学校再次提出申请，于1951 年获准迁回原址继续办学。由此，浦东中学开始真正面向工农子弟，培养社会主义事业的接班人。

为了培养农村所需要的人才，学校除了依照现行学制设置课程外，又增加了农业教学，强调"教育与生产劳动相结合"，并开设农业实验场，将学校原有的西部操场八亩三分五厘土地全部改为农田，成立生产劳动组，进行勤工俭学。课余时间，学生在试验田种植水稻、棉花、蔬菜等，既培养劳动能力，又改善师生伙食。

一个多世纪以来，浦东中学始终坚持黄炎培初创时期的育人目标和教育改革探索。为了更好地传承历史名校的文化精髓和黄炎培教育思想，近年来，学校提出创建上海市史学素养特色高中，将丰厚的校史转化为教育资源和课程资源，营造博物馆式校园，在三类课程探索史学素养培育，通过寻史体验、问史探究、鉴史求真、论史明理四大系列，以国家新课程标准实施为契机，组织老师编写史学素养特色课程纲要，开发史学素养特色的校本读本，研制具有学校特质的校本作业等，注重学生的动手实践与体验，坚持黄炎培先生的"实"教育，在传承红色基因的同时，注重培养学生德智体美劳的全面发展。

把黄炎培先生的教育改革实践进行还原总结，可以对当下的教育改革给予一定的启示。如何更好地传承黄炎培教育思想，如何将黄炎培在浦东中学的教育实践转化为课程资源和教育资源，如何填补黄炎培在浦东地区的教育改革实践的部分历史空白，这就是我动笔的缘由所在。

感谢浦东新区教育局领导、上海市教育学会尹后庆会长、上海教育丛书编委会各位老师的鼓励肯定，感谢校史办张俊老师的不断鼓励，感谢各位同事对于史学素养特色高中创建的全力支持，尤其是感谢浦东中学校友、著名课程专家赵才欣老师，我好几次想中途放弃，正是因他的不断鼓劲，方使我有勇气继续写下去。感谢浦东新区档案馆的费美蓉副局长、原局长许建军等专家在史料收集和文化传承上给予的帮助，感谢浦东新区唐国良老部长、史志办柴志光老师的默默支持，感谢上海校史研究的各位专家，正是在与你们不断交流学习之中，给了我信心和帮助，尤其是要感谢我的家人，对疏于家里事情的包容，对我工作上的支持。

囿于史学知识的疏浅和文笔水平的有限，难免有差错，个别史实可能会有出入，在结构编排和文字处理等方面，也会有不完善之处，还望不吝指正。

倪瑞明

2019 年 6 月 22 日

参考文献

1. 1908 年浦东中学校杂志(第一期).

2. 1909 年浦东中学校杂志(第二期).

3. 关于浦东中学的广明小学等史料.

4. 浦东中学化学工业科纪念录(1916 年).

5. 1917 年浦东中学校杂志.

6. 私立浦东中学总章程(1921 年).

7. 私立浦东中学校历年收支及资产报告书(1924 年 7 月止).

8. 浦东中学附属小学校二十五周年纪念刊(1929 年 6 月).

9. 浦东中学二十周年纪念刊(1926 年).

10. 浦东中学校董会往来函牍(第一册).

11. 浦东中学校董会往来函牍(第二册).

12. 关于私立浦东中学堂及附属高等小学初等小学规章及职员表.

13. 斯盛中小学卅周年纪念刊.

14. 上海市浦东中学建校 100 周年纪念刊.

15. 上海浦东中华职业教育社、黄炎培故居管理所等.黄炎培在浦东[M].北京:红旗出版社,1995.

16. 黄炎培.八十年来——黄炎培自述[M].上海:文汇出版社,2000.

17. 娄承浩、薛顺生.老上海营造业及建筑师[M].上海:同济大学出版社,2004.

18. 娄承浩、薛顺生.上海百年建筑师和营造师[M].上海:同济大学出版社,2011.

19. 陈熙农.六里镇志[M].上海：上海社会科学院出版社,2009.

20. 许建军.浦东简史[M].上海：上海文艺出版社,2016.

21. 黄炎培.黄炎培日记(第1卷—第10卷)[M].北京：华文出版社,2008.

22. 朱宗震.黄炎培与近代中国的儒商[M].桂林：广西师范大学出版社,2007.

23. 尚丁.黄炎培[M].北京：群言出版社,2012.

24. 谢长法.黄炎培画传[M].成都：四川教育出版社,2013.

25. 倪瑞明.勤朴育英——百年浦东中学校友谱[M].上海：上海教育出版社,2018.

26. 唐国良.百年浦东同乡会[M].上海：上海社会科学院出版社,2005.

27. 中华职业教育社编.黄炎培教育文集(第一卷—第四卷)[M].北京：中国文史出版社,1994.